与责任同行

王洪军　高忠威　高德军　主编

世界图书出版公司

图书在版编目（CIP）数据

与责任同行 / 王洪军 , 高忠威 , 高德军主编 . -- 北
京 : 世界图书出版公司 , 2019.8
ISBN 978-7-5192-6623-3

Ⅰ . ①与… Ⅱ . ①王… ②高… ③高… Ⅲ . ①中学教
育－教育研究－文集 Ⅳ . ① G632.0-53

中国版本图书馆 CIP 数据核字 (2019) 第 173571 号

书　　　　名	与责任同行
（汉语拼音）	YU ZEREN TONGXING
主　　　编	王洪军　　高忠威　　高德军
总　策　划	吴　迪
责 任 编 辑	冯晓红
装 帧 设 计	刘　陶
出 版 发 行	世界图书出版公司长春有限公司
地　　　址	吉林省长春市春城大街 789 号
邮　　　编	130062
电　　　话	0431-86805551（发行）　　0431-86805562（编辑）
网　　　址	http: //www.wpcdb.com.cn
邮　　　箱	DBSJ@163.com
经　　　销	各地新华书店
印　　　刷	长春市农安县胜达印刷厂
开　　　本	787 mm × 1092 mm　　1/16
印　　　张	24
字　　　数	369 千字
印　　　数	1—3 000
版　　　次	2019 年 8 月第 1 版　　2019 年 8 月第 1 次印刷
国 际 书 号	ISBN 978-7-5192-6623-3
定　　　价	45.00 元

编委会

序 言

王洪军

春风吹拂，智慧萌芽；夏雨滋润，灵思勃发；秋日辉煌，火花激荡；冬雪沉静，墨香悠长。

我们站立在新时代教育的前沿，兢兢业业，恪尽职守，呵护着花儿的成长，守卫着祖国明天的希望；我们投身于教育改革的浪潮，朝气昂扬，奋发向上，跟随着新思想的指引，探索着科学的教育教学路径。

我们思考着新时代教育的使命，塑造着自己教育生涯的历程；我们渴望着心灵与智慧的碰撞，期待着思想与理念的升华；我们业精于勤，笔耕不辍，书写着我们的见解与认识，留存下我们的经验与才智，共谱我校教育教学的华章。

"太上有立德，其次有立功，其次有立言。"作为新时代的教育工作者，我们思考，我们实践，我们提升，我们共进。在教育教学的实践中，我校教师以躬耕的姿态致教施爱以立德，创新求实以立功，积累经验以立言。于是，我们羞涩地将自己所得梳理成章，用还稍显稚嫩的声音诠释古人的三不朽，用责任之心展示七十八中人的教者情怀。

我们每一个文字都带有春风化雨的热忱与信念，引领着生命向更辽阔的海域进发；每一处标点都带有灵魂深处的反思与追寻，督促着意识向更科学的评价靠近；每一段语句都充满

着鲜活清新的气息，吸收着先进的思想和理念，吸引着每一位教育者的满怀热爱、矢志不渝；每一篇文章都闪耀着质朴温厚的光辉，彰显着人性的美丽与善良，承载着每一位教育者的青春梦想与古道热肠。

在这里，我们情染墨香，写下一行行足迹，是教学经验的总结，是教育灵感的闪光，是课程思维的成长；在这里，我们德融文字，写下一段段思想，是对三尺杏坛的坚守，是对教育事业的挚爱，是对中华文化的传承；在这里，我们力透纸背，写下一句句铭言，是栉风沐雨的担当，是诲人不倦的情怀，是春风化雨的理想。在本次出版的文集当中，我校管理者与大家分享了带领团队前行时那份勇于担当的头雁责任，一线教师与大家分享了将学生装在心中的心得体会，而后勤及教辅人员分享了如何因一份责任而将服务做得有声有色的宝贵经验。我们将自己工作所得一一点数，目的是让过往的曾经为明天的前行助力，也是留给未来、告诉自己——那充满魅力的菁菁校园，我来过！

七十八中人始终秉承着"以人的发展为本，培养有责任感的社会公民"的办学理念，执着于学校历来的教育风尚："做一个有责任感的人"。初心不改，砥砺前行。无悔耕耘，无愧收获。几经寒暑，一朝集成。这终将成为我校教育发展路途中的又一处绝胜风景：鲲鹏展翅扶摇起，教坛竞秀焕奇葩。

2019 年 5 月于七十八中学

目录

德行育人篇

文化立校篇

教学实践篇

目录

德行育人篇

[长春市第七十八中学　办学理念]

以人的发展为本　培养有责任感的社会公民

[长春市第七十八中学　校训]

做一个有责任感的人

学生在责任中圆梦　学校在担当中辉煌

——学校责任教育概述

孙　鹏

长春市第七十八中学学校始终坚持全面贯彻党的教育方针，坚持把立德树人作为学校教育的根本任务，实践中以责任教育为切入点、着眼点，积极创建以"责任"为核心的特色学校文化，大力推进责任特色学校建设，并以此为抓手统领学校的各项工作，扎实推进素质教育，促进学生全面、健康发展，全力办好人民满意教育。

一、责任教育走进师生心里，形成学校特色

学校历经四十多年的探索、积淀，秉承"育人先育德，育德重责任"的教育本真，树立"以人的发展为本，培养有责任感的社会公民"的办学理念，提出"做一个有责任感的人"这一校训，倡导"五点促五会"德育教育内容：

（一）以对家庭负责为起始点，学会孝敬

孝敬父母、长辈，在日常生活中，把孝心转化为行动，做让父母、长辈高兴欣慰的力所能及的点滴小事。

（二）以对自己负责为支撑点，学会求知

坚信每个人都是自己命运的主宰者，今天的努力就是在为明天奠基，将责任转化为不竭的学习动力。

（三）以对他人负责为切入点，学会关心

理解他人的处境、情感和需要，让互相间的情感跳出原有层面，升华趋向更高的精神境界。

（四）以对社会负责为凝聚点，学会奉献

奉献自己最大的潜能——人所能负的责任，我必能负；人所不能负的责任，我亦能负。

（五）以对国家负责为制高点，学会报效

将自己的发奋图强和不懈坚持交给时间，谱写破茧而出的成熟和成功，回馈、报效祖国。

二、责任教育在探索中前行，在实践中逐步完善

（一）明确责任教育的目标

近期目标：让学生结合自身的学习、生活，较全面地接受责任教育的完整内容，为今后的发展奠定良好的基础。

远期目标：使学生逐步形成正确的责任观，培养完整的人格和素质，真正学会和做到对自己、家庭、集体、国家、社会和未来终身负责。即形成共产主义的人生观、世界观和价值观。

（二）探索责任教育的有效途径

对中学生进行责任教育，主要依靠广大教师。发挥教师为人师表的作用，把道德教育渗透到学校教育的各个环节。要组织学生参加适当的生产劳动和社会实践活动，帮助他们认识社会、了解国情、增强社会责任感。

（三）责任教育走进校园

1. 全员德育，注重学科渗透

学校组织各科老师，分析学科特点，提炼教材中责任教育的内容，通过各种方法，渗透于学科教学之中。在每学期的教学过程中，以情感态度和价值观目标的形式请全体教师讲课堂责任教育的内容。

地理老师结合地理学科教学的内容，加强学生的忧患意识，强化学生的发展意识，注重转变学生的思想观念，在教学中挖掘教材，适当补充教材，"为什么缺水""世界环境日""西部大开发"等内容，让学生探讨，从而培养学生的社会责任感，增强学生的环境保护意识。

历史老师结合历史学科教学内容，讲述中外伟人成功、成才的故事，

讲述革命先烈们不屈不挠的精神，从而激发学生们的爱国主义热情及报效国家的奉献精神。

体育老师课堂上教育学生不追逐打闹，不乱扔垃圾，有配合动作时，认真练习，要对同学负责。

其他各门学科，结合学科自身的特点，渗透责任教育。

2. 校园文化，彰显德育特色

校园文化在育人的过程中，在责任教育中，充当着特殊的教育者的角色，它能帮助学生逐步形成完善的人格，促进学生热爱学校、热爱集体、关心学校的发展和他人的成长。

我校去年进行了综合楼的责任文化建设，在班级走廊展示有关责任的名人名言和一个个责任小故事，各个班级门口特色板、宣传板随着各种活动的开展不断更新内容，使整个学校有着浓郁的文化氛围。学校两年前新设计的校徽，更是融入责任教育理念，浓缩了学校责任教育的寓意。

3. 主题活动，突出教育实效

开展主题活动是学生从实践体验到情感升华的重要途径。主题活动的形式很丰富，可以通过班会、升旗仪式、特殊节假日活动、誓师大会、大课间路队展示、冬季长跑、文艺表演等活动开展责任教育。各种主题活动使学校的责任教育系列化、制度化、规范化，增强了特色教育的实效性。

4. 责任教育走进社会

学校经常组织学生参与社会实践活动，增加社会责任感，使学生对他人、对集体、对社会乃至整个国家负有责任感、使命感和奉献精神。

敬老爱老服务。中华民族有着尊老敬老的优良传统。我校组织学生志愿者为社区孤老服务。为老人做一些家务，与他们聊天。送去水果与点心，送了儿孙般的问候。在这个过程中，学生不仅学会了关心他人，而且从老人那里了解了许多他们自己不知道的过去。通过对老红军、老八路、老退休干部的访谈，学会了许多做人的道理，知道了我们今天的幸福生活是来之不易的。用同学们自己的话来说：老人就像一本书，博大精深读不完。

组织学生学农、学军等活动，使学生接受了爱国主义教育和责任教育。学农社会实践，让学生体验农村生活，学习农业新知识，珍惜劳动成果。通过军训，学生感受军营生活，感悟军人作风，培养吃苦耐劳的精神和坚忍不拔的顽强作风，增强集体主义观念，在政治素质、思想素质、身体素质、自我管理能力以及协作精神等方面得到全面锻炼和提高，为适应紧张的学习生活奠定良好基础。

5. 责任教育走进家庭

随着责任教育的不断深化，走进学生家庭与家长形成合力，携手用责任教育的内容与方法平等地走入孩子的心灵，帮助他们开启"责任"的殿堂。

学校充分利用"母亲节"、"父亲节"等节日组织开展系列教育活动。比如：开展"负责从爱妈妈做起"主题班会，"为父母做一顿饭""帮父母做一次家务"实践活动，等等。

通过学校几年来的实践，我们深感责任教育进入家庭的重要性。父母对孩子的要求应与学校的要求相一致，学校认为一个没有家庭责任感的人，很难形成对社会、对国家的责任。（我校李树军校长的一次访谈标题就是"负责就从爱妈妈做起"）

三、责任教育成效显著，学校在担当中辉煌

自 2009 年特色教育理念确立至今，十年来，我们学校以无数动人的校园故事，谱写了一种崇尚精神、历久弥新的文化；以琳琅如画的细节形成了一种沐浴灵府、塑造人格的文化；以润物无声、活动育人的途径形成一种百折不挠，创造奇迹的文化。这种文化，既以无形的精神元素滋润着师生的心灵，灌溉着师生的血脉，又以有形的载体，时时处处给人以启迪，给人以熏陶，从而形成鲜明的校园文化特色，彰显出七十八中学责任教育的成果。

（一）主题教育迸发活力。

丰富多彩的主题教育活动，是学校对学生进行责任教育的纽带和载体。对于责任教育来说，枯燥的说教、空洞的理论，很难调动学生的积极性，

学校开展的主题教育活动让学生参与、感知、体验，起到了润物无声的作用，因此取得了事半功倍的效果。

（二）课题研究成为助力

学校在开展责任教育的过程中，不但以丰富多彩的主题活动作为有效途径，而且通过一系列教育科研活动推动着责任教育的开展。2010年我校确立"责任意识培养与行为习惯养成的研究"为"十二五"德育课题，2014年学校确立"责任教育与社会主义核心价值观关系的研究"为"十三五"德育课题，此举培养了全校教师的科研和写作能力，不但促进学生健全人格的完善，更是培养了一大批德育科研骨干，十年来责任教育课题研究成绩斐然。

（三）打造品牌凸显实力

经过多年的努力和积淀，我校责任教育不但成为绿园区德育品牌，而且对我校近年来教育质量的逐年攀升起到了保驾护航的作用。办学实力全面提升，得到了社会一致好评和上级部门广泛认可。学校连续获得长春市文明单位、长春市关心下一代工作先进集体、长春市优秀家长学校、长春市校园文化示范校、长春市体育特色校等多项荣誉称号。

（四）优秀学生彰显成果

在学校责任理念的滋润下，我校学生学习积极进取，做事敢于担当；大批优秀毕业生迈进重点学校，仍然牢记学校校训，传播责任理念；学校排球队、篮球队更是代表吉林省多次参加全国比赛，并取得优异的成绩。

四、学生在责任中走向明天，在品德完善中圆梦

学校教育成功的智慧在于找到教育的支点，去撬起学生能力的发展和生命的成长。而责任教育就是我校学生教育的支点。一位哲人说，道德能弥补智慧的缺陷，智慧却填补不了道德的空白，道德的源头在于责任。我校努力把责任的理念根植于每一位进出七十八中的人心中，让他们带着一份责任去学习去生活，走向美好的明天。

关于班主任工作中的一点思考

乔万里

很荣幸能有这样的机会与大家一起交流。回首我14年的班主任工作，可以说是在成长中不断前进，简单思考过后与大家交流一下，目的就是要帮助年轻的班主任教师少走弯路！我感觉班主任带班的过程，就是一个学习和积累的过程，就是和学生一起成长的过程。我今天交流的题目是"严爱相济，让学生在爱中健康快乐地成长"。

有人说，班主任是世界上最小的主任；也有人说，班主任是学校里最苦的岗位。的确，班主任工作是一项非常辛苦和琐碎的工作，是一件苦差事。不付出艰辛的劳动和辛苦的汗水是不会有收获的。下面就和大家谈谈我在班主任这份工作中收获的一些粗浅经验。

一、爱

一位班级管理不成功的班主任，其失败的理由可能会有一百条，而一百位优秀的班主任，其成功的经验肯定包含一条，那就是他心中一定充满了爱。作为一个班主任，首先要做的就是自己要保持一个良好的心态。只有保持心态的良好，才能够静下心来管理班级，做好各项工作。什么样的老师是我们自己的孩子最需要的，我就尽力做什么样的班主任老师。我希望大家在班级管理上时常换位思考，尽量了解学生的想法和需求。从各方面去帮他们，对成绩优秀的学生帮他们走得更高，和他们一起分享成功的快乐。对基础差的学生，竭尽所能找他们谈谈心，让他们感到老师并没有放弃他们。不因为学生的成绩差、违纪而牢骚满腹、发脾气，影响自己生活的心情。只有我们调整好这种心态，才会使我们在管理班级工作中得心应手，取得更好的成绩。只有心中充满了爱，我们才会积

极地热爱生活、热爱工作、热爱身边所有的人和事；只有心中充满了爱，我们才能如此地善待亲人，善待朋友，善待那些素不相识的人！

（一）对后进生有偏爱

后进生基础差，尽可能找他们谈谈心，给他们更多的关注，让他们感到老师并没有放弃他们。在班集体中，我总精心营造一种平等、和谐、友爱的气氛，让他们体验集体的温暖和同学间的友谊，让他们感受到自己在班上有一席之地。对后进生的转变工作，要做好打持久战的准备。

（二）对优等生要严爱

对优等生，我从不宠坏他们，更不迁就他们。帮他们走得更高，和他们一起分享成功的快乐。时时提醒他们"做学问得先做人"，做一个正直的人，热情的人，向上的人。优生不单纯是学业要优，更重要的是人品要优，心胸要广，心理要健康。

（三）对中等生多博爱

中等生往往是一个班中容易被忽略的群体，他们有比较稳定的心理状态，他们既不像优等生那样容易产生优越感，也不像后进生那样容易自暴自弃。他们如同一面透明的玻璃，很容易被忽略，他们希望老师重视他们，但又害怕抛头露面。对这类学生要掌握他们的心理特点，调动他们的积极性，正确对待他们的反复，始终如一地尊重、理解、信任他们。

二、严

（一）一个班级要想走得远，一定先讲纪律再讲学习，纪律是学习的保证

放眼望去，凡是课间操纪律不好的，小科纪律不好的，在班级管理和学习成绩上一定会出现不同程度的问题。班主任在前面讲，学生在下边说或没人听的，很容易沦为乱班。试想一下，如果一名班主任开学后忙于处理学生违反校规的事情，那他还有多少精力投入到教学上去呢？所以强调纪律是很重要的。其次是狠抓自习课，判断一个班级纪律的好

坏可由自习课看出。抓好自习课很大程度解放了班主任。利用自习课，做好孩子的思想工作。我们要让学生站在你面前时感到你有一种无可抗拒的威严，这样你说话才会有分量。回顾孩子入学时的状态，和现在在你面前的状态做个对比，你会发现截然不同。一个班一旦有着良好的班风，学生在此生活学习，健康成长；教师上课兴趣盎然，班主任管理就会得心应手，乐在其中。因此我认为这一问题是班级管理的重中之重。

（二）狠抓一日常规

每天纪律、卫生、两操、午休、自习课、作业等常规工作严格要求学生必须做好，在一言一行上，抓养成教育。让这些校规校纪在学生的脑海里扎根，他们的行为也就规范了，管理起来自然就得心应手了。利用自习课我们可以做做孩子们的思想工作，可以考一套卷子，可以指导班级干部组织个班级活动，可以一起练字，可以一起唱歌，可以一起进行才艺展示，可以选一选竞争对手，可以进行拜师会，还可以和他们一起踢踢球……

（三）遇到棘手的问题和棘手的学生，别着急处理

你可以一会儿课下再解决，或者让他好好反思反思再去处理，到时候他也想明白了，你气也消了，办公室还有其他同事帮忙，走廊里他也没有舞台，避免了在学生面前出现激烈冲突的尴尬，另外冲动之下所做的任何决定是无法挽回的。

（四）管理学生要做到有言在先，先思后行，言出必果

我们要通过整合各位优秀班主任老师的长处和优点，摸索到一个适合自己的风格，我曾听到有老师对学生说要再错我就罚你一千遍，罚死你；做一千个蹲起。这些都实现不了，说了真容易收不回来。但我们可以说，你可要遭罪了，你腿可要受累了；我会尽我最大能力惩罚你；等等这样的话。如果你迟到累计三次我将通知你的家长，如果你上课累计三次睡觉我将给你家长打电话，如果孩子再不写作业，我只能找你到学校协助督促了。而且说到做到。给孩子一个改正的空间，给自己一个台阶。

（五）我们要培养有责任心、有集体荣誉感、充满正能量的班级干部

如今每次收钱还有很多高年级的班主任因为数目庞大而亲自动手，

还有班主任为了落实各个部门的各种任务奔走于各楼层之间。班主任不用所有事都得亲力亲为，培养一群有责任心的孩子作为你的左膀右臂，你将事半功倍。我们要实施一个人人有事做、事事有人管的制度。它包括班干部管理制度、值日生管理制度和任务承包责任制度。在这种广泛的参与过程中，每一位学生都可以在班级中找到一个合适的位置，担负一项具体的工作，在集体中找到自己的"位置"，人人都为集体做贡献，人人都意识到自己是班集体中不可缺少的一员。觉察到自己的价值所在，从而形成责任意识。也更能理解其他班级干部以及老师的不容易。

在选择和培养班级干部方面我想补充两点：

第一，要对一个十多岁的孩子有足够的耐心。（第一次收钱，第二次取东西，第三次交材料，孩子们是在成长中不断进步的，用人要用到极致）

第二，能力不行的可以培养，人品不行的坚决不用。（吴某某，妈妈没有工作，哥哥因抢劫入狱，拉帮结伙挑拨离间，挑起战争，甚至是对老师出言不逊）

三、学

其实班主任工作说起来简单，真正做起来却很难，虽说很多班主任老师已经有很多年的带班经验，但在每一届的带班过程中，我们都会面对不一样的学生、不一样的家长和不一样的问题。正是由于这个原因，我们都应在工作中不断向同事学习，比如在班级管理方法方面，比如在班干部的培养方面，比如在班风、班纪的整治方面，比如在与家长沟通角度方面，多与身边有经验的班主任交流，从而在自己管理班级时参考借鉴。每个老师身上一定存在值得你学习的地方。例如我们班布置的图书角就是参考胡秀英老师班级而布置的。胡老师的班级布置得跟家一样。干净整洁，班级和走廊的窗台全是花，而且胡老师还把种子无偿提供给其他有需要的老师。只需要得到委会配合即可，比如暑假我们年级开展的社会实践就是参考亮亮老师班级率先发起的活动，从而进行全年级推广的。比如初二年级的达人秀活动就是参考袁老师班级的才艺展示活动发起的。可心姐，年纪特别长的姐姐，退休边缘，自己对学生有一套非常完善的评价机制，小考累计积分，大考累计积分，小组累计送分。用分换作业，用分减罚写，组长的分借给组员用，组员联合用分为组长换取礼物。我们需要学习的东西真是太多了，可以说是活到老学到老。

四、尊师有礼

在我们的工作中，每天都能听到学生那甜甜的话语："老师好！"这样的话语让人听得舒服。大多数的老师都会热情地回应学生："你好！"有的也会用一个甜甜的微笑！很少会有老师视而不见！

我觉得如果一个学生在校不尊重老师，那么很可能他在家也不会尊重父母。因此他很可能处在一种"失控"状态。所以学生接受教育，首先由尊重老师开始，而尊重老师的第一步是学会向老师行礼。在我带的年级，我首先会要求我们年级的每一位同学见到老师必须问好！刚开始他们肯定没有这个习惯，这就需要我们班主任老师向自己的学生提出要求，来布置这个任务，接下来每一次走廊的不期而遇都是一次检查这个要求落实情况的最好时机。例如，我和一名同学走对面（其他班级的，刚开始甚至都不认识），首先我会盯着他的眼睛，示意他老师已经看见他了，应该问好，如果他问了，我会笑着回答："同学好！"如果他没问，低头要走过去，那我就会过去跟他说："同学好！"孩子们自然也理解了我的意思，立刻补一句老师好，就羞愧地走了！只需要一次，下次你再看到这个学生他肯定会跟你主动问好！

一句谚语说得好：播种一种行为，收获一种习惯；播种一种习惯，收获一种性格；播种一种性格，收获一种命运。

五、鼓励和赞扬

勤发现，勤鼓励，勤表扬。学生有自尊心，有上进心，有表现欲，所以，不要伤害学生的自尊心，要激励学生的上进心，要充分利用学生的表现欲，要发现并抓住学生的闪光点（运动会、足球比赛、才艺展示），给予适当的鼓励与表扬。这样不但可以增进师生间的友谊，而且还可以使学生

的优点充分表现出来。将他们融于班集体这个温暖的大家庭中，感受到大家庭的温暖，从而使其正确地认识自己，努力学习。

第一，不要吝啬我们赞美的语言，少一些讽刺和挖苦，多一些鼓励和赞扬。

很多总结性发言里都会出现这样的话：各位领导和同事的认可是我们前进的动力。学生也是一样，他们也同样需要得到我们老师的认可和肯定。举个例子，四个楼层书写比赛特等奖的名头，咱们班数学天才（对答案），地生小王子，字最美的（给班级写课表，老师的初衷就是他有责任心字还好看）等等。大家可以猜猜为什么我数学从小学到高中一直接近满分？为什么最后会成为一名数学老师？说实话都是叫我小学数学老师姚老师给骗的。少一些讽刺和挖苦，多一些鼓励和赞扬。关注细节，充分调动学生的学习积极性，发现孩子的闪光点，做好思想教育。应该综合、全面地去评价孩子，不是一棍子打死。我们每一次活动都是给他们展示自己的平台，合唱比赛、足球比赛、课堂演讲、班级做板报、达人秀等等。每个孩子所擅长的东西是不同的，每个孩子都是一粒种子，只是每个人花期不同，有的花一开始就绚丽绽放；而有的花却需要漫长的等待。不要觉得别人家的花才是最好的，相信花有自己的花期，细心呵护，看着他一点点地成长，这何尝不是一种幸福。也许你手里的种子永远都不开花，因为他是一棵参天大树！

第二，引导学生正确对待教师的表扬与批评。

当然了，批评同表扬一样必不可少。对学生来说他们不可能永远生活在赞扬当中，他们迟早要踏入社会，面对各种困难、打击，接受不了也得接受，因为生活就是这样。作为班主任，我特别注意让学生明白，表扬和批评方式不同，但目的相同，都是为了让学生更加进步，而不是人身攻击、定位评价学生，教师的表扬与批评仅仅是对事而不对人。所以说，因为教师盼着学生进步，才会批评他，不能因为表扬一句，而感到自己什么都好，自己还有很多需要进步的地方。不能因为受到批评而反感教师，反感科目，反感学习，甚至认为自己一无是处，盲目自卑，应该清醒地认识自己的不足，并改正不足。应该让学生明白：一个人犯错误并不可怕，可怕的是多次犯同样的错误，可悲的是明知自己犯了错误却不改正。

而且我们还要强调，犯错误是很正常的事，谁都有犯错的时候，伟人都有犯错误的时候！犯错误是可以被原谅的！但我绝不容忍犯了错误不敢承认的人，这也应该是我们管理学生的一个最基本的原则！我曾经有一个学生叫陈同学，临时起意，偷拿过班里同学的200块钱……我采用的方式是要求全班同学首先独自整理衣物和书包，然后全部趴下闭上眼睛双手抱头，我背向讲台，要求每个学生轮流走到我身后讲台，将手伸入我之前准备好的几个档案袋中，直到48人全部走完，我才去打开袋子，那200块钱已经出现在其中一个袋子当中，而且包括我在内没人知道这是谁做的，当晚我就收到了来自一个陌生号码的短信，感谢我没有选择报警和查监控的方式处理这件事，感谢我给她一个改正错误的机会，虽然孩子没有署名，但这条短信的上一条信息，是一条教师节当天的祝福短信，后面署名：陈同学。这么多年来，我一直替她保守秘密，即便是几个月前她回来看我，我也没有提起，因为谁没有一段难以启齿的过去呢？如今的她月薪过万，也没有成为社会的渣滓。

第三，班主任要尽量做个标准的天平，平等地对待每个学生。

班主任要尽量做个标准的天平。平等地对待每个学生，平等地关心每一个学生，不偏袒好学生，漠视差生，不按成绩排坐，这是班主任工作中我认为至关重要的一环。班主任在管理过程中，优生犯了规，也要严肃处理。问题学生心理脆弱，本身就有自卑感，又容易犯错，因而处事过程中，我们的任何一点儿偏袒都容易造成他们心理的不平衡。从而影响老师在他们心目中的位置！所以我管理的班级中会尽量让他们感受到错误面前人人平等！另外在一个班级中，无论男女，不管优劣，班主任都应从生活学习，思想意识等各方面去关注学生。平时多走近他们，谈心交流，利用课余时间共同解决一些矛盾；努力走进他们的生活，了解他们的思想，再走进他的心灵。很多事情的发生都可能是有原因的。当学生犯错时，教师不可乱猜测地表态，更不可冲动地不分青红皂白横加惩罚，不能带有宗教性的侮辱，而是首先应冷静地了解、分析学生为

什么会出现这种情况，动机是什么？是故意的，还是无意的？向谁调查？以及如何调查？而且调查要注意准确性。

例如我们班的赵同学有几天天天迟到，上课也开始魂不守舍，我并没有直接找他谈话，而选择了侧面去了解真相。经过我的了解，他出现这种状态的原因是他的亲生父亲时隔6年后突然再一次走进了他的生活。那种骨肉亲情给他带来的冲击，一个十多岁的孩子根本就承受不了！所以这个时候我没有一味地批评他，数落他，火上浇油，而是换成安慰、开导和一些理解的话。我觉得这才是真正的提醒，真正的帮助！现在这个孩子在班级稳居前五名。我们班的张同学，每天都状态欠佳，没有精神头儿，总也开心不起来。根据我的调查，原来她的父母在一次车祸中双双离去，留下她和弟弟，每天她需要给她弟弟做饭，洗衣，自然精力不够。如此看来，她迟到，作业等其他方面出现问题我们也能够理解了。因而班主任在平时班级管理中要扮演好教师、朋友、父母等多重角色，也只有这样才会赢得同学们的尊重、信赖，形成一股强大的班级凝聚力。

第四，协调各科平衡以及学生的心态平衡。

班主任是一个班的核心，不让学生重主科、轻小科，尊重主科教师，无视小科教师，这一点也很重要。这一平衡工作首先要求班主任自己有一个正确的指导思想。学生对科任教师的反映，科任教师对同学的看法，班主任要及时了解，在中间发挥好桥梁与润滑剂的作用，并且要有持久性。特别要求学生平等对待任何一科教师，不因自己的好恶而有所偏爱。我跟学生说，这不仅是学习的问题，更是一个人修养与品德的问题。学生尊重各科教师，教师乐得走进这个班，学习的效果可想而知。例如，我会找合适的机会跟学生说这样的一些话："某某老师，本来需要在家休养3个月，结果20天不到就回来坚持上班！多么认真负责！遇到这样的老师是你们的福分！高丽群老师德高望重，就连校长对她的文学造诣都要竖大拇指，全体语文老师都要借鉴她整理出来的笔记！能有这样的语文老师是我们多大的荣幸！葛玲老师不仅是年级主任，也是实验班的班主任，班级管理得有声有色，物理成绩就是同类班级最好的！遇到这样年轻有为的老师你们是多么幸运！"俗话说人捧人高，人贬人低！试想我在班里如果这样说："语文老师作业也不自己收，还得我帮她收！太不负责啦！历史老师凭什么不来上课，是实验班重要还是普通班重要！"等等这样的话。那我想我带出的学生肯定非常的自私，非常的偏激，早晚也会用同样的方法施加在我跟他们布置的任务上！就会导致这些学科成绩不理想！最后难受的还是咱们班主任自己！

第五，真情投入，营造温馨和谐的"家"。

有着优良班风的班集体，是学生健康成长的一方活土。我从来都把所教的班级，看作是一个大"家庭"。无论教师，还是学生，都是这个"家庭"中的一员，要想"家庭"兴旺，必须大家齐心协力，通过班会和活动，共同努力，优化班级管理，营造一个温馨和谐的氛围，积极传递正能量。

有人说："要给人以阳光，你心中必须拥有太阳。"班主任是教育者、领路人，只要我们的班主任心中拥有太阳，洞悉学生的心理，对学生教育晓之以理，动之以情，持之以恒，和风细雨，定然润物无声。

努力让自己成为手持戒尺，眼中有光，心中有爱，在孩子们最好的年华，如微风一样默默陪伴的人……

有些孩子，他们介于学与不学之间，一类和三类之间，成熟与幼稚之间，念与不念之间，我们的一次谈心，一句鼓励真的可能改变他们的一生。我们所做的既是工作，也是责任。我们要从一切为了学生，为了学生一切的角度去想，争取做一位有理想、有担当、有思想、有爱心和善于合作、学习、交流的班主任。

因为最近各部门收尾工作多而烦琐，本文准备得比较仓促！说的不当之处也请各位老师多多谅解！欢迎大家批评指正！谢谢大家！

初中学困生自我约束能力的提高

葛 玲

所谓学困生就是我们常说的"后进生",也就是学习困难的学生,由于环境中各种消极因素的影响而形成个体不良"配置",从而导致学习、品德、行为等诸方面长期落后,且这些落后面又融合在一起交互作用,需要特殊教育的一类学生。由于学习成绩落后,学困生往往会形成特有的心理问题,如自卑、叛逆、恐惧等。这些心理问题不仅制约了其心理健康水平,而且对其后继的学习活动、健康人格的形成及师生关系等都有一定的不良影响。由此可见,转化学困生,培养他们的自信心,调动他们积极参与教育教学活动体会成功,与培养中、优学生同样重要,尤其是在学校全面推进素质教育的今天,重视对学困生的关爱和帮助,不让一个学困生掉队,唤醒学困生进取的意识,是当前教学中的一个重要任务。

大部分学困生都有自卑心理,认为自己处处不如其他同学,更不敢与老师交流,上课不敢回答问题,课后也不好意思问同学问题,害怕同学笑话自己,久而久之就放弃了学习,所以我们要帮助他们树立自信心,把自卑心理埋入谷底,只有这样才能让他们摘掉学困生这顶大帽子。作为教师的我们,眼中不应该有好学生和坏学生之分,每个学生都是一个世界,都有自己的可爱之处,作为一名教师,我尽最大努力使我的学生学到更多的知识,让那些所谓的学困生也在我的课堂上有所收获,体验到收获的喜悦。对于特别的他们我要给予特别的爱!

一、培养和激发学困生学习的兴趣

兴趣是最好的老师,在教学实践中教师要采用不同的方法,激发学困生的学习兴趣，首先要利用教师期望效应。其次，要利用学困生已有的兴趣形成新的学习兴趣。有关研究表明，在学生缺乏学习动力，没有明确的学习目的和兴趣的情况下，可以利用学生爱好游戏或其他方面的兴趣，使已有的兴趣和学习发生联系，从而产生学习的需要。另外，教师要指导学困生养成良好的学习习惯，结合学科知识教授一些有效的学习策略，促进学困生的学习，为学生创造愉快的学习环境，就能点燃学生渴求知识的火焰，调动学生思考的积极性，使学生在愉快的课堂气氛中学习知识，在丰富的学习环境中体验成功的愉快，引导学生走上爱学的道路，以至大幅度提高教学质量。

二、培养数学学困生的自信心

只有树立起后进生的自信心，我们的转化工作才找到了起点，要用心帮助数学学困生。引导学困生积极归因，使其获得较高的自我效能感。美国心理学家韦纳认为，积极归因对维持活动有重要意义。教师要引导学困生将学习失败归因于缺乏努力而不是缺乏能力，给学困生布置一些符合他们水平的学习任务，耐心辅导其完成，引导其通过努力体会成功的快乐，获得较高的自我效能感。

三、向学困生撒下更多的爱，用爱心缩短距离

爱是人的一种基本需要，它更是学生身心健康发展的需要。一个人来到人世间，首先得到的是家庭的温暖，父母的关怀。爱，使他们健康发育成长。入学后，他们有三分之一多的时间在学校里度过，老师自然成了他们生活中的重要的人物，这种现实就会使他们自然而然地把爱的希望寄托在老师的身上。这时，如果爱的需要得到了满足，师生之间心与心的距离就会缩短，学生对老师就会产生一种依恋感，相应地会把读书看作是一种乐事。因而教师应用爱心拉近与他们之间的距离，而不应该因为他们是数学后进生而贬低、排斥他们，这样在一定程度上对他们这类数学学困生是有用的。要辩证地看待所谓的"学困生"，努力挖掘他们身上的闪光点，使他们同其他的同学一样都能沐浴师爱的阳光。在

教育中我力求给学困生多一点儿爱心、多一点儿尊重、多一点儿宽容、多一点儿鼓励、多一点儿欣赏，让他们在和谐的环境中爱上学习。

四、家庭的配合是转化学困生的外部条件

家长应重视培养孩子健康的心理素质和人格。当代社会对人才的要求是知识与能力并重。因此，家长在培养孩子掌握知识的同时，更应重视培养孩子健康的心理素质和人格。家长要从实际情况出发，明白孩子间的差距是客观存在的，去欣赏、发现孩子的独特性，多进行赏识教育，使他们能发挥出自己的潜能。在单亲家庭中，家长要创设亲情氛围，为孩子营造一个安全的心理环境。家长教育孩子要注意正确引导，辅之以耐心、爱心来教化孩子。老师可通过家长学校、家长会议、家访等多种形式与家长相互交流，沟通信息。

五、发掘闪光点，多表扬少批评

学生对学习缺乏兴趣有很多方面的原因，但不管原因何在，都需要老师多对之进行表扬和鼓励，使之能够明白学习的乐趣所在。这部分孩子不是不能学习好，而是在学习的过程中缺乏一种信念，一种好好学习的信念。要突显其学习能力较强的长处，在老师的鼓励和同学的赞许中，会逐渐克服懒散这个毛病。

六、正确评价学生

一方面，学校要完善现有的教育评价体系，改革评价考核中过分注重学习成绩的倾向，构建能促进学生全面健康发展的评价体系。金无足赤，人无完人。不能因学生某方面的不足，就歧视学生，甚至认为他已经"无可救药"。"用多把尺子"评价人，要用发展的眼光看待他们，让他们感觉到教师的爱。"爱能够融化一切坚冰！"

总之，"冰冻三尺非一日之寒"。转化学困生需要持之以恒。学困生的厌学心理并不是短期内形成的。同样，对他们的教育，也不是一朝一夕的事。教育工作者要满怀热情，遵循因材施教的原则，进行反复、耐心、细致的教育。学困生的转化与防治工作不仅需要教育工作者的努力，还需要学校、家庭和社会的多方配合努力，才能获得良好的教育效果。

"责任教育与社会主义核心价值观关系的研究"结题报告

袁慧云

"责任教育与社会主义核心价值观关系的研究"科研课题经过申请，被批准为长春市市级德育科研课题，实验期为五年。本课题的负责人袁慧云和孙鹏带领课题组的成员经过有针对性的研究，结合学校特色教育，对初中生责任教育与社会主义核心价值观关系的研究进行了多方面的探讨，让课题研究推动学校特色教育，让责任教育成为学校特色，让社会主义核心价值观走进全校师生的心灵。本报告从课题实验的意义，理论依据，课题研究的内容、方法措施，取得的成果这些方面进行阐述。

一、选择本课题的原因

鉴于我校"以学生发展为本，培养有责任感的社会公民"的办学理念，结合当前社会普遍存在的独生子女多，责任感缺失，人生观、价值观模糊扭曲的实际情况，同时也为了实现学校可持续健康发展。可以说，学校工作急需课题研究引领带动，以便更好地促进学校德育教育工作及学校教师专业发展工作。为此，学校进行"责任教育与社会主义核心价值观关系的研究"，旨在树立学生的责任意识，促进学生践行社会主义核心价值观的课题研究，这样互相促进、相得益彰的课题研究，对我校来讲可谓再恰当不过了，有效实现了课题研究与学校工作的有机融合。

二、研究过程

（一）课题研究的背景

现实生活中，我们面对的学生大多是独生子女，在家都是家长围着

他们转，尽力满足他们的一切要求而不要求他们做什么学习以外的事情。小学阶段，大多数家长仅以学生的安全为首要考虑问题，从而导致到了初中阶段，多数学生养成了以自我为中心，不考虑他人和集体的意识习惯，做事不计后果，易冲动，易动怒，易指责他人，没有良好价值观，并很少主动承担责任。我认为，我们的国家不仅需要高分数的人才，更需要综合素质高的人才，需要勇于担当起责任，具备良好价值观的人才。当今世界，国际竞争日趋激烈，培养学生正确的价值观、勇于担当是社会的需要，是当前时代的重要课题。

（二）课题研究的步骤

课题研究分为三个阶段进行：

第一阶段，是对学生责任心现状和价值观进行分析。选题，开题，申报，针对实际情况，撰写实施方案，参加培训。

第二阶段，是培养学生责任意识。学习、总结，明确要领，有效实施，开展活动、反复评价、反思、改进、提高。

第三阶段，是督促学生践行社会主义核心价值观。整理材料，总结自己的研究成果，撰写实验成果报告。

（三）课题研究的内容

自我责任意识培养与社会主义核心价值观关系的研究、家庭责任意识与社会主义核心价值观关系的研究、集体责任意识与社会主义核心价值观关系的研究、社会和国家责任意识与社会主义核心价值观关系的研究。

（四）课题研究的方法及措施

1.基本研究方法为"行动研究"与"实践研究"。

2.在不同的研究阶段，分别运用调查（问卷、座谈、活动等）、教育观察法（定量观察、定性观察）、个案研究等方法。阶段性评价反思和连续性评价反思相结合。

3.通过主题活动、报告会、班会等形式，宣传责任意识的重要性，使学生在思想上接受。

4.通过"班级手册——人人有事做，事事有人做"的方式，让每个学生都有机会为班级尽一份力，体会尽职尽责的成就感，践行社会主义核心价值观。

5. 通过问卷、座谈等多种方法收取反馈信息，及时调整研究方式和方法。

6. 制定评价机制，对表现突出的学生进行鼓励和表彰，评为优秀团员和各种标兵，让他们真实地感受负责任与正确价值观带给自己的光荣。

三、课题研究的成果

本课题研究，经过全体实验人员的努力，我们基本上探索出了利用我们既是任课教师又是班主任的身份和便利条件，将德育教育自然地融入教学中的路径。

（一）学生的改变

近年来，每个实验班学生的精神面貌得到了很大的改变，他们的集体荣誉感明显增强，在学校举行的各项活动中，实验班学生的成绩都是位居同年级班级前列，班级大小事务，没有了互相推诿的现象。像运动会、百词大赛、跳绳比赛、体育比赛、大课间等活动，实验班级学生都能踊跃参与，成绩都是名列前茅。同学们都能勇于承担起属于自己的责任，班级的各项工作都有人承担，并且都能很好地完成，学生在校时间井然有序，学生人人具有强烈的责任心和正确价值观。不光是在学校，在家庭中他们的改变也得到了回馈。家长纷纷反映，孩子懂事了，在家庭中也能承担起自己的责任了，不再是唯我独尊了，关心家长了，理解家长了，他们的懂事常常让家长感动得落泪。

（二）教师的改变

实验教师自己在感受到付出的艰辛的同时，也体会到了收获的幸福，当然更深刻地体会到教学相长。我们觉得学生是可以改变的，我们作为教育工作者，在面对不懂事的他们时，我们不能总是抱怨，我们要切切实实地走近他们，了解他们，引导他们，让他们尽快成长起来。拥有责任心，勇于承担起自己的责任才是我们教师的真正责任。我们用自己的责任心去感染他们，用执着去感动他们，用信念去感召他们，我们就会

收获属于我们的快乐和幸福，看到学生友爱同学，诚实待人，真正享受成功的喜悦。

（三）科研成果

我们每名教师都总结了自己的实验经验，撰写了相关的经验总结。我们参与的班主任老师努力让自己的班级面貌得到了改变，这种改变得到了学校领导的认可，对我们的实验课题及成果进行了肯定，号召其他班级借鉴和学习，这同时也是给我们的最高奖励。

自课题研究开展以来，学校依据《中学生日常行为规范》制订了《七十八中学责任规范》，依据《中学生在校一日常规》制订了方便学生识记的《七十八中学在校一日常规十二条》，并在每年新生入学，作为新生一项重要的任务下发每一名学生阅读；并让每一名学生记住学校特色教育是责任教育；学校办学理念是：以学生发展为本，培养有责任感的社会公民；修改校训为：做一个有责任感的人；在学校大道醒目位置立起责任校训石；在学校大道旁边的路灯柱上悬挂社会主义核心价值观内容；在学校大门旁边展示社会主义核心价值观宣传栏。

四、课题研究的反思

（一）理论素养还需要提高

我们还需要掌握更多更具有说服力的理论及实例，以便能灵活地利用一切机会引导和教育学生，培养学生的责任感，督促学生践行社会主义核心价值观。

（二）家庭教育的缺失成为学生责任意识培养的阻力

面对家长的不良习惯、家长的溺爱，尤其是单亲家庭较多的实际情况，"5+2＝0"的非正常教育现象时有发生，它极大地淡化了学校教育。为此，下一步我们将从家长学校的角度，加强对家长的科学培训与引导，争取家校合力最大化。

（三）社会不良风气对学生的影响，淡化着学校教育

学生在学校语言文明，不说脏话，可是走出学校就能听到有骂人的声音。为此，我们也期待长春文明城创建工作不仅开花，并且是花满园、

硕果累累，我相信到那一天，我们的学校教育必将迎来风清气爽的蓝天。

中学生正处于人生观、价值观形成的关键时期，他们思想观念还未成型，具有较大的可塑性；他们接受新鲜事物的能力很强，但鉴别力明显欠缺。赢得青少年就赢得未来，我们以责任教育推进学生社会主义核心价值观的形成，帮助学生提高综合素质和人文素养。经过参与教师的努力，责任教育已经成为学校的亮点，社会主义核心价值观也走进全校师生心中，相信从七十八中学走出的学生一定具有较高的综合素质和人文素养。伴着课题研究的深入，我们坚信，我78中一定会培养越来越多的负责任、懂礼貌的优秀学子，也会有更多的学生走出校门更好地践行社会主义核心价值观。

班级小事是跳动的责任音符

刘书宇

"以人的发展为本，培养有责任感的社会公民"这是我校一直以来的办学理念，在这样的办学理念的指导下，作为班主任，我从小处着眼，从班级管理落实学生的责任，让学生真正体会到每一个孩子都是班级的成员，每一个人都有除了学习之外的事情可做，每一个孩子都要把班级和学校当成自己的家一样。这样，学生才能真正地爱自己的班级，爱自己的学校，从而调动每个学生的责任意识。

作为班主任，我对于学生的责任落实主要分为两部分，一是学习任务，二是生活任务，并把这两部分看似独立的话题巧妙地联系在一起。

一、学习责任的落实，把每一天的学习分成三个部分：早读和午自习、上课、自习课。这三个时间段都有不同的学生负责

（一）早读和午自习（任务驱动），班长（课代表）负责制——组长批改制

1. 每天早上 6:30 班长布置早读任务，黑板上写清楚语文和英语的任务，每天语文和英语各 40 分钟的时间

2. 中午是数学时间，课代表布置任务，每天几道数学题

本着"学必背、背必考、考必批、批必反馈"的原则，我会根据班长布置的任务，安排时间，听写或者是默写，考完由四个组长批改。批改的情况，一是反馈给科任老师，必须让科任老师了解该项任务学生的掌握情况，以利于下一步的教学任务的安排。二是反馈给学生，知识点不会的，及时找到一对一互助小组解决问题。三是反馈给家长，我会把早读任务中书写完全正确的拍成照片发到家长群里，并把当天每一科孩

子的每一得分情况，上传到家长群，让家长及时了解孩子的学习状况，放学后，可以有针对性地解决孩子的问题。每一学科八个批改组长，每个组长大约需要批改六个人的，很快，语文和英语有错误的同学，改错在午饭前都能完成。数学在下午放学之前所有的反馈也基本完成，所以，每天的任务基本都在学校完成，效果较好。每一个课间，都会听到孩子们对批改组长的质疑声，但是最后永远都是以组长胜出而告终。因为对批改的组长来说，要求较高，每一个知识都要自己整理得十分清晰，准确，这是对知识的一种升华，也是对自己能力的一种检验，更是老师对他们的信任，孩子们很愿意做这件事。（七年级只有语文和英语，八年级语文、英语和物理，九年级早读是四科，增加了化学，时间上会根据早读内容的多少灵活掌握）早读，孩子们利用这个时间实际上是温习旧知识，以利于今天又要学习的新知识的掌握，三年来，早读一直坚持，效果不可小觑。

（二）上课，纪律班长和课代表监管制

每一节课都有表现优异的和表现有待改进的同学，由科任老师点名，纪律班长记名和课代表汇报，作为加减分值，每一个月由班级记录员汇总一次，作为年终考核的一项重要内容。

（三）自习课，区域分片制

爱动、爱说话的分配到不同区域，他们作为组长，奖惩双倍。这些孩子的自尊心尤其强烈，一旦受到重用，更加珍惜，所以每一节自习课，效果都很好。

二、生活任务人人有事做，事事有人做

（一）班级琐事责任制

班级事务十分琐碎，只靠班主任和班委会成员很难完成，所以充分发挥班级成员主人翁的意识，把班级所有事务进行明确，从每节课擦黑板，到扫除工具的摆放，从课桌椅的摆放到电灯的开关以及窗户的开关等等都一一落实在每一个成员身上，坚持民主选择，剩余的再由班主任派发，这样有利于学生自己根据自身的喜好选择，而且自己喜欢的一定能愿意去做并且一定能做好。

（二）放学路队互相监督制

组织路队离开校园，一直是校园安全的重要内容，为了更好地保障学生安全离校，路队管理仅靠体委一个人是很难完成的，于是形成四个人一组的机制，小组之间互相监督，一旦发现有违反纪律的情况，第二天至少有四个课间的时间要一起学习政治或者背诵语文古诗词。经过长期坚持，班级的路队情况一直保持很好。

（三）考场布置小组制

我们这类的学校，每一学期至少要举办二至三次大型考试，布置考场一直以来都是班主任最头痛的一件事，我把班级学生分组以后，七年级第一学期三次大型考试，就把学生培养出来了，以后的五个学期，只要有这样的活动，我只是坐在班级享受学生布置的过程就可以了。我把班级 48 名学生分成 8 个小组：

1. 墙壁遮盖组

2. 走廊桌椅摆放组

3. 室内桌椅排列组

4. 室内桌堂垃圾清理组

5. 前后黑板布置组

6. 室内地面清理组

7. 走廊地面清理组

8. 检查组

每个小组都有组长和组员组成，组长由班主任任命，组员由组长选，并根据劳动量的不同，自由组合的人员数量不等，经过这样的安排，不仅让每一个学生都有事可做，而且每一个小组，在组长的带领下都能快速地完成任务。每次这样的大型考试，我们班级大约 15 至 20 分钟就已经可以通过检查顺利离校。

班级就是一个家，在这个家里生活着一大群性格各异的娃娃，班主任就是这个家的妈，负责这些孩子的吃喝拉撒，看着你们叽叽喳喳地做着自己的事情，一天天长大，入校时都是桀骜不驯的娃，毕业时又特别像这个家的妈，我的心在飞翔！

初中阶段德育教育的时效性不足成因

纪洪波

【摘要】少年强，则中国强。少年的成长阶段，特别是中学阶段，是把他们培养成有文化、有理想、有道德、有纪律的"四有"社会主义接班人的重要阶段。这需要社会各界的共同努力。但目前的中学德育教育明显存在时效性不足的问题。本文将针对这个问题，研究其成因，并探讨我们应该如何应对，从而更好地完成实际工作中对学生的教育的效果。

【关键词】德育教育；初中；时效性；成因

初中学生德育教育是根据社会的要求，有目的、有计划，系统地对初中学生进行思想、政治和道德品质等方面的教育。中学德育教育的目标是要追求时效性，合理的德育教育可以提高中学生的综合素质，提高他们的思想品质和政治觉悟。但是，在现阶段的社会环境中，受各方面因素的影响，初中学生德育教育存在许多问题，主要表现为：价值观功利，素质不够高，心理承受能力弱等。其成因有以下几点。

一、中学德育教育时效性不足的成因

（一）社会因素：社会现状和学校的德育教育理想状态差距大

一是社会风气整个呈现一种浮躁的状态，学校里要求学生们踏实学习，钻研学业，但是社会上的各种走后门的现象，走捷径的行为，都使学生很难静下心来。二是学生被要求有良好社会公德心，但在社会上真正想去帮助他人时，又面临着自己的利益得不到保障的难处。三是学校要求学生们树立诚实守信的品德，社会上却屡屡曝光各种"碰瓷"事件、各种假冒伪劣现象、学术造假现象也层出不穷。最后，则是市场经济的

发展对中学生思想价值观念造成了影响。除了一些功利的、腐败的不良风气，还有网络上人们的一些世界观、人生观、价值观也在不断地冲击着中学德育，使中学生的德育教育面临着巨大的困难。

（二）学校因素：学校教育制度和现实之间得不到良好的平衡

首先，虽说教育制度已然改革，要培养具有较高素养的中学生，要对中学生进行素质教育，但是，受考试制度的影响，受人们观念的影响，学校在办学中，更多的重心还是倾向了学生分数的提升，使学生被分数束缚。其次，是师资力量的缺乏，导致教师队伍的水平参差不齐。而学业的安排，又使教师得不到应有的完善的培训。再次，便是课堂中虽然想要以学生为主体，但是实施难度大，仍然以教师为课堂中心，这对中学生的自主性培养也是一大阻碍。最后，就是德育考核难度大，只能用分数来体现，这不利于德育时效性的发挥。

（三）家庭因素：父母是孩子人生的第一任老师，一言一行都对孩子产生着难以逆转的巨大影响

由于部分家长本身的素质不高，思想道德也有一些缺乏，学生德育面临着很大的难题。一是家长在生活中学习中对孩子有许多要求，但对自己却缺乏约束，起不到榜样作用。二是家庭教育目的功利化，一切都是为了孩子取得更好的分数，考上更好的学校，而对孩子的身心发展缺少关注、思想观念的形成缺乏引导。三是家庭教育没有科学的方法，对孩子的大吼大叫，对孩子的宠爱溺爱，都导致孩子或多或少存在一些性格上的问题。最后，随着社会的发展，家庭的变动更多，一类是工作影响，某个家庭成员的长期缺席；另一类是家庭的重组更加普遍，家庭环境复杂，孩子们在这种环境中容易成长为问题少年。

二、针对中学德育教育时效性不足的对策

（一）学校可采取的对策：学校应该更快地向素质教育进行转变，不能空喊口号

第一，树立德育教育的新观念，关注学生的全面发展，培养他们形成健全的人格，不能只看分数。第二，要加强对教师队伍的培训，从专

业能力到教育教学，再到品德修养，都要有严格的培训和提升，当教师水平上去了，才能对学生进行更好地引导。第三，课堂上努力转变为学生为主体，教师更多地充当指引者的角色，对学生各个方面积极的想法进行鼓励，可以通过上思想政治课、看爱国红色影片等方式，让学生自主建立正确的思想价值观念。最后，要完善中学德育的考核制度，将学生的思想和其行为统一，将校内和校外结合，达到真正的德育目的。

（二）家庭可采取的对策：家长要主动承担起家庭教育的任务，不能把所有的责任都推给学校，正确认识家庭教育的重要性

家长自觉为孩子塑造一个良好的成长环境，以身作则，有目的地对孩子进行正确的思想教育。还要注意，在孩子的学习生涯中，除了学习成绩，更要看到孩子的兴趣，可以多方面地培养孩子看书、阅读、绘画、舞蹈等不同的能力，使孩子们拥有多彩的学习生活，拥有更丰富的精神世界。最后，家长要采取正确的方式方法，对孩子多鼓励，多进行启发性教育，并能结合适当的惩罚手段。要把握教育的力度，根据孩子不同成长阶段中的特点，进行有区别的引导。

社会在不断地变化，孩子们的成长空间也同样瞬息万变。社会也好，学校也好，家庭也好，都要时时刻刻关注学生的成长和变化。他们是祖国未来的希望。少年强，则中国强。对中学生的德育教育，我们任重而道远。

德行育人篇

【参考文献】

[1] 郭琪 . 中学德育课程实施的困境及应对［J］. 中外交流 ,2017(45).

[2] 孟玲云 . 当前中学德育教育实效性的探究［J］. 四川职业技术学院学报 ,2017(5).

筑梦路上的铺路石

——待进步学生转化的探索

张海桥

【摘要】我选择了一种困难的生活方式：军婚、班主任。这种抉择就注定了一生的付出与执着。付出是生活的沃土，关爱是动力的源泉，微笑是温暖的阳光。对学生严柔相济、甘于舍得、不抛弃不放弃。相信待进步学生会迎来自己的曙光。

【关键词】爱学生；严格管理；舍得付出

孔子曰："逝者如斯夫，不舍昼夜。"十年弹指一挥间，三尺讲台，留下的是遮也遮不住的丝丝白发和眼角深深的皱纹，可每天望着学生背着书包走进校园时那灿烂的微笑，听着教室里传来的朗朗的读书声，我就觉得自己的付出是值得的。因为我从小就有一个梦，一个当老师的梦。

《在梦的远方》中有这样一句话：有很多梦是遥不可及的，但只要努力，就有可能实现。今天我实现了我的梦想，而且我也决定坚守自己的梦想。可怎样让我教的孩子都实现他们的梦想呢？这个问题困扰了我好长时间，我发现有的孩子根本就没有梦，或者有了梦也不去努力追逐，我给这群孩子起了一个文雅的名字"待进步学生"，我要帮助他们寻找自己的梦想，我知道这个过程注定是艰辛的，但我一定要硬着头皮坚持，咬紧牙关坚持，只要有"衣带渐宽终不悔"的精神，终将会迎来"蓦然回首"的新局面。我通过自己的努力已经初见成效，现在就和大家分享一下我的探索。

一、爱他们，就像爱自己的孩子，这是待进步学生转化的源泉

有人说"爱自己的孩子是人，爱别人的孩子是神"。以前没有孩子的时候，只不过把工作当成一种谋生的手段而已，而自从有了孩子，我真的是发自肺腑地爱他们了。台军是我现在班级的一名大个子男生，不仅高而且胖嘟嘟的，很招人喜欢。可他的举止却让我不可理解，他几乎总穿那一件衣服，而且他的卫生习惯也不好，随时随地都能吐痰，在学习上更是一塌糊涂，几乎每节课他都要睡上一觉。他要是睡觉还好，不睡觉的话，就一个劲地说话，无论老师说到哪，他都能插上嘴。遇到这样一个问题学生，刚开始我的头都大了，对他严厉教育了好几回，可都无济于事。后来，我只能使出撒手锏，叫家长来。经过和他妈妈的一次交流，我知道孩子的家其实非常贫困，他的爸爸在一次车祸中丧失了劳动能力，家里仅靠母亲的一双手打工维持生活，所以家里人对他疏于管教，以至于孩子现在都这样了。听了他妈妈的述说，我一方面深深地对这个孩子表示同情，一方面又在思索着怎样教育这个孩子。我觉得爱是化解一切的良药，于是我开始对这个孩子转变了态度。我经常找他谈心，在生活上对他给予关心，在学习上帮他辅导，日子长了，孩子的成绩上来了，各个方面的行为习惯也好了许多，所以我觉得一定要像爱自己的孩子一样爱学生，在他们心灵深处播下梦想的种子。

二、严格的班级管理，是待进步学生转化的基础

国家有国家的法律制度，班级也应该有严格的纪律作为保障。在每学期初我都要在班级制定严格的班规班纪。但制度是好的，十个手指头伸出还不一般齐呢，有的学生的毛病慢慢就显露出来，觉得和好同学有了差距，想改好却不知从何下手，渐渐地和同学疏远了。有的就成了名副其实的刺儿头。于是我就利用班会的时间在班级制定帮扶小组，学习好的帮助学习差的提升成绩，纪律好的帮助自律性不好的学生改正缺点，同学们的热情都很高，在班级经常能看见后进生被督促写作业、被辅导，自律性差的同学只要犯个小错误就会有人予以更正。渐渐地，他们觉得

自己又回到了集体中，每天也愿意来上学了。

班级需要严格的管理，但并不是一味地严肃。我们班有几个公认的小刺儿头，通过对他们的了解，我知道他们都是从小被打到大的，所以打骂对他们来说已经是家常便饭了，于是我决定以柔克刚。其中有一个号称"大哥大"的人物，通过几天的观察我发现：这个孩子每天早上都是在学校吃包方便面，就当是早餐了。原来他的父母离婚了，他由妈妈抚养，妈妈是上夜班的，根本没人给他做饭。我想机会来了，第二天我就把买好的早餐放到他的手里，孩子吃着热乎乎的早餐，冲着我一个劲地傻笑。就这样一直持续到他妈妈不上夜班，有人给他做饭了。我想人总是会被感化的，这个孩子后来和我特别亲，再也不淘气了，逢年过节还要给我发上一条问候的短信。路漫漫其修远兮，吾将上下而求索。待进步学生转化是一个持久的过程，需要我们班主任的坚持和执着。

三、舍得付出！人生有舍必有得，在对待待进步学生的问题上要舍得花时间

我的丈夫是位军人，他在四方坨子工作，不忙的话一个月回一次家，每次只放四天的假，来来去去就得耽搁一天的时间，忙起来就不知道什么年月了，我们常年过着两地分居的生活。双方父母又都在外地，从买房子到装修到筹备婚礼，家里所有的事情都是我一个人操持。没孩子的时候还好说，孩子的出生成了我的"累赘"，在孩子六个月的时候，我的产假到期了，学校安排我当七年级的班主任，当时我都崩溃了，在当班主任起初我抱怨过、痛苦过。望着儿子那乞求妈妈陪伴的眼神，学生渴盼知识的双眼，我那段时间真的很无奈、彷徨。后来我想，自己的孩子是孩子，人家的孩子也是孩子，于是我决定，在家好好照顾自己的孩子，在学校好好照顾别人的孩子。孔子不是说"幼吾幼以及人之幼"吗？我们班有个学生叫陆铭，是个非常憨厚、淳朴的小姑娘。学习很认真也很刻苦，可语文成绩就是上不来。孩子很苦恼，甚至怀疑自己的能力。我就找她谈话，和她面对面地交流分析，她在时间的付出上肯定没问题，那就是学习方法的问题了。我向她推荐中考状元的学习方法，并把自己觉得可用的学习方法告诉她，利用自习、午休时间给她补课，时间长了，孩子语文成绩自然上去了。我们班有的孩子甚至连拼音都不会，我就尽量缩短了给儿子送奶的时间，手把手地辅导，一学期下来，学生的拼音学会了，儿子却瘦了。至今我都觉得特别亏欠儿子。我也因此失去了许多和儿子嬉戏的时间，但我想这些都是值得的。我的儿子长大了也会理解妈妈的。

听过一句话，世上没有教不会的学生，只有不会教的老师。初为人师的时候，很不理解，甚至有些不屑。可和学生相处时间久了，便觉得这话有点儿道理。有的学生可能在学习这方面有待提高，但品质却特别好，每次见到你总是老远就打招呼，看着你拿厚厚的作业本，只要被他发现，他都会抢过来，兴高采烈地说："老师，我给你发吧。"你能说这样的孩子不好吗？所以爱我们的学生吧，发现他们的闪光点，相信他们会进步的。这期间可能会有阴云密布，咆哮雷霆，但风雨后总会有彩虹，随着岁月的增长，学生总会长大，总会变得懂事，付出总会有回报。

每一个人在成就梦想的道路上，都需要一种坚持不懈的精神，需要一种"咬定青山不放松"的精神，需要一种"乱云飞渡仍从容"的劲头。我坚信：付出是收获的沃土，关爱是动力的源泉，微笑是温暖的阳光。我愿成为学生筑梦路上的铺路石！

【参考文献】

[1] 任彦申 . 如何是好［M］. 江苏人民出版社，2013.

[2] 周小平 . 请不要辜负这个时代［M］. 南海出版公司，2016.

用心为孩子健康成长护航

——班主任工作交流

赵玲海

自毕业从事中学教育至今已有 20 多年了，但真正了解孩子是担任班主任之后。作为班主任，每天需要和孩子们"摸爬滚打"，十分辛苦，但辛苦之外那种快乐也是别人不能体会的。

初中阶段的班主任不同于小学和高中，小学时期孩子对老师还是很有畏惧感的；而初中这一时期随着孩子的长大，对老师的畏惧感减弱，而且孩子处于青春期、叛逆期，这一时期的孩子敏感、偏执、冲动、自控能力与自我管理能力弱，非常容易受外界影响，你的一句话有可能改变孩子一生的轨迹，所以在这一时期的班主任责任真的很重要。那么如何做一名合格的班主任呢？

一、班主任必须有爱心，用心去感受孩子，用真情感染教育学生

首先，教师对学生的爱是一种责任，作为班主任你要从家长的角度去爱你的学生。当家长的我们都希望自己的孩子能够遇到一个眼中有光、真心对我们孩子的老师，所以我常将心比心，用心去爱班级的每一个学生，有时对某个孩子失去耐心时，想要放弃时，我都让自己换种角度去想——如果是我的儿子我会……，这样我就会换一种心境，不会和孩子计较。在我的班级里，有几个淘孩子，这些孩子在家父母都管不了，甚至有的家长都要放弃，在学校也挺让人操心的，说实在有时真挺烦的，但一想到孩子毕竟不是成年人，我儿子也这么大，心情就好多了。对于这样的孩子你既要让他们怕你，还要让他们知道你真心对他们好。这就需要你平时用心去对他们。班主任的爱是有技巧的，比如有的孩子特别挑食，总不吃饭，我就经常在吃饭时看着他，想办法帮他改掉坏习惯；有的孩子没有父母，我经常找他谈心，鼓励他；有的孩子头发长了，衣服脏了，我会去半开玩笑式的提醒；有的孩子不愿学习，我会想办法让他去学。虽然他可能很被动去做，但日久见人心，他会知道老师是关心他。你喜不喜欢他，是不是真心对他，孩子其实是很敏感的。

其次，班主任的爱需要借力发力。简单粗暴的教育是无能的教育，班主任的爱更要讲方法，要学会借力发力。比如你想让孩子尊敬师长，你可以借父亲节、母亲节爱父母为话引，让孩子在爱爸爸妈妈同时理解你的付出，老师的辛苦；你想让孩子遵守纪律你可以让孩子们轮流做纪律班长；再比如你想让孩子明白学习需要刻苦你可以借极限挑战、百日誓师、励志演讲等节目为引，让孩子自己去内化感悟……这种借力发力远比你枯燥的说教有效的多。

二、班主任对学生的管理要细心、耐心、信心

首先，班主任工作应细心。班主任所面对的是几十人的集体，他们分别来自不同的环境，不同的家庭，因而形成不同的个性。在日常生活学习中，班主任要当有心人，观察他们最近有什么变化，了解他们有什么想法，遇到了什么困难或不开心的事。积极的要鼓励，消极的要开导，危险的要排除。在一些偶发事件中，往往有其因果联系。如果班主任工作细一点儿，深一点儿，往往能将其消灭在萌芽状态中，避免重大事件的发生。

在班级管理上，我们要做细心人，注重细节管理。比如间操、课间、自习课、学生头型、服饰、班级备品摆放等等，帮学生形成良好习惯。平时要抓住机会对孩子进行引导，和学生平等地谈心，帮助他们树立正确的价值观、班级集体荣辱观，调动学生的积极性和主动性，建立团结、向上的良好班风。

其次，班主任应有耐心。有些学生在学习和纪律上反复性很大，不是做一两次工作就能解决的，需要班主任多次反复做工作，有些学生所

形成的坏习惯由来已久，出现反复是正常的，就如同久病的患者，医生开一两剂药是不能解决问题的，班主任要有耐心。要坚信滴水可以穿石。

再次，班主任要对学生充满信心。能成才的要使其成才，不能成才的要使其成人。要相信班上99%的学生都是能教育好的。在工作中无论遇到何种困难和挫折，都不能失去信心。班主任相对学生而言，是长者、是阳光、是雨露，而学生则是种子、幼苗、小树。他们需要长者的呵护，阳光的照射，雨露的滋润。班主任如果对学生丧失了信心，学生将会自暴自弃，站在教师的对立面。从国家的利益看，他们踏入社会后将是构建和谐社会的不安定因素；从个人利益看，灰色人生将伴他们终身。

三、班主任要有一颗童心，保持一颗平常心

有人这样说，没有不可相信的人，没有不可原谅的人，没有不可爱的人。我们不妨想想自己与学生同龄阶段时的不羁行为和不良想法。你曾在背后说过老师坏话吗？因迟到找过借口吗？因贪玩而忘记过做作业吗？对老师的批评心存怨恨吗？……在学生中我们往往可以找到自己孩提时的影子，所以很多时候，不是学生让我们烦恼，而是我们自寻烦恼，孩子毕竟是孩子，他们只是孩子，用成人的眼光看待他们、要求他们，怎么能够让我们满意呢？所以对待学生成长过程中的错误，教师如果过分追究，反而会起到反作用，反之，适当的容忍和忽视会给学生营造一个宽松的环境，学生会在错误中成长。我们要从孩子的视角去对待问题，孩子犯了错误，我们首先要冷静下来，倾听一下孩子的想法，教给他正确的做法。

另外，班主任就应学会幽默。幽默有助于我们创造明快欢乐的气氛，有助于我们巧妙摆脱某种不期而至的窘困与尴尬。教师应能巧妙地使用相声般的幽默性语言，生动形象的事例，既令人发笑，又促人深思，让学生在喜悦的氛围中学到知识。这样既减少了教育的疲倦，又能激发学生的热情，拉近师生间的心理距离。

四、班主任要有严厉之心，做好班级主心骨

一个班级就是一个家，班主任就是这个家的家长，家长就要有家长的权威。一个班必须有主心骨，班主任就是班级的主心骨，主心骨不能软！要公正。所以，我非常注意保持在学生面前的"威严"，只有让学生对老师有了一种敬畏，才能真正落实班级的各项规定，做到令行禁止。如果只是一味强调和谐、民主而使学生在老师面前随随便便、目无尊长，我想，这本身就是一种教育的失败。该民主时就民主，该专政时就专政。但班主任的专政也要讲究有理有度，否则适得其反，恐吓只能一时有作用，敬畏才能换来孩子的心甘情愿。

一般情况下，相对调皮的学生进入一个新班后，总是会用一些试探性的举动看你能不能管得了他，能管住，以后他就老实了，否则，他会越来越肆无忌惮。一般我在接手一个新班的时候，上来总是盯紧靠牢，对于调皮捣蛋的孩子我往往会在他身上找闪光点，并给他加上适合他的管理角色，比如他愿说话你让他当纪律小组长，他总打架你让他记录班级扣分情况……，对于这些孩子一定要找切入点，让他们服气，必要时非常果敢地给他们一个大大的"下马威"。俗话说公道自在人心，只有班主任公正对待每个孩子，才能让孩子服气。

班主任工作千头万绪，每一时期每一届孩子也各有差异，我们只有不断学习，不停探索，用心做教育才能真正为孩子成长保驾护航。

心系学生献真情

杜立群

　　自从师范学院毕业，我参加工作已经二十多年。自 2005 年开始了班主任的工作生涯，这一干就是十四年。现在我担任初三三个班的物理教学工作，同时还是班主任。中考在即，每周我至少上十五节课，还要与学生进行沟通，帮助他们解惑，协调与任课老师、与家长的关系，天天忙得不可开交。由于初中物理学科的特点，我只能从初二或初三接任班主任，同事们称我为"专业后妈"，这个"后妈"可真不好当，但我有个韧劲，不服输的精神。在教育教学工作中，我把满腔的热情全部倾注到了学生身上，和他们打成一片。一直以来我所带的班级班风正、学风浓，班级的各项活动和教学成果始终名列年级前茅，得到学生、家长和校领导的一致好评。

一、用热心温暖学生

　　作为班主任，我既要关心学生的生活，又要关心他们的健康，更重要的是教会他们懂得怎样做人，这是作为班主任的职责所在。我刚当班主任时，每天都注意收听天气预报，提醒同学们及时增减衣服。每天早晨我都提前半个小时来到班级，询问他们是否都吃过了早餐，有时还会给孩子买早餐；询问他们学习上是否有困难，主动对学生进行答疑解惑，从生活和学习上关心他们，成为他们的好朋友。每天学生放学后，我都提醒他们注意安全。对学生学习和生活中出现的特殊情况，我都及时通过电话、短信、微信和 QQ 通知家长，互动沟通。这些看起来很平常的事情，却是做好一个班主任最基本的工作，是一个班主任热心的具体体现。每周检查个人卫生，头发、指甲，校服是否干净整洁，等等。每次考试前我会提醒同学们做好充足的准备，各种复习资料、学习用具要带齐。集体活动前我要准备好同学们必备的用品等。同学们在学校的喜怒哀乐我事事关心，就这样不知不觉中融入到了学生当中。

二、用爱心感染学生

多年的教育工作让我非常熟悉班级建设和学生工作规律，我爱护学生，尊重学生，积极为学生排忧解难，始终用爱来感动学生。苏联教育学家马柯连卡说过："爱是无声的语言，也是最有效的催化剂。"教师对学生的爱，胜过千次万次的说教。记得2010年接手三年八班，当时有个叫李冰的男孩特别引起我的注意，经了解他没有父亲，妈妈疾病缠身，只有一个七十多岁的姥姥照顾他，家庭仅靠政府发的几百元的低保生活，非常贫困。夏天，天气再热孩子不舍得买一根雪糕，本子正面用完了，背面接着用，一个季节就穿一套衣服。孩子性格比较内向，不愿与人交流。看到这种情况，我就主动跟他聊天，刚开始，他还有点戒备，怎么问也不回答，后来我就借检查、批改他的作业之际，辅导他学习，和他谈心。慢慢地，孩子信任了我，我们就无所不谈了。我经常给他买学习用品、衣服以及其他生活用品。他生病时会带他去看病。遇到气温变化的时候，还会提醒他增减衣物，有时还帮他缝补衣服，等等。成绩提高时，我带他去吃大餐。一年后，孩子顺利地考入高中，现已升入大学。至今我们还保持着联系。

2014年我带的班中有一女孩学习非常优秀，但家庭极其困难，母亲早年去世，父亲年老体弱，只能靠低保维持生活。我了解情况后，每天给孩子带早餐（包括一个煮鸡蛋，加强营养）和水果；学习上多加帮助。寒假时，我带着她到书店买书籍，以便复习。2015年中考，孩子取得了非常好的成绩，顺利地考入了市二实验。像这样的孩子不知遇到了多少个，我都会伸出援助之手帮助他们走出困境，渡过难关。

我班有四个学生来自单亲家庭，有的跟继父、继母的关系紧张，了解到这些情况后，平时我就特别关注这几个孩子的学习和生活，经常跟他们聊天，他们有的性格比较开朗，我就让他们多说说自己的感想感受，

让他们有人可以倾诉；有的性格比较内向，不爱表露自己的心声，我就多说一些，让他们做倾听者，让他们感受到老师很理解他们，很关心他们。经过一段时间，他们不再怨天尤人，渐渐走出了阴影，懂得了感恩，学习生活也充满了动力，每个学生都有进步。

初二、初三的孩子进入了青春期，我会针对不同情况，及时为女学生讲解卫生知识，做女学生的"知心妈妈"；主动和男学生沟通协调，解除他们的困惑，我所带的历届学生都能正确认识异性交往，大家友好相处，将功夫下到学习中来，树立正确的人生观、价值观，为班级荣誉而战，为自己的未来而战。

三、用耐心建立班委会

众人拾柴火焰高。一个班主任浑身是铁也打不了几颗钉。我重视培养学生的管理能力。魏书生说："管理是集体的骨架。"而班级作为学校管理的基本单位，也是一个小集体，管理工作当然也起着举足轻重的作用。有良好的管理，事情就有头绪，集体就会像一架机器健康而有序地运转。对于中学生来说，他们对生活充满好奇，也渴望介入生活，更渴望自己的才干得到同学们的认可。工作中特别注意这一点，那就是在班级中给学生机会和条件，让他们成为管理班级的主人。从周一到周五安排班干部轮流值日，记录当天发生的偶发事件并及时与班主任反馈，使他们成为班主任的得力助手。在实践中我体会到，组建一个好的班委会是建设一个好的班集体的关键，而一个坚强的学生集体，必须要有一批团结在班主任周围的积极分子，并由这些积极分子来担任班级的干部，组成班集体的核心，这样才能有力带动全班同学团结友爱，自觉遵守学校的各项规章制度，养成勤奋好学的好风气。因此，每当我接手一个新班时，我总是和同学谈心，留意他们的言行，发现他们的能力，挑选积极分子，选好候选人，组成临时班委会，工作学习一段时间后，再进行民主选举，产生正式班委。班委成员是班级的骨干分子，他们是在服务的基础上实行管理的。他们的示范服务是一种无声的管理、无形的激励，正是这种无声无形的管理和激励使一种积极、健康、向上的且有声有形的班风逐步形成。在这种风气中，班级管理工作通过一种示范激励的途径使学生将自己与他人之间、自己与制度之间、自己与自己之间进行比较，自己与过去比较，自己与现在比较，自己与未来比较对照，从而引导学生自我评价、自我修正、自我管理、自我教育。在他们的努力下，我带的班级各方面都很优秀。

四、用包容之心理解学生

在学生管理方面，我认为班主任的工作应当做到培养尖子生、促进中等生、转化后进生。相比尖子生和中等生，转化后进生更难也更重要。因为每一个学生都是一个家庭的希望，都是社会需要的人才，越是后进生越需要老师的帮助和鼓励。我本着"一切为了学生，为了学生的一切"的教育理念，不放弃每一个孩子。每接手一个班，我首先深入调查摸底，搞清他们成为后进生的原因，做到了因材施教，对他们处处真诚相待，时时耐心相帮，真正做他们的知心朋友、最可信赖的朋友。及时对后进生加强心理疏导，帮助他们消除或减轻心理担忧，让他们认识到自己的价值。同时，我还创造条件和机会让后进生表现其优点和长处，使他们品尝到成功的欢乐和喜悦。如我班一学生父母在外打工，与爷爷奶奶在一起生活，行为较为懒散，经常走神，整天上课不安宁，不守纪律，谁都拿他没办法。我并没有直接用纪律和制度处罚他，而是先与他父母进行电话交流，取得他家庭的配合，从接近学生入手，找出他的闪光点，转化为正能量，帮助他克服懒散的习惯，经过一个学期的努力，在学期末他获得班级学习进步奖，在他的带动下其他几位调皮同学也取得了长足的进步，"木桶理论"在实际工作中得到了应用，整个班级学习成绩都提高了一大截。

总之，我认为做好班主任工作的前提是：要有高度的责任心、上进心和使命感，要有宽阔的胸怀，科学的方法，要多一分尊重，多一分宽容，多一分理解，善待每一位学生，欣赏每一位学生，相信学生未来的辉煌，就在我们的无私奉献与关爱之中。

与你同行

李　卓

人生路漫漫，谁也不知道会遇到谁，遇到什么事。与学生相伴的这几年，我可以给学生带来些什么呢？我时不时问自己。

那年新接的班级里有个男孩叫小明，简单说就是不学习，每天在课堂上还笑容满面地问我和课堂无关的事，孩子不坏，就是心智不成熟。可是等到他心智成熟了，恐怕什么都晚了吧，我私下里想。

开学没几天我发现件事，他和我同路一段，然后各自坐车回家。放学一定会一起走。同路的还有另一个男孩名字叫小刚，小刚学习状况略好些，但是一考试就紧张。一紧张就顺着头发往下滴汗。小刚过度紧张，我心想。小明在路上看见我，高兴地和我打招呼。小刚在旁偷眼瞧着，礼貌地笑笑。工作了一天，我真的很疲惫了，很想静一静。学生在前，与其躲闪不如开心的迎接。我微笑着回应他们，其实内心是无力的，这两个孩子的切入口在哪啊？我一点儿思路都没有。第一次和他俩一起走，没什么话。应该说对这个孩子的德育教育，我是"被动的"。第二天，我故意在办公室多待了一会儿，我走的时候我们又碰到了。我想了一下，既然一定会遇到不如我们做一点儿有意义的事。我让他背乘法口诀。一开始他抵触。我坚持，因为不背点儿什么，我们无话可说。背了一个礼拜，他能背下一些了，然后说："老师我们歇一会儿吧。"然后说了些自己的事，爸爸妈妈做什么，家里有些什么人。这孩子真是个善良的好孩子。但是我那时对不好好学习的孩子有偏见。只能礼貌地应付着，小明同学却越说越起劲。小刚在旁面带笑容话很少。我让小明背诵乘法口诀背给小刚听。要不就让小刚回忆一下白天学的内容，小明继续背乘法口诀。

第一个月，一起走我坚持背诵知识点，他就坚持说些自己的事。有时我们先背点什么，他说点儿想说的，然后接着背。我知道了他家大致的情况。但是我还是不喜欢和他走，他上课还是想干什么干什么。为此我很生气，我怎么可能喜欢和他走？下班时，我故意走得很晚。第二天，我被小明问："老师，昨天我怎么没看见你？""昨天老师在办公室休息了一会儿。"我回答道。于是当天放学，小明和小刚在办公室门口等我。囧，天真可爱的孩子不明白我的想法。但看孩子本质不坏。我也不想伤害他们的自尊心。于是我们又同路一起走回家。我还是坚持给他俩讲白天的知识点。他俩听得比之前认真。但是小明每天都会更新他的家庭故事。

深秋的一天，小明同学突然和我说，他因为妈妈答应他的事没做到很生气。我劝说道："妈妈工作可能像老师一样忙，老师每天要应对很多各式各样的小孩，可能会忘记自己家的小孩，应该不是故意不重视自己的孩子的。"小明同学表示还是很生气，走到分开的路口还在说："我就是生她的气！"但是气归气，我想他已经知道了妈妈并不是在有意忽视自己。第二天，又是这个话题，我问他："妈妈的钱都给谁花了。""我"他说。"怎么不给别人呢？"我说。"……"他低下了头，沉思了一会儿。他又露出上课时常露出的笑容。我又想起他不好好学习的样子，还得安慰他。我很想逃离他们。不知不觉中，这样走了一个学期。我还是坚持每天和他俩背诵知识点，小明同学会把每天遇到的疑惑说给我听，然后我也解释给他听，有时分开时他突然说出的疑问，我来不及说的，就把想说的写下来给他看。对学生小明我付出这么多，但是真没期望过他能怎么样。基础差、没学习方法、没学习动力。考上高中是不可能的。那为什么还要坚持辅导。因为没法躲开的同路，以及我不想伤害这个学生的心。学生小刚还会对一些事情表现出不自信，我会鼓励他。但是说实话，我认为只是改善了一点点。但学生的转变在不知不觉中发生了。

八年级开学，上课时小明同学变得安静了，会听从指令动一动，但是效率是低的。即使这样也已经让我很吃惊了。小刚同学和我们在一起走时依旧会和我一起复习，然后看着我们讲话。小刚平时练习还行，考试就紧张，紧张就满头大汗。每个孩子的问题不尽相同，尤其是家庭教育方面的。我已经从内心接受了下班要和两个孩子一起走。哪天不能走

还得和他俩"请个假"，第二天还会被问老师你干什么去了。那段时间我应该给小明同学出了不少建议和主意。他说什么我回答什么。我回答他的问题开始变得有些吃力。终于有一天他轻声问了我个问题，让我终生难忘。他说："老师，我一直不明白我妈为什么送我到学校？"当时我心里一惊，这就是为什么这么多年（从小学开始）他没好好学习的原因。我说了我的理解，而我的内心已被孩子对我的信任震撼到了。这个疑问他应该从未对他母亲说过。我开始认真对待这个曾经上课调皮的孩子以及每一个违反纪律的孩子。也许他们只是还不懂得那些成年人认为的理所应当到底是为什么。小明的学习成绩变得好起来，这对我来说绝对是奇迹。

另一个学生小刚，平时的练习题正确率也是相当高。就是一直用铅笔写，我提醒了一次，第二次看到的是用中性笔写的全错的作业。之后的习题全用中性笔书写的，且全错，这不自信的心结怎么破。我得找个突破口。应该不只是孩子的问题，不自信很多时候是长辈训斥学生造成的，但小刚很少说话，对他我并不了解，他不对我说心里话，说明他心里还对我有厚厚的一堵墙，他的心敏感易碎。我如果盲目强行进入，可能就是玉石俱碎的结果。用什么方法、什么时候开始我都不确定。找机会和小刚同学家长直接说，恐怕意义也不会太大，要找个恰当的时机。机会来得真快，小刚不小心扭到了腿，妈妈天天骑车来接，适逢刚考完试，小刚成绩是及格。放学在校门碰到他妈用自行车后座带着他。我忙追上，家长礼貌地问我孩子怎么样。我看到小刚一个紧张的眼神。"孩子在学校表现得非常出色，家长在家教育得很好。这学期进步很大。"我夸了一路。孩子紧张是因为之前受到的批评多了，老师批评是实话实说，无可厚非。但是总有几个倒霉的孩子，被大人误解，变成老师家长口中的异类。我在小刚妈妈面前一顿夸奖小刚，学习态度好，成绩有进步，这次有点儿失常了。是个爱学习的好学生。尽我所能地大力赞赏，同时别让家长觉得我有点儿过。说得在后座的小刚脸都红了。我真实的想法是要打破家长对学生固有的看法，想让母亲觉得孩子很棒。他妈妈也是满面笑容地走了，到底行不行呀？我心里没底。要等下次考试才知道。小刚平时练习全对，大型考试就归零。在下一次的大型考试中，小刚成绩进步了，我真心为他高兴！之后他成绩稳步向前。

　　一年以后，小明和小刚初中毕业了。两人都考上了高中。我真的为他俩感到高兴。可以肯定的是小明的进步是巨大的。小刚受我的影响大吗？我不确认。但是我觉得小明一定觉得"老师也不都是只会批评人，老师也可以倾听。"而我一直觉得，自己只是这些孩子人生旅途中的过客，最好不要太留痕迹，在他们需要时我能扶一把就好。

　　在一同回家的路上，我从学生身上也体会到了什么是信任，深感教育事业责任重大。

　　经过此事，我体会到了德育与心理健康教育的强大力量。平日里的涓涓细流可以滋润大地。仅仅是态度转变了，一切就皆不同了。笑对人生，与你同行。

浅谈中学生心理健康教育状况、成因及对策

王　芬

【摘要】学生的心理健康教育关系到学校的发展，在"宽容大气、自强不息、感恩立德、勇担责任"校园精神熏陶中，做一个有责任感的人。学校除了给予学生学习方面的教育外，同时也要对学生的心理健康方面进行教育，心理方面一旦出现问题则会对学生的成长和学习造成致命的打击，因此关注学生的心理健康问题已然刻不容缓。

【关键词】责任教育；心理状况；对策；德育；家庭教育

　　按照世界卫生组织对健康的定义，健康是指一种身体上、心理上和社会适应方面的良好状态，而不仅仅是一个人身体有没有出现疾病或虚弱现象。我们一般认为的身体健康的观念是忽略了人的心理状态以及对社会的适应能力。对于学生来讲有一个健康的心理状态与家庭、学校的教育是分不开的。只有健康的心理才能适应各种各样的环境、处理形形色色的事情。

　　中小学生正处在身心发展的重要时期，随着生理、心理的发育和发展、社会阅历的扩展及思维方式的变化，特别是面对社会竞争的压力，他们在学习、生活、自我意识、情绪调适、人际交往等方面，会遇到各种各样的心理困扰或问题。因此，在中小学开展心理健康教育，是学生身心健康成长的需要，是全面推进素质教育的必然要求。我校在学习了国家文件《中小学心理健康教育指导纲要》后，提出以科学发展观为统领，秉承"以人的发展为本，培养有责任感的社会公民"的办学理念，遵循"做一个有责任感的人"的校训。工作中以责任教育为德育工作核心，积极推进素质教育。

心理学家张春兴指出：学生的心理健康问题，根源于家庭，形成于社会，表现于学校。在学生的日常学习生活中，有的学生表面看起来一切正常，但内心经常感到矛盾或情绪低落；有的学生平时精神不佳、上课精神不易集中、记忆力差，学习成绩不稳定；在考试前非常紧张，根本没有精力复习功课；还有的学生有自闭倾向、自傲不愿与人交往；甚至出现一些暴力、自杀的举动等等。究其缘由，都是因为这些学生没有良好的心理健康状态。面临各方面压力时，无法自我调节和控制，心理抵抗力差。如果每所学校都把心理素质养成教育作为重中之重的工作来落实，都能做到尊重学生，让学生遇事有担当、宽容大气、感恩立德、自强不息，能够做到及时地关注有特殊需要的心理需求，及时发现问题，给予心理援助，在一定程度上会相当大地减少社会不稳定因素。

一、联系学生生活，创设情境，引入学习

尽量利用学生中普遍存在的问题作为实例，注重与学生的生活紧密联系，为此可采取谈话法、讨论法、活动法等方式，避免枯燥单纯的讲授。组织学生通过评价自己的健康状况这个活动，引导学生关注健康问题，理解心理健康和社会适应状态在个人的整体健康方面的重要作用。学生之间展示交流，找出学生对健康认识的共同点，循序渐进地进行话题讨论，再结合播放随机采访学生的录像或相关讲座，写下出现一系列问题的各种解决办法，最后进行归纳，让学生对健康有明确的科学的认识。

二、提高教师的心理健康素质

教师是人类文化的传递者，又是学生身心教育和发展中的主要影响因素。教师在教育教学过程中抱怎样的态度，表现怎样的道德风范，直接影响着学生道德品质的形成和发展，而这种影响是无形的、潜在的，又是长远的、深刻的。因此，要提高教师的心理教学水平，一要加强教师的师德修养，对学生和蔼真挚，尊重、信任学生，不说讽刺、挖苦学生的话，不做伤害学生自尊心的事，特别是不疏远有心理困惑和行为问

题的学生，积极创造爱生的氛围。二是利用课堂教学，结合学习内容，提高学生的学习意志，培养学生良好的学习个性，促进学生非智力心理健全发展。教师要积极改革教学方法，活跃课堂教学气氛，激励学生成功，让学生学得生动活泼、积极主动，以减轻学生心理压力，消除学生的学习心理障碍。三是要开展教师心理健康培训，提高教师的素质。如请专家作专题讲座、设立教师个体咨询室、定期组织心理健康知识的普及活动，促进教师自我心理调节。

三、建立健全制度建设，为学生提供心理咨询服务

为了搞好心理咨询活动，学校领导高度重视，设立相关机构，提供物质条件，开展教师心理健康培训。学生健康的心理，需要一支积极向上观念更新的教师队伍，心理健康教育是提高广大学生心理素质的必要途径，是中学生思想道德建设的重要组成部分。学校以"和谐、阳光、快乐、健康"这一主题，开展系列活动。对心理健康教育课进行指导、评估、考核、检查。

加强制度建设，将心理健康教育课纳入教育教学计划；对心理健康教育课进行指导、评估、考核、检查，并开展心理健康教育课评比、交流、研讨活动；设立网上心理咨询室，为学生提供咨询辅导，设立心理信箱，组织全体教师参与心理健康教育工作。

四、营造积极向上的校园文化氛围

校园环境对学生影响是广泛而又深刻的，它能渗透到学生学习生活的方方面面。学校的学习氛围、管理方式、人际关系、文体活动等是影响学生心理的重要因素，良好的氛围有助于培养学生一种积极向上的精神。为了培养有责任意识、创新精神、实践能力的人才，我校注重让学生在活动中体悟、改变、提升，如通过墙报宣传或专家讲座等形式，以唤醒学生的责任心，培养学生的责任感，最大限度地满足了学生个性发展的需要。设立专门的心理咨询室、心理咨询信箱，建立学生心理档案，营造良好的心理健康教育环境。

五、家庭教育是孩子人格形成的重要源泉

不健康的家庭氛围，制造了不少有"问题"的孩子。作为父母如何尽其责，发挥特有的作用，促进孩子健康成长，尤其是心理方面的健康要比身体健康更为重要。如家中大人有时会因为意见不同而拌嘴，态度粗暴恶劣，经常这样会给子女人格等的形成造成很大的影响。作为父母，在日常生活中，关心子女的成绩或功课是自然的，但不能只盯在考试分数上，假如这种所谓"关心"以唠叨、责问、打骂等形式表现出来，那么这样的"关心"将不仅使子女反感、还可能是某些悲剧的导火索。事实上，孩子的情感更需要悉心呵护，比起关心成绩，关心冷暖饥饱，关心孩子身边有没有好朋友更为重要。比如，一见到孩子放学回家，问"今天心情好不好？""认识了哪些好朋友？"比起"功课做好没有？"效果好百倍。很多家长对子女生活上的关照，远远超过对子女心理上的关照和理解，缺乏交流而形成隔膜，使孩子不愿意跟家长沟通，不愿意说出自己的心里话，直接导致教育的艰难或失败，甚至出现对立的局面。因此，在心理健康教育中，仅靠学校、老师的力量是不够的。家长也要具备一定的心理学知识、教子常识，重视对孩子的心理疏导。

总之，心理健康教育是每一位教师面临的重要任务，同时在心理健康教育的实践中，应灵活运用心理教育规律、总结心理教育的经验，只有社会、学校、家长三种教育形成合力，才能真正促进学生身心的健康发展。

行者致远 责行天下

——1.5班 主题班会

吴建宇

班会主题：责任教育

班会时间：2018年4月12日

班会地点：5班

主持人：侯睿 王子博

参加人数：41人

班会目的：

开展以责任教育为主题的班会

1．以对家庭负责为起始点，学会孝敬

2．以对自己负责为支撑点，学会求知

3．以对他人负责为切入点，学会关心

4．以对社会负责为凝聚点，学会奉献

5．以对国家负责为制高点，学会报效

活动过程：

主持人讲话：

班长1：尊敬的老师。

班长2：亲爱的同学们。

班长1、班长2：大家，上午好！（鞠躬）

班长1：我是这次班会的主持人，王子博。

班长2：我是这次班会的主持人，侯睿。

班长1:同学们，我先问个简单的问题，"天下兴亡"的下一句是什么？

（生答："匹夫有责"）

班长1：不，是"我的责任"。古人说："以天下兴亡为己任。"如果每个人都能主动负责，天下哪会还有不兴盛的国家？哪有会不团结的团体？

班长2：咱们中学生更应该应该把责任拉到自己身上来，而不是推出去。所以我们今天的班会主题是"责任"。

班长1：责任可以通过很多方面来体现，比如对家庭、对自己、对他人、对社会、对国家。

班长2：其实对于我们中学生来说责任离我们并不遥远，就在我们身边。我们每个人对责任都有自己的看法。那么，下面就有请刘佳怡同学和她的小组成员们来谈谈他们对"责任"的看法。

下面请欣赏《责任我来谈》三句半表演。

班长1：他们告诉我们责任心是一个人的基本素质，是做一个优秀的人所必需的，所以我们做人必须要有责任感，我们在学校里生活和学习，都要对自己的一言一行负责。

班长2：责任，大到国家、社会，小到自己、他人，我们每个人都和"责任"二字息息相关，每个人对责任的理解也是不一样的，梁启超正是因为知道这个道理所以写下了《少年中国说》这部脍炙人口的作品。

班长1：下面请欣赏朗诵《少年中国说》。

班长2：有责任心是中华民族优良传统美德的核心，是一个人为人处世的基本原则。所以我们无论做人做事，还是做学问，都应该时刻铭记自己的责任。大到国家社稷、天下苍生，小至家庭和个人，甚至一言一行，都要有强烈的责任意识。

我们每个人对自己对家人对朋友都会有一定的责任，责任不仅是一个人的人生观、价值观和世界观的体现，更是一个人对待人生和生命的态度。

下面请欣赏小品《红绿灯》。

班长1：这个故事告诉我们，我们每个人都要对自己负责，谁对自己不负责的话，就要承担相应的后果。

林肯曾说："人所能负的责任，我必能负；人所不能负的责任，我亦能负。"范仲淹的"先天下之忧而忧，后天下之乐而乐"，周恩来的"为中华之崛起而读书"的强烈责任感流传至今。

班长 2：虽然责任看起来很难、离我们很遥远，但其实责任很简单，蓝天对白云的包容是一种责任；大海对鱼儿的哺育是一种责任；太阳对万物的恩赐是一种责任；荷叶对荷花的呵护也是一种责任。

班长 2：那么，就让我们看看隋新博和杨如梦对责任的看法吧，请欣赏相声《让纸片飞》。

班长 1：我们对于一个人的衡量，除了他的才华，他的文明美德，他内在的素质，还包含他是否有责任心。而责任心，就要从日常生活中的小事观察，看他是否处处严格要求自己。（《让纸片飞》总结）

班长 2：责任离我们并不远，就发生在我们身边，发生在校园里，看！他们的这个行为多危险！

（插入视频）

班长 1：从古至今，责任无处不在，具有强烈责任感、使命感的人更是数不胜数。文天祥的"留取丹心照汗青"是责任的凛然，鲁迅的"我以我血荐轩辕"是责任的伟岸，龚自珍的"化作春泥更护花"是责任的无私。

班长 2：所以，我们当代少年，更应该牢记自己的责任使命所在。"少年智则国智，少年强则国强"，我们是祖国未来的建设者，是祖国明天的承担人，是祖国希望的接班人。我们不仅要学好科学文化知识，更重要的是要有高素质，要严格要求自己。只有德才兼备，在未来的社会才能不被淘汰。

班长 1：下面有请吴老师来为我们这次班会做总结。

责任创造了未来，有了责任，七彩彩虹将更加绚丽多姿；有了责任，布满荆棘的路将更加平坦开阔；有了责任，阳光的温度会更加温暖；有了责任，万物皆不会再枯败；有了责任，世界将永不褪色。责任是我们与生俱来的一种约束，一种力量，一种享受安定和谐社会的基本。所以，同学们，责任是非常重要的，是我们做人做事都不可缺少的，责任就像钻石，它会在我们的细心呵护下显得更加璀璨。我们离责任并不远，我们人人都离责任很近，就好比如我们的校歌中的"行者致远，责行天下"

（放校歌齐唱）

行者致远 责行天下

朗朗的书声沐浴着朝霞

蓬勃的青春快乐出发

梦想在前方

志气任飞扬

旋律铿锵谱写刚强雄壮

绮丽的音符

演绎芳华

勤奋的汗滴涔涔挥洒

浇灌希望芽

耕耘园圃花

桃李醇香弥漫九州天下

学海无涯云帆高挂

收获成功和精彩对话

和精彩对话

行者致远

责行天下

我们书写明天的中华

明天的中华

中华

班长 1: 我宣布，本次班会。

班长 2: 到此结束。

用责任心与爱心，放飞希望成就梦想

周秀影

【摘要】春蚕到死丝方尽，蜡炬成灰泪始干。在我 22 年的教学生涯中，我一直身正示范、行为师表，用自己的责任心和爱心放飞学生的梦想，成就学生的梦想。每个孩子小小的进步，就是孩子给我的最大回报。

【关键词】为人师表；责任心；爱心；亦师亦友

夯实自身修养，有责任心与爱心，是成为优秀教师的必经之路和必要条件。

每个人都有自己的梦想，我的梦想就是成就学生的梦想。圆自己做个优秀教师的梦。

一、为人师表

教师的一言一行，都会给学生留下深刻的印象，凡是学生要做到的，教师要率先做到；要求学生不能做的事情，教师坚决不能做；每件细微的小事都要做表率。为人师表不是纸上谈兵，是心心相印的活动，在学生心目中，要建立良好的教师形象，做学生的表率。

二、用自己的责任心，来放飞希望

带了一届又一届学生，岁月蹉跎，年龄越大越感责任心强，责任也越重，不管身体有多么不适，也不愿意耽误孩子任何一节课程。

对待每一位学生，要有百分之百的诚心，要像对自己家的孩子一样。

在 2005 年 5 月份自己得了病，去医院检查后，在医生的建议下做了个小的手术，本来恢复期，身体就很虚，当时自己家的孩子还小，照顾自己的孩子，身体有些不支。每天回家，就连幼小的孩子看到我太辛苦，都会主动来给我捶背，安慰妈妈说太辛苦了。但是，想到自己的学生马上就要期末考试了，现在正是期末总复习的紧张时期，学生们付出一学期的努力，如果这次没复习好，造成期末成绩不理想，会影响到学生今后的学习兴趣。由于放不下学生，我又重新登上讲台，看到学生关切的眼神，我就又振奋精神，斗志昂扬。最后的期末考试，学生们都给我交上了一份满意的答卷。我深深感受到，学生们是用实际行动来告诉我，没有辜负我的一片心。

三、用爱心，成就梦想

在我的心里，教师是神圣的职业，从小就有当老师的梦想，现在当上教师了，就有当好教师的梦想。因为自小家里条件不好，所以特别能体会家庭条件不好的孩子的生活和学习情况，一位师德高尚的教师，不是爱少数学生，而应该是爱每一位学生，爱全体学生，尤其要关心爱护、帮助身患疾病、学习落后、家庭困难的同学。

2015年我担任初一班主任，班级里有个叫王艳的孩子家庭条件不好，我在与家长沟通的过程中了解到，学生的爸爸身体不好有严重的肝病，后妈有癫痫病和糖尿病，智力都不太好，家里特别困难，但是学生智力正常，因家里的条件特别自卑，学习有些分心，有的时候连午餐费都交不上，孩子有了不想继续读书的打算，为了让孩子能正常学习，我就跟学校申请，学校给这个孩子餐费减半，剩下一半我替孩子交了，而且没有声张。孩子家里虽然困难，但是没有低保，我又指导孩子，回家教父母，怎么到村上申请低保，低保下来后，家里条件改善了，孩子的脸上天真的笑容又回来了，孩子恢复到正常的学习当中。经过自己的努力，王艳同学顺利地考上了理想的高中，继续她的学业。自从有了电话、电脑，就很少收到信件，那一年元旦，我却收到了一份特别的欣喜，这个孩子给我手写的一封来信，信里分享在学校学习的点点滴滴，简短的祝福，我却倍感欣慰和开心。

孩子的成长，更多的是感性的呵护，保护孩子的自尊心，用爱心浇灌，

每个学生定会绽放出灿烂的笑容。成为国家的栋梁。

四、关心学生，热爱学生，与学生亦师亦友

同学间互帮互助、互关互爱是形成良好班风的一个重要因素。

了解学生，时刻把学生的一举一动放在心上，感受学生的内心世界，关注学生的生理、心理等方面的健康发展，与学生建立起亦师亦友的关系，与家长及时沟通，了解孩子的心里波动，及时纠正偏差，让孩子恢复到正常的学习生活轨道上来。

现在班级里有个叫李明扬的同学脾气特别暴躁，和同学发生摩擦矛盾时就爱出手打架，和班级里同学关系搞的特别不好，经与家长沟通才知道，这个同学身体壮，在小学的时候就经常给家长惹事。我了解后，会经常发现他平时帮助同学的小亮点，发现孩子品质不坏，在班级里经常表扬他的这些小亮点，还经常夸奖他保护同学讲义气，从来不欺负同学。结果，这个同学真的改变了，变得对同学特别热心，还成了我们班级里的维和部长，班级里有发生矛盾的同学，他都主动帮助老师化解矛盾。还跟我成了推心置腹的朋友，会经常在我面前表现自己维和的成就。班级里一片和谐，学习氛围特别浓厚。我心里甚是欣慰。

良好的学习氛围来之不易，更要特别珍惜，孩子在初中学习阶段，不仅要学会怎么学习，更要学会怎么做人。短短三年，却是人生观、价值观形成的重要阶段。学校是个小集体，适应学校的集体生活，从而慢慢适应社会，进而融入社会的大家庭里面去。

春蚕到死丝方尽，蜡炬成灰泪始干。在我22年的教学生涯中，一直担任班主任工作，用饱满的热情投入到教育事业当中去，是人生的一大乐趣；每个孩子小小的进步，就是孩子们给我的最大回报，他们早晚要走入社会，成就自己的梦想。就让我的付出，成为孩子们放飞梦想的基石！

【参考文献】

[1] 魏书生. 班主任工作漫谈［M］. 漓江出版社，2008.

网络时代初中生青春期心理变化探究及对策分析

付井涛

[摘　要] 现在的初中生，出生于网络时代，成长于网络时代，谙熟网络操作。以手机为代表的电子产品成为网络时代初中生的标配，他们心理上更加渴望被关注、认可、信任与尊重；更加孤独、脆弱、无助和恐惧；更加焦虑、冲动并具有暴力倾向。对青春期的初中生来说，网络时代是一个最好的时代，网络时代也是一个最坏的时代。

[关键词] 网络时代；初中生；青春期；心理变化

网络时代初中生青春期的心理变化，值得探究和思考。

初中生正处于青春期，生理发育渐趋成熟，敏感自尊，自我意识极强。而现在的初中生，出生于网络时代，成长于网络时代，谙熟网络操作。资讯随意，轻松网购，迷恋游戏，崇拜偶像，依赖手机。知识不再神秘，渠道不再单一，老师不再神圣，家长不再权威……

据媒体报道，2017 年 4 月 5 日，辽宁盘锦一初中生，因父亲将其手机从高楼扔下，自己竟跳楼，当场身亡。另据媒体报道，2019 年 3 月 16 日晚，据传因被母亲摔碎了手机，江苏建湖县一名 13 岁少年与母亲发生激烈冲突，致母亲身亡……

网络时代初中生的心理到底发生了怎样的变化？老师和家长应该如何做才能因势利导，避免这种悲剧？

一、变化探究

（一）更加渴望被认可、信任与尊重

以手机为代表的电子产品成为网络时代初中生的标配。学校原则上

57

明令禁止初中生带手机入校，但手机的使用早已深入到初中生日常的学习、生活和社交等各个方面。在老师和家长禁入的专属朋友圈中发动态，渴望被同龄人关注和认可；和相关老师微信朋友圈互动，渴望被老师点赞和鼓励，进而被信任与尊重；屏蔽家长，要求和家长平起平坐，厌烦家长的各种千叮万嘱，特别是涉及手机的使用时间和内容等问题，各种抵触。"人机大战"经常是处于一触即发的状态。

（二）更加孤独、脆弱、无助和恐惧

初中生学习任务日益繁重，竞争日趋激烈，压力与日俱增。上网打游戏、聊天成为初中生课后一种放松和解压的方式；上网查找资料和在线学习也已经成为一种常用的方法。如此这般，难以把控初中生在家使用手机的时间。前一秒钟还沉浸在虚拟世界打怪升级的兴奋中，后一秒钟就要直面真实世界的各种学习任务。从虚幻的成就感切换到令人抓狂的课内外作业，孤独、脆弱、无助和担心在老师和同学中失人气的恐惧心理更加强烈。

（三）更加焦虑、冲动并具有暴力倾向

网络原本鱼龙混杂，泥沙俱下。对青春期的初中生来说，网络时代是一个最好的时代，网络时代也是一个最坏的时代。就连作业帮和小猿搜题等初中生经常涉猎的多个学习类 App 平台，2019 年 1 月也因涉黄和游戏泛滥被责令整改并处以罚款，专业助学变身专业坑娃。醒目的游戏和不雅的内容，令身心正在成长发育的初中生更加焦虑、冲动并具有暴力倾向。这时家长如果采用简单粗暴的方式来解决问题，令人意想不到的悲剧往往就发生了……

二、对策建议

（一）师生正向互动 走进学生内心世界

网络时代的初中生与老师之间的互动便利频繁——课堂上面对面直接沟通；放学后微信视频朋友圈随时沟通。了解学生喜怒哀乐的渠道打开，走进学生内心世界的机会增多。对于青春期心理敏感的初中生来说，来自老师的关爱、鼓励、信任和尊重，仍然是自身不断前行的重要推动力。

特别是那些平时各方面表现并不突出的学生，经常担心自己被老师忽视和放弃。收到老师在互动过程中客观评语之后的一个点赞、一句鼓励的话语甚至表示激励的表情符，都会让其开心不已，信心倍增，潜力释放。师生通过网络实现正向互动，学生自觉上进的积极性不断提高，对手机等电子产品的自控力必然同步增强；但同时对老师的工作负荷也是一种挑战。

（二）家长平等相伴 尊重理解宽容引领

青春期的初中生需要来自家长的心灵共鸣。家长首先要学会保持沉默，随时倾听孩子的心声，了解孩子的烦恼和困惑，理解孩子面临的压力，尊重孩子的独立人格，宽容孩子青春期的各种叛逆行为，引领孩子尽早走出青春期的迷茫，战胜青春期的孤独、无助、脆弱和恐惧。不说教，不唠叨，不居高临下。每天尽量为孩子预留出自由使用手机等电子产品的弹性时间，让孩子有在网络上分享、交流和发展友情的空间，使孩子能够有机会获得来自家长以外的支持、关爱和心灵滋养。家校配合，发掘和利用网络中有益于学习和成长的无尽资源，因势利导变手机等电子产品为辅学利器。

（三）青春期生理课 系统学习多维讲解

网络时代初中生的青春期生理课应该明明白白地系统讲解，不应该犹抱琵琶半遮面地一带而过，而且还要恰如其分地加入生命教育的内容。初中生必须懂得尊重生命，知道生而为人的不易，不要动辄为了使用手机就冲动地自杀或杀人。早恋的话题也应该与生理课结合在一起讲授，引导初中生珍爱自己的身体，保护自己的心灵，远离网络中不雅的内容。家长也应该适时地下载相关网络资料，和孩子敞开心扉，一起探讨青春期成长发育的奥秘，化解孩子因发育而产生的尴尬和羞怯，疏导孩子的青春躁动情绪，增进青春期良好的亲子关系。

本人已在长春七十八中学从教二十余年。作为一名教师和一位父亲，一直关注和考察初中生青春期的心理特点，重点思考和探究进入网络时代之后的初中生青春期的心理变化，并尝试探求相应对策。原创此文，以抛砖引玉。

[长春市第七十八中学　教学楼楹联]

责任铸辉煌　智慧谱华章

[长春市第七十八中学　综合楼对联]

七彩校园责行天下　八方学子智创未来

文化立校篇

责任文化下的教师管理

高德军

教师管理的本质是：激发教师工作的积极性，提高教师教育教学能力，通过教师促进学生的全面发展。

抓好教师队伍建设，关系到学校的和谐稳定，关系到学校教学质量的提升。如何抓好教师管理，努力造就一支高素质教师队伍至关重要。我认为，抓好教师管理，最重要的就是培育教师文化，创新教师管理方法。采取以下六个策略：

一、目标激励

学校的愿景是学校为之奋斗的目标和蓝图，是教师文化的根基。责任文化是我校的特色。学校的每位教师知晓、了解学校发展的目标和价值取向，使每位教师都自觉树立起承担学校发展义务的"责任"意识。以此鼓舞教师，凝心聚力，激励他们为学校的发展做出贡献，让教师长久保持对学校的认同感和归属感。几年来，学校面貌发生了巨大变化，学校的教学质量一年一个台阶，素质教育成果显著。学校女排、女篮都获得吉林省冠军。今年4月，我校女篮代表吉林省参加全国中学生女篮邀请赛。

全体教师在愿景规划的制定与实施中，获得了成功体验，意识到自身的价值，把个人的价值成长与学校的发展联系在一起，形成积极向上的校园责任文化心理。

二、心态改善

（一）转变思想 明确目的

由于社会大环境的影响，一些教师职业倦怠的现象时有发生。职称问题、评先问题、学生问题、家长问题等屡屡袭来。这也是产生职业倦怠的根本原因。针对此现象，我校通过教师沙龙论坛、班主任座谈会、师德典型报告会、党员先进事迹交流会、新时代传习所党课等形式，对全体教师进行喜闻乐见的责任文化教育。让教师明确最现实问题：自身努力、成绩就好，威望就高。自然而然评职晋级、评先选优就占绝对优势。从这一层面来讲教师的工作首先是为了自己。摈弃那种我为学校干工作的单一的错误思想。

（二）培养乐于奉献精神

多年来，全体教师在责任文化的熏陶中，形成了"乐于奉献，甘为人梯"的奉献精神。非班主任抢自习、间休时间义务辅导的大有人在。有一位教师在发言中说过，"我们要有亮剑精神，就是倒也要倒在为学校教育发展冲锋的路上。"责任文化已经深入人心。

（三）增强协作意识

我们主张让教师树立强烈的竞争意识，但更注重团队协作精神。文明办公室的评比、文体活动竞赛、每次月考后班级整体成绩的分析等，考核时既有个人考核，也有团队捆绑考核。谁都不想扯团队的后腿，众人划桨开大船。团队意识已经根深蒂固。

（四）培育良好心态

我们提倡教师保持平和心态，不管遇到什么事情，都以一种乐观向上的心态去对待自己、对待工作。宠辱不惊，看庭前花开花落；去留无意，望天上云卷云舒。教师只有保持平和的心态，才会有工作热情和生活的乐趣。

三、境界提升

对教师的管理，必须从教师的精神需求出发，提升教师的精神境界。进而达到教师思想境界的提升。

（一）丰富业余生活

每学期我们除了开展各种教学活动以外。还开展形式多样的教职工文体活动，丰富教职工的业余生活，为教师减压。通过各种文体活动，

把学校建成教师的"精神家园"。

（二）划分党员责任区

提升教师的思想境界，首先要提升党员教师的思想素质，让党员教师带动普通教师思想境界的提升。学校把党员教师划分为 3 个责任区，每个责任区的党员教师负责带动自己责任区的年级管理、班级管理、学科引领。在"做表率、当先锋"活动以及党员示范课中，党员教师的旗帜作用表现突出。几年来，党员教师责任区圆满完成了责任区的任务，提振了教师工作积极性，促进了教师思想境界的提升。

（三）献爱心活动

2016 年为患白血病的刘楚迪同学捐款 29478 元，2017 年 4 月，全校师生为家庭遭受变故的刘方园同学捐款 41239 元。2018 年，全校教师为学习困难的学生义务辅导达到 800 多人次。

（四）书香校园活动

为提升教师理论水平和文化素养，学校每年都开展特色读书活动。读书是学校留给每名教师的课外作业，开展活动以来，很多教师理论水平和阅读能力都得到了极大的提升，真正提高了教师的思想境界。

四、氛围营造

（一）人文关怀

我们把教职工的冷暖挂在心上。教职工谁家要是有个大事小情，领导必然第一时间赶到。教职工过生日时，有半天的生日假；班主任每月有半天家访假；子女上大学的教师也有相应的假期。领导经常深入基层一线，与教师打成一片。让教师感到领导是他们的贴心人。

（二）关注班主任

班主任是学校的中坚力量。他们工作的情况，直接关系到学校的整体工作。我们在评先选优、评职晋级工作中，向班主任全力倾斜，让班主任直接感受到学校那份特殊的关爱。以此来提高班任工作的积极性。

（三）适时表扬

凡是教师参加任何活动获奖，学校领导一定会在大会上进行表扬。

让教师感受到成功的喜悦。

（四）树立典型

学校定期把在教育教学工作中涌现出来的教学典型、师德典型、优秀党员作为标杆，组织大家向他们学习。激发大家的工作热情，一所学校要永远传播正能量，才能风清气正。

五、民主管理

民主管理的本质就是以人为本。

（一）给教师知情权

我们在制定学校发展规划时，会向全体教师宣传，使全体教师都知晓。党务、校务工作及时公开。让教师体会到主人翁的责任感。

（二）给教师话语权

教师有充分发表意见的权利，表达思想和观点的机会与渠道。我校所有制度都通过教代会形式，几经讨论酝酿，听取教师呼声，最后才形成、施行。

（三）给教师自主权

在任课工作中，我们给教师充分自主权。班主任、任课教师双向选择。先定班主任，再由班主任和科任教师双向选择。

（四）给教师决策权

学校所有的制度，都由教师代表充分讨论，最后通过教工代表大会表决通过。

六、平台搭建

（一）外派学习

把有专业特长的教师，外派学习，提升其个人素养。以此来带动学校各项工作的开展。2017年9月~12月，派商冬凯老师赴英国参加足球集训；派聂威等老师去厦门学习信息技术与课堂教学整合的培训等。2018年外派学习核心素养、智慧课堂等方面的教师达到20人次。

（二）推选先进

每学年，学校根据相关的评比细则，经过民主测评、班子考核，分别评出优秀班主任、优秀教师、优秀党员等等，今年我校还将评出"78中学最美教师"。

（三）假期研学

利用寒假、暑假时间，派出各个学科优秀教师，前往国内一些高等师范院校学习专业的理论知识和管理经验，为教师充电。

（四）青蓝工程

学校的青蓝工程，促进了青年教师的快速成长，保证了学校的内涵式发展。

总之，教师的管理工作就像农民种地一样，必须经过播种、管理、秋收三个环节。我们在春天播种愿景，夏日田间管理辛勤付出，秋天才收获了累累硕果。风清气正的人文环境，责任文化下的校园，才是教育的最好的净土。"采菊东篱下，悠然见南山"的怡然氛围，才是教师管理的新境界。

责任文化建设的实践与思考

王　维

对于学校的理解决不能停留在教室、操场的概念上，它是教育环境文化的理念认知。校园文化是一种环境，也是一种氛围，是一种需要长期培育，苦心经营的教育氛围。它具有隐蔽性和延续性，能在潜移默化中发挥环境的育人功能，能给人以深远的影响。

长春市第七十八中学的灵魂是责任文化！这是学校持续发展的内在主线，也是彰显特色教育的一面旗帜，更是引导和培育青少年践行社会主义核心价值观的必要途径。

责任担当在长春市第七十八中学具有一脉相承的深厚底蕴，始终是学校教育的主旋律。从培育责任价值环境，到提出责任教育理念，乃至如今大力营造责任文化氛围，责任教育文化在长春市第七十八中学一直得到了很好的传承和发展。

一、责任文化释义

责任是指分内应做的事，是个人或群体组织根据自身社会角色属性所应承担的职责、任务和使命。任何社会中的人，都会肩负与自身角色相应的责任。责任是道德内涵的核心。新一轮的课程改革将"责任教育"作为教育改革的一个重要内容。

校园精神文化建设，是校园文化建设的核心内容，体现着一个学校的精神风貌。长春市第七十八中学的办学理念、校训、校徽、校歌等内容都明确了责任教育，突出"责任"二字，旨在营造以"责任"为核心内容的校园精神文化，最终形成积极向上的校风、教风、学风、班风。

只有树立了将学生培养为有责任意识的人的目标，才能让责任文化

作用于学生的成长。让学生通过自我意识、自我教育、自我陶冶、自我养成、自我规范，潜移默化中实现责任文化的渗透与养成，使学生成为教育的主体，形成责任意识、情感、品格的自我修养，从而实现人的全面发展和个性发展。

二、践行责任文化的意义

（一）责任文化是社会发展进程中不可或缺的精神力量

责任文化，首先是一种文化。而文化本身就是一种精神力量，它能够对身处于这种文化中的每一个人起到思想引领和行为导向的作用。如果每个人都树立起一种责任理念，并且让这种理念成为大家的共识，那么在实际生活中，这种理念就会指导着每一个人去承担、去履行自己的责任。这是我们要培育责任文化的首要原因。特别是在市场经济洪流中，人们很容易迷失方向，所以这个时候，我们更要去提倡坚守道德底线，营构责任文化。

（二）责任价值是实现人生价值的重要基石

人生价值也是人生的意义。人总是要生活在一定的社会关系中，比如说个人与他人的关系、个人与集体的关系、个人与国家的关系等等，这样一来，当我们去评价一个人的时候，这种标准就不是掌握在我们自己手里，而应该有一个社会性的标准，那我们去评价一个人的人生价值时，说他的人生过的有没有意义，就应该看他对这个社会有没有尽到应该尽的责任与义务，有没有对这个社会做出应有贡献，这决定了一个人能不能得到他人的认可和社会的认可。

（三）责任担当是青少年人格品质的升华

责任感不是与生俱来的，它需要培养。习惯形成性格，性格决定命运。这就是说，平日里的行为习惯慢慢地就会沉淀为一个人的个性特征，这种个性特征会影响人一生的发展。如果在平时的工作中，我们能够刻意地培养学生勇于承担责任，切实履行责任的习惯，时间长了，这种习惯就会沉淀和升华为人生的性格，即学校养成教育形成的强烈责任感，并成为性格中最为闪光和最有生命支撑力的重要部分，从而使学生的人格品质得以提升，推动其成为一个有责任感、有人格魅力的人。

三、构建校园责任文化的基本原则

一个理念：以责寓德、以责育人。

两个坚持：坚持以人为本、坚持以德育人。

三个促进：促进个体责任感的提高、促进学校特色的形成、促进学生核心素养的提升。

四个新颖：创新观念要新颖、思维模式要新颖、活动形式要新颖、体验内容要新颖。

五个结合：与学科教育相结合、与主题教育活动相结合、与学校评优活动相结合、与家庭教育活动相结合、与社会舆情相结合。

六大主题：以学习为主题——学习是我责，尽责为祖国；以讲卫生为主题——校园是我家，呵护学校靠大家；以遵守纪律为主题——我守则，我尽责；以集体协作精神为主题——心中有责任，携手齐飞翔；以孝敬父母为主题——我爱我家我尽责；以服务社会为主题——社区小小志愿者。

七个能力：判断能力、思考能力、审美能力、协调能力、合作能力、实践能力、创造能力。

基于这样的原则，科学整合校内、校外资源，提炼学校独有的校园责任文化。以多元、灵动、丰富、独具特色的学校文化影响教育广大师生，真正达到"办负责任的学校，做负责任的教师，育负责任的学生"的整体目标。

四、责任文化的几个层面

（一）学校层面

深入挖掘学校责任文化思想内涵，使之成为学校教育教学活动的指导思想，师生共同的价值追求，并逐步内化成学校风格特色，从而提升学校的文化凝聚力，提高办学品位。学校领导班子要讲责任意识，校训、校徽、校歌的提炼要充分体现责任教育核心理念。

（二）学科层面

在培养学生核心素养过程中，学校力求推陈出新，基于"学科特色建设"推进三个维度——课程、课堂、社团。开启了"责任文化，智慧教学"体系构建之旅。课程开发、社团活动有声有色，教师的教与学生的学被赋予新的内涵。

（三）班级层面

注重班风建设，培育班级责任文化，养成教育中让优秀成为一种习惯，形成"两有"班级制度，在班级责任区中具体体现。即有一个学生就有一块责任区负责，有一块责任区就对应一个学生管理。

（四）家庭层面

注重与家长的联系与互动，办好家长学校，协调家长积极配合，培育在学校和家庭都负责的学生，避免和杜绝责任文化教育出了校门就失效的现象。

五、责任文化的落脚点

（一）打造物态责任文化，让责任浸润学生心田

校园物质文化是推进学校文化建设的必要前提和重要基础。校园中的"一草一木，一砖一瓦"应该透射着学校办学思想和育人特点，教化学生于无形之中。因此应充分挖掘器物的象征意义。

如，学校东侧临街综合楼呈"人"字形；校园西侧教学楼俯瞰是"品"字形。校园内"责任石"取自于泰山脚下，校园绿色长廊如龙腾飞等。以此为主题开展丰富多彩的校园文化创意设计比赛，集思广益，营造责任教育校园文化氛围，让师生在潜移默化中受到责任教育。

汇集师生的"金点子"，充分利用教室内外墙壁、走廊、楼梯间等醒目位置，设置人文景观，形成浓厚的立体环境文化，使一草一木、一墙一壁都能说话，都能起到教育人、启迪人的作用。

（二）树立责任榜样，潜移默化熏陶人

教育家第斯多惠说过，教育艺术的本质不在于传授，而在于唤醒、激励、鼓舞，因此，应该为老师和学生培树责任榜样，营造无处不在的责

任文化氛围。

　　教师应有选择地让学生阅读一些有益的课外读物,在指导学生阅读课外读物和观看影片故事情节的同时,应引导他们理解课外读物和影片中榜样人物的行为动机,吸收榜样人物思想中的营养成分,学习他们的责任心,特别是学习他们高尚的社会责任感,让学生在获得精神上满足的同时,产生情感共鸣,从而潜移默化地形成责任意识。

　　重视对学生身边榜样力量的挖掘既是很好的行为导向,又能消除学生认为责任感高不可攀、可望而不可即的错误认识。教师发动学生寻找身边体现责任感的好人好事,评选班级责任之星,并以此为契机让每位学生审视自己的思想行为。只有当学生在乎自己在别人眼中的形象时,才会自觉地约束自己的言行,自尊自律。全班整体思想道德水平也会随之提升。

　　利用学校网站、橱窗、班会、读书演讲、各班级微信群等等平台对学生进行以"责任教育"为主题的宣传教育,从学生日常生活中选取一些真实且能触动他们心灵的小事对学生进行责任教育,以引起他们道德的共鸣,积极营造责任教育氛围,使责任教育真正落到实处,收到实效。

　　(三)教师躬亲示范,升华内心责任感

　　马卡连柯说过:"教师的威信首先建立在责任心上。"经验证明,身教胜于言传。因为青少年具有很强的模仿性和向师性,榜样具有极大的说服力和感染力,因此教师自身的作用是不容忽视的。教师在日常教学中要表现出高度的责任感,用自己的形象感染学生,形成"对人真诚,对事负责,对己自省,对集体奉献"的班风。通过各种形式的表彰来强化学生采取正确行为后的成就感,从而让学生自觉地树立对自己、对集体、对社会的责任意识。

　　(四)创办责任文化校刊,让责任文化传承有序落地生根

　　创办责任文化校刊,传播责任文化,引导广大师生学习践行责任文化。

　　(五)创造各种有效载体,大力传播与弘扬责任文化理念

　　第一,每年开展"责任杯"教学技能大赛。

　　第二,每学年度评选出"最负责任教师"和"最负责任学生",在

开学典礼上进行表彰。

第三，在教学楼大厅创建"最负责任师生"笑脸墙。

第四，每月都制定相应的责任宣传语：

3月，"向雷锋看齐，是我青春的责任"。

4月，"不负春光读好书，是我学习的责任"。

5月，"孝亲敬老师，是我爱的责任"。

6月，"学有所得，是我成长的责任"。

7月，"热爱追求，是我生活的责任"。

9月，"向老师致敬，是我道德的责任"。

10月，"为祖国点赞，是我生命的责任"。

11月，"含英咀华，是我梦想的责任"。

12月，"责行天下，是我人生的责任"。

第五，建立学校"责任信用卡"制度。为学生发放"责任储值信用卡"，即每位学生，在学习、助人、竞赛、假期社会服务、家庭尽责、社会担责等方面有收获，可以为"责任储值信用卡"储值"金额"积累，积累到一定程度，可以在学校内置换具有相对价值奖励。奖励既可以是物质的，也可以是精神的。物质的可以具体为学校餐厅就餐券、图书、笔记本、优秀教师或校领导亲笔的寄语、有书法特长老师的书法作品等；精神的奖励，可以兑换成校刊上的形象展示、与校长面对面交流、与优秀教师合影等。

第六，深入开展社会实践，提升师生责任心。学生责任心到底怎样，最终要在真实的社会现实生活中进行锻炼与检验。学校从学生发展的需求出发，让学生深入社会、了解社会，在社会实践中锻炼自己的意志，激发自己的责任意识，提高自己的责任能力。

每学年组织学生到红色教育基地、社会实践活动基地开展责任教育专题实践活动。与学校所在地的社区合作组织开展环保、助老等各种社区实践活动，为学生提供自主教育、自我能力提高的广阔平台。

以各种节日为契机，培养学生责任意识。每年母亲节、父亲节让学生为母亲、父亲做一件事让他们开心；教师节给老师一声祝福；国庆节向祖国道一声祝福；元旦节向亲人表示新年祝福。开展"手拉手"互助活动。

六、构建科学的责任文化制度，以制度文化规范人塑造人

校园制度文化作为校园文化的内在机制，是维系学校正常秩序必不可少的保障机制，是校园文化建设的保障系统。"没有规矩，不成方圆"，只有建立一套完整的责任教育工作制度和成立相应的监督机构才能持之以恒地抓好学生的责任教育，引领学生健康发展。

应从学校的实际出发，制订并实施责任教育方面的一系列合理、可行的规章制度，并把它们作为学生责任教育的具体要求，以行为规范的训练为抓手，塑造"责任意识较强、人文素养较厚、身体素质较高"的学生人格特征，让学生从小树立"对自己、家庭、他人、集体、社会、国家、人类、自然负责"的意识，做诚信、文明、负责的现代人。

维克多·弗兰克曾说过："每个人都被生命询问，而他只有以负责来答复生命，因此，能够负责是人类存在的最基本的本质。"什么是责任？责任是一种担当的精神，一种自律的品格，一种道德的承载，一种纯粹的坚守，更是一种不可推脱的义务。引导和教育学生学会负责，就是引导广大青少年学会以振兴中华为至高点，对社会负责、对祖国负责、对明天负责！

强管理　重文化　深课改　提质量

——"减负增效"工作经验交流

高忠威

为了贯彻落实国家、省、市关于"减负工作"的文件精神，着力解决学生全面发展过程中的学生负担过重问题，积极营造利于学生健康成长的学校教育氛围，切实做到"减负增效"，促进学校健康发展。现结合我校实际情况，简要汇报如下：

一、提高认识，明确方向

减轻学生过重课业负担是党和国家对教育发展的明确要求，是实现教育科学发展、优质发展、均衡发展的内在需求，减负是手段，目标是提质、是增效，是让每个孩子都能够健康快乐成长。受应试教育价值取向的影响，当下学生负担主要有两类：一是外部负担：即课业负担和经济负担，二是内部负担：主要指心理负担等。两种负担不是截然分开的，较重的课业负担往往会带来一定的心理负担，当然不同的学生主体感受也不同，有的学生主体感受为负担，有的学生却不以为然，为此减负要关注到不同群体的主体感受，不能一刀切认为都是负担或都不是负担，也不能只关注负担的消极价值而忽视其积极价值，关键在于"度"，适度的负担不仅无弊反而有益。为此，78 中学作为一所有中考升学压力的普通中学，为了让每个学生都能够找到适合的升学之路，我们坚持以学习者为中心，从学生主体出发，采取外部减负和内部减负相结合的方式，扎实推进减负工作。

二、强师德，重文化，创特色

爱是教育的永恒主题，一所时时处处充满关爱，校风、教风优良，文化底蕴深厚，特色鲜明的学校，身处其中的学子们定会大大减轻心理负担，轻松快乐学习。多年来，78中学秉承"以人的发展为本，培养有责任感的社会公民"的办学理念，遵循"做一个有责任感的人"的校训，积极打造责任教育特色品牌。工作中以责任教育为德育工作核心积极推进素质教育，扎实开展丰富多彩的学生活动，促其形成正确的人生观、价值观。在教师队伍建设方面，学校党支部牵头扎实开展师德师风系列活动，如：开展评选78中学最美教师、教师党员与学生"一帮一结对子"帮扶活动、"做表率当先锋"党员事迹报告会、教师读书交流等活动，这些活动的有效开展不仅为部分学生及时解决了实际困难，减轻了学业负担，也营造了良好的校园责任文化。如今，78中在"宽容大气 自强不息 感恩立德 勇担责任"的校园精神熏陶感染下，老师们爱岗敬业、责任心强，对待每一个孩子，都能本着尊重学生、爱护学生的原则去挖掘孩子的成长潜能，促其成长，我想这也是我校减负增效工作得以有效实施的动力源泉所在。学校也被市教育局评为长春市三星级特色学校。

三、科学管理，减负增效

"减负"究其本质而言，是减轻学生主体负担，这离不开依法办学、严格学校管理。为此，近年来，78中学在健全减负工作责任制度，将减负检查结果纳入教师量化管理考核之中，实行"一票否决"的同时，主要做好以下几方面工作。

（一）夯实常规管理，减轻学生外部负担

本着规范办学行为的原则，78中学教学常规工作方面严格执行上级课程计划，开齐开足规定课程；严控学生在校作息时间不超8小时，不利用双休日上课；严控学生课外作业量，各学科统筹安排，每天不超一小时（某种层面：学生课业负担重的一个重要原因是课后作业量过大，我校要求教师精讲精练、作业习题方面，提倡教师下海学生上岸，在精

字上下功夫，精选作业习题，提倡教师多布置一些开放性作业，分层次作业，不留重复性、机械性的作业题目）；再有，学校严格教辅资料征订工作，严格执行收费标准，规范收费行为，从外部制度层面保证不增加学生的经济负担、作业负担、时间负担。学校被市教育局评为教学常规管理达标校。

（二）构建智慧课堂，向课改要效益

"减负"在本质上是一个"提质增效"的过程，而"减负工作"最关键的是教师队伍专业素质的提升。为此，多年来，78中学以深化课改作为减负工作主阵地，促进教师专业成长。以"构建智慧课堂 促进师生共同成长"作为教学工作主线，扎实开展研培一体的校本研修系列活动，促进教师更新观念、构建轻负高效的教学模式，即构建具有责任感的智慧课堂，切实提升学生学习兴趣，变学习压力为动力，促进学生主动学习，全面提高课堂教学效率，为学生真正减轻负担。

多年来，我校持续开展了青蓝工程——师徒结对、教师读书交流、青年教师汇报课、学科组主题展示开放、教师外出培训二次传导等系列教研活动，对提升教师整体专业水平、切实提高课堂教学效益起到了很好的促进作用，也为减负增效工作奠定了坚实基础。学校中考质测成绩也稳步提升，2018年中考我校600分以上的学生人数为22人，最高分624.7分，优秀率31.57%，进线率为70.51%，各项指标均稳步提升。学校也被市教育局评为信息化工作典型学校。

（三）丰富课程体系，完善学生多元评价

根据多元智能理论，聚焦核心素养落实，本着促进学生特长发展、个性发展、全面发展的思路，78中学坚持以评价改革引领减负，完善学生多元评价体系，并创建了多维度的校本课程体系。78中作为吉林省体育传统项目学校，学校长期开设了足、篮、排社团课程，结合学校办学特色开设了责任教育特色校本课程等等，多样化的课程为学生发展提供了平台、也培养了学生优秀的品格，使其不因学业压力过重而厌学，对促进孩子们健康成长起到了很好的作用。值得一提的是，78中女排在2017年蝉联吉林省青少年排球锦标赛冠军、在2018年第15届中国中学生排球联赛闯进 12 强，女篮勇夺 2017 年吉林省中学生篮球锦标赛初中组冠军，并代表吉林省打入 2017—2018 中国初中女子篮球联赛总决赛，全国 12 强。近几年我校篮、排社团的孩子全部被十一高中、长春二中等重点高中录取。也真正为特长的孩子们找到了适合他们的升学之路。

（四）加大宣传，家校同行

不容回避，"减负"是一个社会问题，仅靠学校力量是不够的，需要社会、家庭和学校相互配合，否则就很容易出现"教师减负、家长加压、校内减负、校外增负"的问题。因此，78 中学为了使减负工作落到实处，积极构建学校、家庭、社会共同参与的三位一体的减负实施体系，使家长认识到孩子全面发展的重要性，我校利用家长微信群、家长会、学校公众号等宣传平台，积极向家长做正面宣传引导，定期聘请优秀家庭教育工作者为家长进行培训，使广大家长切实认识到尊重教育规律让孩子快乐健康成长是最重要的，拔苗助长只会适得其反。

工作中，我们以学习者为主体，积极开展丰富多彩的德育活动，如研学实践、读书汇报等活动，滋养学生心灵。同时以关注学习力提升为主题，定期开展学生学法指导专题培训会及心理讲座活动，为学生学习扫清障碍，减轻心理负担，使学生能够快乐学习。

以上是我校关于减负增效工作的粗浅想法和具体做法，我们深知，减负增效工作牵动千家万户，是一项系统工程，可谓任重道远，为了孩子们每天幸福生活、健康成长，今后，七十八中将更加坚定地贯彻执行减负精神，不断深化教育改革，使"减负"为"增效"加码，全力提升学校教育质量。

为学生一生奠基　对民族未来负责

中学生德育教育的传统文化教育

李长武

教育工作的本质是立德树人，教育的最终目的是育人。我们秉承"以人的发展为本，培养有责任感的社会公民"的理念，遵循"做一个有责任感的人"的校训，在"宽容大气　自强不息 感恩立德 勇担责任"的校园精神熏陶中，孜孜不倦努力耕耘，在教学实践中不断地思考如何有效对中学生进行德育教育，我们发现对中学生进行传统文化教育势在必行、影响深远。我们中华文化源远流长，在历史发展的进程中，积淀了许多代代相传的美德。中华传统美德是中华民族历代流传下来的，有益于后代的优秀道德遗产，它包含了优秀的民族品质、优良的民族精神、崇高的民族气节、高尚的民族情感、良好的民族礼仪等。西方著名学者汤恩比博士曾这样说，二十一世纪拯救人类的唯一可行的办法是向中国的古圣先贤学习中国的传统文化。而中华民族的文化精髓就是我们崇尚的传统文化。因此，把传统美德与现代德育教育结合起来不仅具有重要的现实意义，而且也具有深远的历史意义。

一、教育孩子有孝心

孝道，作为传统美德，可以促使家庭和睦。真正培养起孩子的孝心，对他们而言是一种前进的动力。真孝敬长辈，就应该听从长辈的教诲，不应随意顶撞，有不同想法应讲道理；真孝敬长辈，就应该严格要求自己，体谅长辈的辛苦，尽可能少让长辈为自己操心；真孝敬长辈，就应该为父母分忧解难，在父母生病时，在父母有困难时，尽力去关心照顾父母、协助父母；真孝敬长辈，就应该刻苦学习，努力求知，让父母少为自己的学习担忧；真孝敬长辈，就应该在离家外出时，照顾好自己，注意安全，外出时间较长时，应及时向父母汇报情况……总之，真正的孝心要体现在言行上。

二、培养孩子节俭的好品质

现在的孩子多数不懂得节俭，乱花钱、随便浪费的现象相当严重。节俭是一个人的重要品质，很难想象，一个从小大手大脚随便浪费的人能创造一番事业，建设好家庭。为了培养孩子节俭的品质，应从以下几个方面入手。第一，教育孩子正确认识钱。要让孩子从小懂得钱是什么，钱是怎么来的，怎样正确地对待钱财，不义之财绝不可取。第二，教孩子学会花钱。孩子消费行为是逐步由被动走向主动的，从小学低年级开始，就应教孩子买东西，如何用钱，如何找钱，如何选择物有所值的物品。教孩子把钱保管好，防止丢失、被窃。随着年级升高，要让孩子学会先认真思考再花钱，并且逐渐养成习惯，避免盲目消费。第三，教孩子学会积累。孩子手里的零用钱、压岁钱应该计划使用，适当积累。必需的东西才买，可买可不买的不买，把剩余的钱存起来。在存钱、用钱的过程中，培养孩子节俭的好品质。

三、培养孩子正确的劳动观

让孩子从思想上认识到劳动光荣、劳动神圣、劳动伟大。养成劳动习惯的人，不劳动反而不舒服，他们眼里总有可干的事情。这样的习惯不通过长期训练，是不能形成的。劳动需要动脑子，什么活有什么样的干法，劳动的程序、操作要领、技巧需逐步掌握。任何劳动，由于技能水平不同，会有学习快慢、质量好坏的差别。因此，掌握劳动技能是劳动教育的重要层面。社区、学校安排的公益劳动，应积极支持孩子参加。双休日、寒暑假安排的劳动量应该稍多一点儿，最好干些比较复杂的、既费体力又费脑力的劳动。如果孩子在劳动中有失误，不应训斥和责备，应该重视劳动过程的具体指导，多给予鼓励，让孩子感受劳动的快乐。

四、培养孩子的自强精神

自强不息的精神是中华民族优良的传统美德。我们的祖先历来强调，凡是有志气、有道德、有本领的人，必定是自强不息的人。几千年来，中华民族凭借自强不息的精神历经磨难、艰苦奋斗，创造了伟大的东方文明，屹立于世界民族之林。我们的祖先历来告诫年轻人"少壮不努力，老大徒伤悲"，培养孩子的自强精神需要家长与教师共同努力。第一，帮助孩子树立奋斗目标，没目标就没有奔头。每个孩子情况不同，目标要切合实际，孩子每达到一个小的目标，就及时肯定，孩子就能增加一分自信，增加一点儿自强精神。第二，帮助孩子成功。每个孩子都有成功动机，问题再多的孩子，也渴望有成功的机会，品尝成功的喜悦。当帮助孩子制定出了具体的奋斗目标时，还必须有达到目标的具体措施。在追求成功的过程中，孩子遇到困难最需要支持、鼓励和帮助，这是培养自强精神的关键。第三，变责备为激励。缺乏自强心的孩子，越责备越没信心，严重者会自暴自弃。教育者要转换思维方式，从寻找孩子的缺点转变为寻找孩子的优点，从否定评价变为肯定评价，从责备变为激励。

五、培养孩子一颗爱国心

爱国主义是中华民族的精神支柱，是我们中国人强大的精神动力。没有爱国主义，就没有中华民族的过去、今天和未来。人们都会背诵"天下兴亡，匹夫有责"的名言，人人都会讲"精忠报国"的故事，爱国主义精神在大多数国民的心里扎了根。但是，我们不能忘记，爱国精神要一代一代传下去。学校对学生进行大量的爱国主义教育是毫无疑问的。然而，如果家庭不积极配合，效果就不理想。家庭对孩子进行爱国主义教育有自身的优势。有的家长认为，孩子的爱国精神与学习没什么关系，只要把学习抓好，爱国主义教育什么时候进行都可以。这种认识是片面的。我们不妨想想，一个人不热爱自己的故乡，不热爱家乡的父老乡亲，不热爱养育自己的土地，不热爱自己的国家，他的身上是否缺少一种前进的动力？纵观历史，众多的志士仁人、科学家、艺术家、英雄模范，在他们的灵魂深处都有深厚的爱国主义情感，有远大的报国志向，如果不是这样，他们能够成就一番事业吗？爱国主义精神促使人"弃燕雀之小志，慕鸿鹄而高翔"，只顾眼下利益的人是达不到那种境界的。

我们要把中华民族的传统美德转化为学生的品德，因此，我们必须要做到知和行的统一，把传统文化教育融入日常生活中，使学生在传统文化的影响下成为一个具有优秀品质的新时代青少年。我们应该充分抓住有利时机，落实教育措施，努力把中华民族传统美德的根深深地扎在学生心中。

初中生社会责任教育研究

吴　丹

【摘要】初中生处于青春期，是身心发展的关键时期，为了确保初中生身心健康成长，满足社会的发展需要，加强对初中生的社会责任教育具有必要性，符合素质教育及现代新型人才培养需求。本文对初中生社会责任教育存在的问题进行分析，并分析问题产生的原因，提出合理化的问题解决对策。

【关键词】社会责任；家庭教育；学校责任教育；社会教育；自我教育

责任教育自古以来便被重视，是评价一个人道德素养的重要标准。应加强对学生关键能力及必备品格培养，并提出以"全面发展的人"为核心的六大素养，将责任担当作为核心素养的重要组成部分。将对初中生进行社会责任教育作为初中阶段教育工作的重要内容，符合教育改革发展要求，对提升我国的国际竞争力具有重要作用。

一、初中生社会责任教育存在的问题

通过对初中生的责任情况进行分析可知，责任教育存在以下几方面问题：第一，在学习方面，存在无法主动完成作业，未认识到学习是自己的事情，没有对课余时间进行充分的利用。第二，因为很多学生是独生子女，大多会以自我为中心，在对待事情上不能理解父母，无法在家庭中履行自己的责任和义务。第三，在学校中，学生的责任感不强，在完成某项事情时，通常需要借助别人的力量来实现。未能充分认识到责任教育与自身的关系，参与社会活动的意识不强，影响社会责任效果。

二、初中生社会责任教育存在问题的原因

(一)家庭责任教育的缺失

父母是孩子的第一任老师，孩子能够健康成长，与家庭教育分不开。随着社会经济的快速发展，家庭生活条件逐渐得到改善。由于大多数家庭中是独生子女，父母仅是一味地给子女优质的物质条件，却未给孩子提供正确的思想引导，导致初中生的自主能力较为缺乏，在处理各种事情时以自我为中心，在面对挫折时，经常会出现无所适从的情况，还有一些父母由于常年忙于工作，未能及时与子女进行有效的交流和引导性教育，导致初中生出现严重的厌学现象及逃学现象。

(二)学校责任教育的缺陷

素质教育改革的实施，初中阶段实施了一系列的改革。但是由于初中阶段存在着一定的升学压力，一些学校存在重视升学率，忽视学生责任教育的情况。另外，教师的教学观念及自身的专业素质也对教学工作的设置及开展造成了较大的影响，教师的行为举止会直接影响到学生，学生会无意识地模仿老师的行为。通过对初中阶段教师的素养进行了解可知，有很大一部分教师能够兢兢业业完成对学生的教育，但是也有一小部分教师未能清晰认识自身的责任，抱着完成任务的心态开展教学工作，导致课堂教学方式过于死板，学生自身的主动性也未能充分发挥出来，进而导致学生的社会责任感不强。

(三)社会教育的不完善

学校教育和家庭教育是影响初中生社会责任感的主要因素。近年来，市场经济迅速发展，人们的生活发生天翻覆地的变化。目前，传统的生活方式已经无法满足现阶段人们的需求，网络时代的到来对人们的生活造成了较大的冲击，直接影响着人们的思维价值，对人们的生活方式产生了深远的影响。初中生属于青少年群体，心智不成熟，极容易受到大众传媒传播影响，一些不良的思想对学生的思想造成侵蚀，不利于学生良好社会责任感的构建。

（四）学生自身的忽视

初中生正处于身心发展的关键时期，矛盾性是该时期的最显著特点。尽管家庭、学校及社会均会对学生自身的社会责任感造成较大的影响，但是学生自身是引发学生社会责任感缺失的主要影响因素。初中阶段的学生在逻辑思维及认知方面均处于发展阶段，希望能够运用自己的能力来判断世界，并渴望获得他人的尊重和理解。学生在学习中主要处于被动学习状态，未充分意识到学习是对自己负责，导致学生的社会责任感出现严重的缺失。

三、解决初中生社会责任教育问题的对策

（一）加强家庭教育

现如今大多数的学生家长均受过高等教育，能够意识到对孩子进行全面教育的必要性，但是不可否认的是学生家长过度认为子女学习成绩是最重要的。家长给孩子提供最优质的物质条件，一切事情都帮孩子做好，认为孩子只要好好学习便可。父母在给孩子爱的同时，导致孩子独立自主能力的缺失。这就要求父母在日常的学习过程中应给孩子做好模范，为子女树立榜样，用自身的行为来感染子女，致力于将子女培养成具有强烈社会责任感的人。

（二）完善学校责任教育

学校责任教育对学生发展尤为重要，教师在课堂教学中应起到引导性作用，应引导学生将学习到的理论知识与实践知识有机地结合起来，确保学校教育能够与初中生的日常教育实践融会贯通。教师在课堂教育中应承担引导者作用，为学生树立榜样，以便能够规范学生的行为，提升学生的社会责任感。在学校中贯彻实施素质教育，以学生为主体，以便能够充分发挥学生的主观能动性，提升学生的社会责任感。

（三）强化社会教育

为了增强学生的社会责任,需要为初中生营造良好的社会教育氛围，对初中生有效履行自身的责任进行正确的引导，使其能够积极主动地参与到社会实践活动中去。例如，可带领初中生参与无偿献血、志愿者活动、

环保小卫士活动，完成对初中生社会责任感的培养。同时，还可利用社会组织机构对初中生进行社会教育，与学校和家庭建立联系，为学生创立可以模仿的榜样，以此来增强学生的社会责任意识，确保初中生的身心健康发展。

（四）强化自我教育

由于处于初中阶段的学生自我意识发展迅速，将全部的精力均放在自我认识及自我评价上。但是由于初中生自我认识能力不强，无法充分了解自身的优点。应引导初中生通过自我制订详细计划的形式，来全面了解自己及认识自己，使初中生能够不断完善自我。另外，应引导初中生运用一分为二的眼光来评价他人，不可全部否定，也不可全部肯定，应勇于接受他人的意见，在面对他人对自己不客观的评价时，应学习进行自我评价，找准自己的定位。初中生只有在了解自我的基础上，才能够完成对自己的正确评价，才能提升社会责任感。

初中阶段作为人一生的关键阶段，学生的身心处于急速发展时期，自我思考能力不断提高，自我意识趋于完善，对自我独立有着较高的要求。初中阶段是培养学生责任意识的关键时期，应不断加强家庭教育、学校责任教育、社会教育及自我教育，提升初中生社会责任教育效果，促进初中生身心的健康成长，强化初中生的社会责任感。

【参考文献】

[1] 蔡晓霞.中学生信息社会责任教育之我见［J］.甘肃教育,2018(18):96.

[2] 肖安庆.中学生物教学应加强社会责任教育［J］.中国教育学刊,2018(05):108.

[3] 朱宇,盖元臣.中学生社会责任意识的学校教育探析［J］.齐齐哈尔大学学报:哲学社会科学版,2017(05):164-166.

[4] 王涛.培养有担当的社会栋梁——天津市宝坻区第四中学责任教育探索［J］.中国德育,2014(18):68-70.

有效技能教学模式和体能训练模式探究

袁慧云

【摘要】新课程标准的理念和要求，倡导体育教师积极开展体育课程的改革和实践，不断更新教学观念，鼓励教师进行创新，选择适合的教学模式，更新教学内容和教学方法，达成一定的教学目标。如何抓住新课标的理念改变传统的教学模式，寻找更为合理的技能教学模式和体能提高训练模式，使体育教学丰富多彩的同时，又要完成教学目标，真正提高学生的健康水平，是体育工作者的使命和责任。

【关键词】教学模式；有效教学；技能提高模式；体能训练模式

一、当前学生体质堪忧，警示体育教师深思

现状分析：近几年来，从学校上报到国家数据库的学生体质数据显示，中学生的综合体质水平并没有因为新课改有所加强，反而因为教师过分强调健康的理念，过度运用综合评价学生的方法，从而淡化了学生技能和体能的训练，按国家体质健康标准测试学生体质水平，优秀的人数比例有所下降，学生体能和机能水平逐年降低；肥胖学生越来越多；耐力素质下降，调查几个班级学生视力不良发生率达到百分之七十以上。中小学生体能素质差，已成为现今中国社会的一大隐患。因此加强学生体质锻炼势在必行，尤其体育加入中考计划，这就要求体育老师在新课程理念下，应该寻求更为合理的技能教学模式和体能提高训练模式，达成教学目标，真正做到提高学生的身体健康水平。

二、查寻不利教育因素，找准应对改进措施

课改后，体育教师对体育课程改革尺度把握不好，在体育加入中考的形势下，虽然提高学生体质健康水平呼声很高，但是与提高学生体质息息相关的体育教学也存在许多难题：一是由于我国的特殊国情，当前的青少年中，独生子女占相当大的比重，父母过分保护，娇宠溺爱，事事代劳的现象十分普遍，孩子从小很少参加任何体力劳动，另外家长让孩子从小参加许多特长班，导致学生很少有时间参与运动。二是现在体育教师也处在迷茫中，快乐体育已经提了好几年，忽然又重视学生体能，体育教师短时间内，即使改变教育观念，也不容易形成科学合理的教学模式。基于以上原因，拟定本课题，旨在通过初中体育教学的现状，找出适合中学的技能教学模式和体能提高训练模式，探寻出适合中学生体育教学的教学模式，用于指导本学区体育教师更好地进行体育教学，服务体育教学，服务体育教师，服务广大中学生。

三、进行有效教学，保证教学质量

（一）怎样的课才是有效教学

新课改以来，一些体育教师过分强调以学生为主体，淡化技能教学，滥用探究学习，体育课堂呈现方式可谓是丰富多彩，导致一些体育课成为游戏课、表演课、作秀课，一节课下来，对于提高学生技术和技能收效甚微。比如在体育课上让学生轻松围个字母，站个图形，组个符号，看着确实赏心悦目。但是，如果一节体育课学生几乎连出汗都没有，甚至连活动开都没有做到，就不能算作一节好课。相反，如果一节课场面不太好看，甚至是教学中磕磕绊绊，但是老师能够引导学生在这样的学习中不断克服障碍，把学生从不会教会，从不懂教懂，让学生从能力弱到能力强，甚至老师和学生在课堂上都累得汗流浃背，我们有理由相信这样的学习过程是学生体验到知识建构的过程，他们的成绩是通过一步步的努力获得的，他们体验的是真实的课堂生活，尽管它并不好看，但是它管用，它有效，这便是一节好课，这样的教学便是有效教学。

（二）怎么上好一节有效的课

有效教学还要充分调动学生参与课堂教学的主动性，发展学生的个性，发挥学生的个性特长。这就要求教师要有更为全面的知识，有更充分的课前准备，发挥教师的主导作用，引导、推动学生不断地发展和完善自身素质，同时教师要了解学生，站在学生的角度看问题，也不能为了追求技术技能学习而占用学生休息时间，不能满堂灌、拖堂，更不能因为学生练习不认真而体罚羞辱学生。做一个有爱心的老师，做一个和学生一起运动、一起练习、一起比赛的老师，这样学生对学习才更有兴趣，更有动力，更加积极主动；这样的老师才会赢得学生的爱戴，这样的课堂才会得到学生的喜爱，这样的教学才会是有效的教学。

四、探索有效技能教学模式

（一）正确认识到技能教学的重要地位

新课程改革以后，运动技能的教学一直是人们争论的焦点，一部分人认为，运动技能不再是教学重点，应该把重点放在培养学生的运动兴趣上来。从而使大多体育老师以为，运动技能教学已经不是体育课堂的核心，笔者则认为离开了体育运动技能的体育实践课，失去了体育课的本质。体育课的本质任务是向学生传授身体锻炼的方法，与此紧密联系的自然就是技能教学，它始终是体育教学的核心和重点，认真钻研技能教学是体育课永恒的主题。体育教师不仅要注重技能传授，而且要精心选择运动项目，为学生终身体育打下基础。探寻有效技能教学模式，就要首先明确运动技能学习的规律，运动技能是在后天的学习过程中，通过不断练习而逐步完善，运动技能的学习过程是：练习——矫正错误——再练习——再矫正错误——正确无误、完全熟练，因此向学生传授运动技能是一个学习巩固的过程，而怎样让学生主动参与这个过程是我们体育工作者探索的课题。

（二）技能教学模式的有效性要与阳光体育紧密结合

课堂学习只能保证学生学会技能，不能保证练好，不能保证技能学习效果，因为课堂时间毕竟有限，期望一周通过三节体育课来把一项技术学精不可能做到。学生学会技能后，需要练习巩固，阳光体育就起到了补充作用。阳光体育的功能就是指导学生学习和巩固技能，通过安排活动来提高动作技能，尤其是对那些学生毕业后也能坚持练习的技能，更要重点安排和练习，为学生终身体育打下基础。

五、找寻有效体能训练模式

（一）目前学生体能现状分析。

新课改后，大家过分重视运动过程评价，忽视了运动效果，过分强调学生主体地位，淡化了体能训练和教学，学生的身体素质指标呈现下降的趋势，比如学生男生引体向上已经有多半同学一个也难以完成，笔者特意查阅每年上报国家数据库时学生的测试成绩，以及中考成绩对比，在目前这种学生体能素质全面下降的大形势下，怎样充分发挥体育课堂的作用来提高学生的体能已成一个必须面对的问题。

（二）重视课堂教学中进行的体能训练内容

1. 耐力训练

主要是长跑训练，根据学生耐力的情况调节跑步距离。这项训练应该在每天的课前准备活动中分层次进行，对于程度好的学生要求速度，对于本身素质差的同学不过分要求速度的耐力训练，这样的课前耐力训练，每天进行，一周就会有三次，开始时学生可能还跑不下来1000米，但是坚持一个月，学生就会感觉到自己的身体的变化，就能感受到自己用同样的速度，能够轻松跑完1000米。

2. 力量训练

针对学生的特点进行上肢力量训练和腿部力量训练。上肢力量训练一般是俯卧撑的方式训练，但是如果和学生来一次平板支撑比赛的训练，学生在比赛中咬牙坚持，决不服输，能增强不少训练的效果。对大腿部力量训练主要采用鸭子步行走的方式，在进行这项练习时，就是采用你追我赶的方式，学生在玩闹说笑中增强了自己大腿部力量的练习，也可以让学生鸭子步蹲行比赛练习学生下肢力量。

3.柔韧训练

柔韧性，是指人体关节活动幅度以及关节韧带、肌腱、肌肉、皮肤和其他组织的弹性和伸展能力，即关节和关节系统的活动范围。柔韧性好能增强身体灵活性，促进步法和身法的旋转自如，在球类运动、田径运动中，特别是投掷运动中，柔韧性起着不可忽视的重要作用。有效训练方式多采用单杠悬垂、拉伸肢体、压腿、下腰、拉伸，如果辅以瑜伽动作可以使效果更佳。

（三）体育课堂中融入体能训练

体育课中融入体能训练是我们每一名体育工作者面临的重要课题。体育课堂教学最主要的就是让学生的体能有所提高。这样才能体现体育课的宗旨。比如：在体育课堂教学中，安排新授课内容最好不要超过二分之一，这样有利于安排一些提高学生体能的训练内容，以提高学生体能。我们体育教师都知道评价一堂体育课的好坏，首先要看课的练习密度和整堂课运动强度，也就是看体育课堂对学生体能锻炼的如何。

总之，体育教学中体育教师肩负着培养下一代接班人的重任，一堂好课需要一个好的体育教师，体育课堂需要有效教学，有效技能提高模式和体能训练模式，呼唤创新型体育教师，需要认真备课的体育老师，需要进行教材开发、遵循教材，又不局限于教材的教师。有效教学还需要上级部门多搭建交流学习平台，让老师有多交流的机会。通过体育教师的探寻研究和学习交流，找寻最佳体育教学模式，让中学生养成锻炼身体的习惯，找到适合自己的体育锻炼项目，掌握一种喜欢的体育锻炼方法，科学地进行身体锻炼和把体育锻炼作为日常生活的一种需要并成为习惯，一旦养成体育锻炼的习惯，就会终身受益。

【参考文献】

[1] 尉迟衡，等.创新理论与实践［M］.吉林出版社.

[2] 刘兴爱，等.有效上课［M］.光明日报出版社.

[3] 朱慕菊.走进新课程［M］.北京师范大学出版社.

[4] 屈中乾.义务教育体育与健康课程标准（2011年版）解读报告.

[5] 郁华.浅谈体育教学中运动技能教学的重要性[J].中国校外教育，2011，（21）.

如何诠释学校文化建设

高忠威

关于"学校文化"的理解，我个人觉得我们洪军校长说得很通俗、很直白，他说："每天早晨从一进入学校大门开始，直到离开学校，全校师生一整天的工作、生活、学习状态就是学校文化，学校文化就好比居家过日子一样，这家人的言谈举止、生活习惯、为人处世方式等等就是这家的文化。"

好的学校文化建设就好比一个好人家，一进院、一进屋，无论是院落的布局、还是家具的样式、物品的摆放、都会让人感觉整洁、舒服，处处都能体现出这家人的文化底蕴和品位修养，我想这和学校文化中的物质文化应该是一致的。

再有，好人家都有着家教严格的共同点，对孩子从吃饭到走路穿衣，从言谈举止到尊老爱幼等都有着严格的规范和要求，家教越严格，培养出来的孩子，越有规矩，与人沟通交流时，也会让人感觉很有教养，我想这就和学校文化中的制度文化一样，没有规矩不成方圆，科学、严格的制度一定是学校文化建设的重要保障。

还有，好的家庭一定会拥有好的家风，家庭成员间团结和睦，相互帮助、相互包容、绝大多数家庭成员的心态都阳光积极、不消极，一言一行也都充满着正能量，每个成员都乐于尽己所能为家里做一些事情，我想这就和学校文化中的精神文化一样，不仅是学校文化建设的核心内容，也应该是学校文化建设的最高层次。

总之，我认为学校就是一个大家庭，只要我们把学校当成家一样去对待，把家规定得既健全又科学，既严格又富有人性；把家里弄得既整洁舒适、又有一定的品位、处处都能体现出学校的精神和价值取向；然后，

在日常工作中，我们再通过有效的教育教学活动载体，促进形成优良的教风、学风、校风。我相信，我们若能这样想、这样做，我们的学校文化建设工作就一定会成功。

[长春市第七十八中学 校风]

明理 崇德 立志 创优

[长春市第七十八中学 教风]

忠信 笃教 乐业 爱生

[长春市第七十八中学 学风]

勤思 善问 乐学 志远

教学实践篇

学校文化建设与教师专业成长的关系

高忠威

我认为,学校文化建设和教师专业成长之间存在着密切的内在联系,二者相互依存,密不可分。两者在制约中相互促进,在适应中共同发展。

首先,它们是相互制约、相互促进的关系。

一是教师专业成长离不开好的学校文化建设。我认为,教师的专业成长只有扎根于学校文化的沃土当中,教师的专业成长才会更有长度。这就好比教师是种子,文化是土壤,种子只有在肥沃的土壤中,拥有了适合的温度、湿度、阳光,才能更好地生长、开花、结果。因此,学校文化对教师的专业成长起着至关重要的促进作用。从教师一进入学校开始,就已经成了既定学校文化的改造对象。试想,一位刚参加工作的大学生,进入了一所校风优良的好学校、进入了一个组风良好的学科组、遇到了一位师德高尚且业务精湛的好师傅,在这样的文化氛围影响下,我想他的个人专业成长一定会事半功倍,反之则一定会严重影响他的专业成长,甚至久而久之也会随波逐流、成为不合格教师。因此,我认为,教师的专业成长需根植于学校文化的肥沃土壤之中。

二是学校文化建设离不开教师的专业成长。教师专业成长是学校文化建设的核心,也是提升学校文化内涵和品位的关键。这就好比文化是土壤,若要土壤更肥沃,就必须由人去经营、去创造,否则土壤也会板结、遭到破坏。假设一所学校拥有众多重在育人更能育己、师德高尚、业务精湛的好教师,我想,这样的学校一定能够形成优良的学校文化。因此,我认为,只有教师专业成长了,才能从根源上推动、促进学校的文化建设。

其次,它们是相互适应、共同发展的关系。

一是学校的文化建设要适应教师专业成长的需要。以我们78中教育集团为例，在日常教育教学活动中，我们除了积极为教师搭台子，扎实开展有利于教师业务提升的教学活动之外，我校还坚持开展营造书香校园教师读书交流活动、开展师德讲座、评选最美教师等精神层面的教师活动，充分培育"宽容大气、自强不息、感恩立德、勇担责任"的学校精神，引导教师敬业、爱岗、乐于奉献，积极打造集团的责任教育特色文化，我想这些举措不仅适应了教师专业成长的需要，也直接促进了学校的文化建设。

二是教师专业成长也要适应学校的文化建设。学校文化建设出于学校发展的需要，其本身就是一种行为准则，会对教师产生无形的约束力，需要教师逐渐去认可、去适应，久而久之形成习惯、形成学校的文化。

总之，我认为学校文化是动态的，是师生共同创造出来的，也是一个漫长的过程。但我坚信，只要我们用心去经营学校文化这块土壤，用心培育教师专业成长这颗种子，在好土壤、好种子的相互适应、相互作用下，我们的学校就一定能够大树成荫，拥有不竭的教育力量，拥有可持续发展的动力，也一定能够促进学校教育教学质量的全面提升。

我的教学观

杨朝譖

一、爱教，讲一点儿奉献和责任

教学工作由教师和学生共同完成，教师爱岗敬业有责任心，是教学工作顺利实施的前提。2014 年 9 月 9 日习近平总书记在教师节前的讲话提到，"有爱才有责任。好老师应该懂得，选择当老师就选择了责任，就要尽到教书育人、立德树人的责任，并把这种责任体现到平凡、普通、细微的教学管理之中。正是因为爱教育、爱学生，我们很多老师才有了用一辈子备一堂课、用一辈子在三尺讲台默默奉献的力量，才有了在学生遇到危难时挺身而出的勇气，才有了敢于攻克新知新学的锐气。老师责任心有多大，人生舞台就有多大。"我们学校教学特色就是责任教育，日常教学工作中，我们通过多种渠道如校园文化引领、主题升旗仪式、教师读书交流等帮助老师和学生共同树立责任意识，即老师教的责任，学生学的责任。

二、会教，讲一点儿技能和智慧

确立教学内容，即教什么。新课标明确指出，在学科教学中，教师要努力帮助学生掌握学科基础知识、形成基本技能、积累基本经验、培养基本品质、反映生活态度，从而生成基本的学科素养。

（一）学科基础知识

学科基础知识由学科基本符号、基本事实、基本概念和基本结构组成。学习这一类知识的最重要条件是重复练习、反馈和纠正。学生掌握了学科基本概念，就会达到触类旁通、举一反三的效果。

（二）学科基本技能

这里所说的"技能"，从广义的知识观来看，实际是个人习得的一套程序性知识并按这套程序去办事的能力。

（三）学科基本经验

所谓学科基本经验是指学生在学科学习过程中的经历和体验。是学生直接或间接经历了活动过程后获得的体验。如教师为学生创造的思考的过程、探究的过程、抽象的过程、预测的过程、推理的过程、反思的过程等。在课堂教学中，教师要为学生积累学科基本经验创设良好的时空条件，让学生动手、动口、动脑，参加各种形式的学习活动，以此来帮助学生积累经验。

（四）学科基本品质

学科教学中，在帮助学生掌握学科基础知识，形成学科基本技能的过程中，必须使学生养成良好的基本道德品质，即学科基本品质。学科基本品质的培养必须体现学科的特点，并将基本道德品质要求具体化。结合学科学习和实践活动，帮助学生掌握体现学科特点的道德认知，在此基础上培养学生的道德情感和道德行为倾向。

（五）生活基本态度

学科也是生活的一部分，学科的素养反映出来的是生活的态度，有一个积极乐观的生活态度才能培养出高尚的道德情操，才能有一个好的学科素养。

学科教学，一方面传授学科知识（工具性），另一方面育人，如数学学科几何证明培养学生逻辑思维能力，计算培养认真严谨一丝不苟的精神；物理化学的实验教学培养学生认识生活、观察生活以及眼见为实的求真态度，让学生走入社会工作处事也具备实事求是调查研究的工作作风。

我校定期开展各种教师培养培训活动：学科组建设、读书交流、中考专题讲座、各种外出培训，旨在协同教师学习新的教学理念和教学方法，提高教师的学科素养。

三、善教，讲一点儿意识和理念

所有教学工作，都要从关注每个学生发展出发，课堂教学实施最重要的是学生学习方式的转变，让学生变"要我学"为"我要学"。培养学生学习的主动性，自主学习。"我要学"是基于学生对学习的一种内在需要。

学生学习的内在需要，一方面表现为学习兴趣。学生有了学习兴趣，学习活动对他来说就不是一种负担，而是一种享受、一种愉快的体验。学生会越学越想学、越学越爱学，有兴趣的学习事半功倍。另一方面表现为学习责任。学习是谁的事情，谁应当对学生的学习承担责任？教师当然应该对学生的学习负责。但是如果学生意识不到学习的责任，不能把学习跟自己的生活、生命、成长、发展有机联系起来，这种学习就不是自主学习。只有当学习的责任真正地从教师身上转移到学生身上，学生自觉地担负起学习的责任时，学生的学习才是一种真正的自主学习。培养学生对学习的自我意识和自我监控，并养成习惯，是促进学生自主学习的重要因素。实现学习方式的转变是多方面的共同努力的结果。我们教育工作者在教学实践中要积极探索新的学习方式，使学生成为学习的主人；要确立新的教学观，积极转变教学方式；要积极引导学生实现学习方式的转变。不能推行单一的灌输式课堂教学，而是积极引导学生进行自主的、探究的和合作的学习，把学习的主动权还给学生，给学生有个性的学习提供空间。课堂教学不是把问题都解决了，而是引发学生的思考，产生有价值的新问题。

无论教师教学角色的变化还是学生学习方式的转变，都要依靠课堂教学改革来推行。我校课堂教学改革始终在路上：从学案导学到高效课堂，从有效教学再到学案导学……不断追寻，不断探索，不断提高。实话实说，进程缓慢，因为脱离不开中考选拔制度，大部分工作为中考服务，有些急功近利，但我们有耐心，有信心去做教育，而且希望就在眼前：教育部陈宝生部长曾发表讲话《吹响"课堂革命"的号角》，翔实阐述了我国教育课堂改革现状，明确指明我们教育工作者努力的方向。

四、乐教，讲一点信念和情怀

前段时间流行过一个段子。说我们之所以要多读书，多受教育，就是因为当看到湖面上有一群鸟飞过的时候，我们能吟诵出："落霞与孤鹜齐飞，秋水共长天一色。"，而不是在那吵吵："我去，全都是鸟。"。当我们去戈壁旅游，骑着骏马奔腾之时，心中默念着："大漠孤烟直，长河落日圆。"，而不是在那喊："哎呀妈呀，都是沙子，快回去吧！"当然这是一种调侃，但是不自觉间就道出了教育的核心含义。

教育，不仅仅是传授给人知识，更是提高个人的修为，增强我们对生命的感受力，从而更好地认知自己，并且不断地提升自己。

教育是什么？是社会良心的底线，是人类灵魂的净土，是立国之本，是强国之基。我们作为教育者，作为受教育者，要始终谨记，教育、读书的终极目的：为天地立心，为生民立命，为往圣继绝学，为万世开太平。

教学实践篇

UMU 互动平台在化学教学中的应用

王天博

【摘要】应用 UMU 互动平台为教学提供技术支撑，通过分析 UMU 互动平台的主要功能，阐述其在教学中的主要方式及重要作用。文章同时也分析了 UMU 互动平台应用中存在的局限，提出了提升平台应用效果的主要措施，使得 UMU 互动平台在案例教学中的应用更加深入有效。

【关键词】UMU 互动平台；化学教学；应用

一、背景分析

UMU 互动平台作为现代教育应用软件，近年来在教学活动中得到广泛使用。2018 年初笔者在上海市复旦大学培训期间接触了该教学软件，并在个人教学中做了初步尝试使用，在学生预习新知及巩固旧知识方面取得了一定效果。

二、UMU 互动平台特点

UMU 互动平台是专为教育教学、企业培训部门、培训师及演讲者打造的移动互联网产品，适用于培训、会议、授课、演讲等多种场合。这一平台能够用手机随时组织课堂互动，用大屏幕同步展示互动结果，让移动互联网丰富教学活动，让每个人融入、分享、收获，从而快速提升学生学习专注力。UMU 互动平台有多种互动环节供教师选择：签到、讨论、问卷、拍照上墙、小游戏，通过大屏幕完美呈现互动结果，效果震撼。UMU 互动平台主要有以下几个特点：

（一）操作极其简单

可以在很短的时间内创建一个活动，根据每个活动的需要进行编辑，能够及时便捷地为教学提供支撑，非常方便实用。

（二）学员轻松参与

同学无须下载、注册或登录，只需打开平板浏览器，输入 umu.cn 及互动二维码即可登录到学习互动平台，参与教学活动。通过移动互联网改变了传统交互学习的方式，使教学双方的交流更便捷顺畅。

（三）数据的可视化效果

通过翻页器在大屏幕上展示互动结果，将学员反馈实时转化为直观数据，震撼性地展示在投影仪或大屏幕上。

（四）焦点话题自动呈现

支持班级同学全员参与，并行发言模式让互动效率大幅提升，迅速找到班级同学高度感兴趣的焦点话题。

三、UMU 互动平台的应用

UMU 互动平台在化学教学各个环节的应用，收到了较好的学习成效。通过课前、课中以及课后的各个环节的设置，全面提升教学、学学之间的互动与交流。

（一）课前与学员互动交流

UMU 互动平台能为学员课前在线学习提供技术支撑。在了解学员通讯信息的前提下，将课堂教学任务单提前发放给学生进行阅读。主要方式是将创建的"UMU 平台链接"通过微信群、QQ 群或者群发短信的方式发送给各位家长，提示同学们预习时注意的事项并强调提前思考预习。

（二）课堂签到了解学员出勤情况

在授课前，同学们陆续来到智慧教室，可提醒学员通过扫二维码的方式进入平台，班级同学的信息会显示在大屏幕上，没有出现信息的学员即没有出勤。通过该环节的设置，一方面，能够及时掌握学员的出勤率；另一方面，能够了解学员能否熟练使用平板电脑上网、扫码等功能。在采用翻转课堂（即同学们在课下通过网络视频等方式学习，课堂上老师主要负责答疑的教学方式）的情况下，可以控制翻转课堂，通过打开分享开关，将链接发送至学员，了解学员是否参与了学习。

（三）及时掌握同学们对重、难点掌握情况

通过 UMU 互动平台设置提问环节，引导学员围绕学习任务单提出个人有疑惑的问题。学员通过输入链接或者扫二维码进入平台后，在平板电脑页面提出自己的问题，点击"提交"传输到平台，迅速汇集学员对本节课关注的主要问题。在这一环节，UMU 互动平台有强大的平台展示效果，通过大屏幕完美呈现互动结果，效果震撼，引发学员强烈共鸣。

（四）分组讨论与拍照上墙有机结合展示学员研讨成果

课堂教学很重要的教学设计是分组、分角色开展研讨交流。各小组深入研讨后，形成研讨成果，在全班级汇报交流。每个小组研讨成果虽然也可以通过扫码的方式上传至大屏幕，但比较零散，对小组成员之间的互动交流也会形成干扰。可以采用小组成果形成后，拍照上墙的方式展示，在全班交流环节提供一个可视化的载体，实现全班共享。拍照上墙的放大功能以及展示效果很受学员的认可和欢迎。

四、UMU 互动平台应用中存在的局限

应用 UMU 互动平台颠覆了传统教学理念，能够有力拓展教学空间，强化教学成效，的确带来了很大便利。但该软件在应用中，也暴露出一些局限，需要使用人员充分了解，以便能够通过其他条件改进功能，更好实现培训的规范化和高效化。

（一）培训对象的局限

应用 UMU 互动平台，主机可以使用台式机，但在互动环节，同学们是用平板电脑扫码操作实现互动交流的。这就要求同学们必须了解平板电脑的相关功能，这一形式同学们非常喜欢。但实际教学中由于互联网强大的互联功能容易转移同学们的注意力，尤其是在线下进行预习时，在没有家长监督的情况下容易达不到预期效果。

（二）应用条件的局限

UMU 互动平台课前互动环节，如信息采集、调研评估等功能的实现以了解学员的 QQ、微信、手机等信息为前提，这就意味着对于新开发的班次，在不掌握上述信息的情况下，就不能有效开展上述活动。另外，

UMU 互动平台的有些功能必须借助其他设备才能实现，如照片掀页放大功能必须借助激光笔，这也为软件使用带来了不便。应用 UMU 互动平台对网络环境要求很高，自始至终都要有网络的支撑才能实现其功能。一旦网络环境难以提供支撑，平台就无法使用。特别是在授课过程中，网络出现故障，就会出现教学事故。这对网络建设还比较落后的现实情况来说，是个很大的局限。

在信息化时代通过使用"互联网 +"甚至是"物联网 +"扩展课堂教学深度和广度是课堂教学改革的必由之路，在运用不同互动软件进行教学过程中必然会遇到各种各样的困难和阻力，只要坚持自己的主见和想法，克服困难，改正不足，一定会取得课堂教学改革的胜利。

浅析初中语文阅读教学的重要性

张秀杰

语文作为一门语言学科，重在培养学生对语言的运用和理解能力，教学中要注重听说读写的综合练习，在具体的教学中，通过有效的教学方式和手段，促使学生对文字产生兴趣，建立学生与文字之间的感情。通俗来讲，语文就是要锻炼学生动口、动笔能力，能把自己心中的观点表达出来。阅读能力的高低，会直接影响学生的语文成绩，还会影响学语文的兴趣。因此，在初中语文的阅读教学中，如何培养学生的阅读能力，成为教师必须关注的问题。

一、初中语文阅读教学要有过渡性

阅读对象的主体是学生，不同年级的学生有不同的性格特点，对文章的感悟和理解能力是不一样的。选择符合他们年龄段的文章，挑选他们喜闻乐见的故事，采用他们愿意接受的阅读方式，再加以及时必要的指导，是培养初中学生语文阅读兴趣的必要前提。

（一）不同年级要体现出不同的阅读层次，难易程度要设置好

七年级是小学与初中的过渡阶段，他们的认知及对文章的感悟还是受小学阶段的影响，选择的文章不宜过难。以记叙文为主，附加简单的散文，让学生对初中阅读有个完美的过渡，避免出现学生不知如何下手的现象。八年级经过一年的阅读训练，对一般文体也比较了解了，可以从多角度、多主题、多题材等方面训练学生的阅读能力，宜以记叙性散文为主。九年级也没有中考的统一要求，阅读理解可以参考中考的模式进行，精挑细选与中考语文阅读相符的题型对学生进行训练。

此外在进行阅读教学的同时，引导学生如何阅读非常重要。现在很

多老师比较重视答题格式的培养，这有利于学生应对不同的阅读题型，但学生在认知上总有千差万别，可以抓住重点和要点，培养学生分点答题的习惯。在把握要点的情况下，让学生根据个人表达的习惯，调整自己的习惯或者易于掌握的表达方式，可以方便学生记忆。

（二）对阅读的理解要体现出层次教学

同样的文章只有在弄懂主要内容基础上，才能为答题做准备。因此让学生将文章认真读完，明白大意，明确文章所考查的重点，也是答题的前提。从现在来看，很多学生不是不会答题，而是缺乏把文章和题目认真看完的耐心。正是上述现象，才导致阅读能力不理想，教学中要培养学生认真读完题目的习惯。在对文章大意进行理解的基础上，逐步梳理文章的结构、层次、主题，把问题由易到难慢慢深入进去。寻找文中关键词、句，对学生进行层层递进式的引导。

二、阅读教学的重要意义

在教学设计中把师生间的互动充分发挥起来，以师生的互动促进学生的活动，以学生的活动带动课堂的氛围，达到班级整体学习语文的良好气氛。课堂的阅读教学应该是教师和学生之间的双向活动，是两者共同参与、协调完成沟通交流的信息传递过程。教师只有充分发扬教学民主，才能增强学生的课堂"主人翁"意识，锻炼他们积极思维的能力和勇于质疑的胆量，让他们尝到"跳一跳就能够得到"的甜头，让学生不仅主动参与学，也参与教。

（一）激发学生的阅读兴趣

如果教师只是按照自己的思维方式与传统的教学方法，或直接或抽象地告诉学生标准答案，那就难以把教学任务落实到实处，学生对老师的依赖思想也会一如既往。因此学生的主体意识就不会被激发出来，他们就永远不能驾驭知识，只能成为知识的记录本。在阅读教学中，必须摒弃传统的教学观念和方法，努力创设民主和谐的教学氛围，尝试着让学生参与教学，体现真正的学习民主。

最主要的方式就是让学生感受到阅读带来的快乐，其实只要走进文

字，了解作者的写作目的，就能探寻到文字中所隐藏的奥秘。激发学生阅读兴趣的方式有多种，可以开展多样的与阅读有关的活动，比如朗诵比赛、演讲比赛、知识辩论等，以具体活动的开展，促使学生对朗读的运用。

（二）培养学生的语感

语文作为语言学科，有自己独特的魅力，这也是所有语言学科都具备的。培养良好的语感，能极大促进学生在朗读中的理解能力，提升整体的语文素养。朗读不是某一感官单独作用的，而是需要调动身体各个部分、全方位捕捉信息的，正是大量的朗读，保证了学生语感的养成。

比如，在修改病句时常见的问题，学生可以很熟练地解决，但是有些问题虽然是常考的，学生的错误率依然比较高，这种现象的发生就是学生的语感没有建立，其实只要学生有了良好的语感，对于修改病句这类题目，只要认真读几遍，一些简单的错误，完全可以排除的。

三、阅读量是学生阅读水平提高的关键

无论中学还是小学，教育部都有明确的必读书目，其目的就是通过这些必读书目来增加学生的阅读量。书读越多阅读涉及的面也就越广，了解的知识也就越多。而正是知识的积累，才会发现书本给我们带来了无穷的乐趣，在书本中可以感受到知识的魅力，感受到文字的魅力。大力倡导学生阅读健康、有益、符合中学生阶段的各种书籍，对拓宽学生知识面、丰富学生课余生活有着极大的意义。

总之，中学语文教学必须认识到语文阅读教学的重要性，积极探寻有效的阅读教学方式，想方设法促进学生学习语文的兴趣是当下的首要任务，作为语文老师，要积极探寻适合学生现状的教学方式。

幽默艺术运用在地理教学中

保　沣

苏联教育家斯维特洛夫说过："教育家最重要的、也是第一位的助手是幽默。"没有幽默的老师，是一尊雕像；没有幽默的课堂，则是一潭死水。富有幽默感的老师，是一位喜剧大师；充满幽默的课堂，则是一座天堂。如果课堂是一部机器，幽默则是润滑剂，没有幽默的课堂，将会运转缓慢，甚至锈迹斑斑。因此，我们每一位教师应从多方面寻求契机，恰当把握和运用好幽默艺术，让每一节课都充满笑声，让每一位学生都在轻松愉快的气氛中学习，让学生全面健康地发展。

我从事初中地理教育已有二十年，初中生在地理学习中面临的首要困难就是识图和记图，而且学生在考试中也是在地图相关的题丢分较多。针对这种情况，从 2006 年开始，在初中地理教学中，除教授课程标准中要求必须掌握的知识点之外，我在培养学生的读图识图能力方面下了很大的功夫，通过实施一系列的教学手段，取得了很好的成绩。现在将我的经验总结如下。

在初中地理教学中，教会学生自己动手绘图，不仅有助于学生在头脑中形成清晰的地图表象，而且有利于学生的读图能力和填图能力的提高，还可以培养学生的空间概念和想象能力，依照初中生特点，激发学生学习地理的兴趣，加深学生对地理知识的理解和记忆。为此，在地理教学中，我进行了几种简单的描绘技能的培养并且取得了良好的效果。

一、描绘训练

利用课本插图，让学生用彩色笔绘出所要掌握的地理要素，使图上反映的地理事物简明扼要、表现力强。例如：在学习"我国人口分布的特点"

时，让学生在"人口分布图"上，用彩色笔描绘出"腾冲—黑河"一线，突出我国人口东西分布差异的特点，以此重要的地理分界线，起到"画龙点睛"的作用。

二、拟绘训练

依照课本插图或地图进行绘图。指导学生边描边熟悉地理事物的位置、范围、名称、特点等，通过多次勾绘，学生对区域的轮廓、海陆位置、海岸线状况就有了深刻记忆，使头脑中的地图形象更加准确，利于帮助学生建立正确的空间概念。例如：学习"中国政区"时，将23个省、5个自治区、4个直辖市和2个特别行政区按方位分成七大块，然后教师逐一指图读名，让学生借助地图依次拟绘出各省、自治区、直辖市的区域轮廓，就形状特征作拟物形象比喻，通过生动形象的比喻，使学生产生浓厚的兴趣，给学生留下深刻的印象。再让学生勾出北回归线、长江、黄河，提醒学生注意：北回归线穿过我国哪些省区？长江、黄河各流经我国哪些省、自治区、直辖市？我国自北而南沿海地区有哪些省、自治区、直辖市、特别行政区？还可以让学生标出各省级行政单位的行政中心及其简称等。有的同学将黑龙江画成了天鹅，有的同学将内蒙古画成了展翅的雄鹰，等等，这些有利于学生的记忆。

三、绘简图训练

这也是我最常用的训练学生记忆地图的手段。用简洁的线条快速地把复杂的地理事物绘成简图。这类图像，只取神似，不究细节，起到精讲多练、发展学生智力的作用。例如：在"中国地形"的教学中，先用简练的线条把中国轮廓画在黑板上，用彩色粉笔在图中画出山脉符号，然后让学生轮流上讲台，在空白的地图上填出主要山脉、四大高原、四大盆地、三大平原和主要丘陵的名称。再让学生在图中找出规律，得出我国地型类型多种多样、山区面积广大、地势西高东低、呈现阶梯状分布的基本特征。最后再利用地图分析讨论地势对我国气候、大河流向及农业生产等的影响。在初中一年级的教学中，七大洲和四大洋分布图对于学生来说，是初步进行空间思维转化的过程，学生要想准确地记忆并分辨出来是很困难的，所以这时简绘就十分重要了，我是利用每节课的前 5 分钟进行这些地图的简化图的训练，然后利用课下时间逐一指正，大约两到三周就可以让所有的学生掌握这个图的相关内容，为以后的中东和重要的海峡等内容的延伸起到了很好的铺垫作用。

四、补绘训练

就是对课本原插图加注一定的符号、文字，以补充其不足，从而突出重点，加深学生对有关知识的理解和记忆。如利用"地球上的五带"图，在教材中两侧空白部分，右侧填上阳光直射、斜射情况和地面获得太阳热能多少的内容；左侧填上有无极昼极夜的相关内容。这样把相关的地理知识加以分析、综合和迁移，重新组成新的图像，不但使繁杂的地理知识成为简单的直观图像，而且可唤起学生的空间想象力，起到事半功倍的效果。

另外，我还布置一些绘图练习，使学生养成随手画图的习惯。譬如，让学生根据当地各月气温、降水量资料，自己动手绘出当地的气温曲线、降水柱状图，使学生进一步了解当地的气候特征。

通过以上方法的培养，学生的识图、绘图能力明显得到提高。为了将动手绘图贯穿于课堂教学过程之中，我通过经常性绘图练习，有意无意地将一幅幅图像输入学生大脑中去。通过绘图技能的培养和训练，让学生的整体地理学习能力有了很大幅度的提高，同时穿插一些情景教学在其中进行配合，能够很好地激发学生的学习兴趣，从而让学生从被动学习逐渐转向到主动学习当中来，也为学生学习地理指出了一条相对合适的路径。

将这些方法运用到教学当中，再配以幽默的语言和技巧达到了事半功倍的效果，学生成绩优秀个个笑脸盈盈。恰当把握和运用好幽默艺术，让每一节课都充满笑声，每一位学生都在轻松愉快的气氛中学习，让学生全面健康地发展。

利用信息技术创建"子学习环境"

付玉喜

在"信息"不再为人们所陌生并全方位进入我们生活的时代，"多媒体技术""网络技术"作为信息时代的两大支柱，架构起了新世纪新科技文化的宏大景观。它们更为切近地改变着人类的生产、生活、交往、学习和思维方式等各个方面。前所未有的变革不可避免地波及到教育领域，对教学这一基本的教育实施途径产生了巨大的冲击。

把学生培养成能够适应 21 世纪人类社会的新型人才，教师理应做好如下的工作：正视不断发展的人类社会的现实，不断探索教学过程的新改善，引导学生不断优化自己的学习过程，把握好现代信息技术支持下的学习技术，培养出很强的信息获取、信息分析与加工、信息表达的能力，学会高效率地学习。

经过几年来的实践，本人深深地体会到：现代信息技术是何等的重要，而就利用信息技术创设学习环境而言，网络更是何等的重要。对于教师来说，它几乎是实现本文所述的创建"子学习环境"的第一重要资源环境。有了它，有了对它越来越清晰的认识，有了对它在教育领域的应用研究的基础，也就有了实现"以学生为主体"的基本原则、有"下保底，上不封顶"的较为高瞻性的教学目标的可能。在当今班级教学制度下，构建一个有现代信息技术学习环境支持的平等、民主、合作的"子学习环境"。在这个"小环境"里，"知识的海洋"就在每个师生的身边，在这个环境中，有可能促成教师和学生一次又一次地共同实现教与学过程的改善，从而让今日的教育向明日的教育靠拢一点儿、再靠拢一点儿，力争寻找到一条通往明日教育的较好路径，力争尽量早一点儿地、多一些地培养出明日能走在人类社会前列的人才。

学生从小学走进中学，开始中学生活，随着学习的深入，由于基础、接受能力，学习态度等差别，一些学生会出现学习吃力，而另一些学生又会感到"吃不饱"，学生的需要就是老师责任。

我在解决这个问题上做了如下的尝试，借助校园网、教学博客、微信平台、抖音平台等，通过整合"校本教材""仿真实验室""学习辅导站""典型习题库"四个模块，为学生在课堂之外，利用信息技术创建了一个"子学习环境"，较好地解决了这个问题。

一、"子学习环境"的构成

（一）校园网络环境下的电子版校本教材

新课程的主要目标是培养创新精神和实践能力，所谓创新就是创造不同，"新"就是和现有的不同的东西。要提高一个民族的创造不同的能力，就要培养众多的不同的人才，要培养出千千万万个不同的人才，就需要有千千万万种不同的教材，最好每个学生一种，怎样达到这一目的呢？

新课程改变了课程管理过于集中的状况，实行三级（国家，地方，学校）课程管理，国家教材只是给出了大的框架，为地方和学校的填充和拓展留出了相当大的空间，经过不同的地区，不同的学校，不同的教师，甚至不同的学生进行填充和拓展后的新教材，就会是千千万万种不

同的教材，千千万万种不同的教材，才能培养出千千万万个不同的人才，提高民族的创新能力。

"多媒体"与"网络"的联盟促使了"多媒体网络教学"的产生。这一教学形式扩展了单机多媒体系统的功能，实现了网上多媒体信息传递和多媒体信息资源的共享。作为信息时代的教学媒体，多媒体网络技术所具有的集成性、交互式、可控性、信息空间立体化和非线性化等特点使其与黑板、粉笔、挂图等传统媒体有着质的区别。多媒体与网络技术特有的优点使其对教学的介入不仅改变了教学手段，同时对传统的教学观念、教学模式、教学内容、教学方法等产生了深远的影响，极大地冲击了机器工业时代"大批量生产"形式的课堂教学。

教育理论中有关"个性"与"共性"这一对似乎永远也解不开的"死结"在多媒体与网络技术下找到了开解的契机。"子学习环境"给学生创造了一个能自主安排的学习环境，学生在网上可以自由驰骋，不必受统一教材、统一进度、统一知识获取方式的制约。每位学生都可以根据自己的兴趣爱好、学习习惯而自由地调用所需要的信息资源；都可以根据自己的知识基础与学习速度自定学习步调，主动参与网上讨论和实验、提出自己的看法与建议；都可以根据自己的理解和相关知识去重组、建构新的知识。这种方式增强了教学的个性色彩，赋予了每个个体在学习时空、内容、方式、数量等各方面的自主权和调控权，促使了传统教学中心的转移，即由教师转向了学生、由对教的重视转向了对学的重视，教学因而由生产大批量标准件的"共性化"向着生产量身定做"产品"的"个性化"方向发展。

下面就介绍一下我们的电子版校本教材：

第一部分是电子版校本教材，它是以现行人教版教材为脚本和依据，利用信息技术整合了高品质的多媒体资源，以现行教材每一节为一个单位把每一节课的讲解、演示、实验等整合在一起，做成一个集图、文、声、像为一体的 15 分钟左右的数码电影，学生可以通过校园网、教学博客、微信平台、抖音平台等，利用校本教材进行自主学习，复习：弥补以前的不足；预习：来解决"吃不饱"的问题。由于校本教材把信息技术与物理课程进行了整合，使教学内容的直观展示更为生动逼真。它不仅可以带领学习者进入分子及原子结构、细菌、基因等微观世界，还可见到宇宙、海洋、卫星发射、原子弹爆炸等宏观过程，打破了地域、空间和时间的限制，拓宽了学生的视野，为学生创建了一个良好的"子学习环境"。其所包容的信息量，提供的教学资源是任何教材、任何教师甚至任何一座图书馆都无法比拟的。

电子版校本教材截图

（二）校园网络环境下的仿真物理实验室

培养学生的实践能力是新课程的另一个主要目标，传统实验室一千多人共用一个，无论是场地、时间、器材上都不能为学生提供更多的实践机会，能不能让每个学生都拥有几个自己的实验室呢？能！那就是校园网络环境下的仿真物理实验室。

我在网络上收集到了很多不同的仿真物理实验室，每个仿真实验室都提供了大量的仿真实验器材，并整合了所有的相关的物理规律和物理定律，学生利用仿真实验室做实验，不但操作上高度仿真，就连实验现象和实验结果也是高度仿真的，它还能完成一些传统实验室不可能完成的实验。记得去年有几个爱好天文学的学生让我看了他们利用仿真实验室所做的一个实验："太阳系的毁灭"。实验开始时先使用了一个球体，给它赋予太阳的质量，作为太阳，然后又使用了九个球体，分别给每个球体赋予质量、密度、自转周期、公转周期等，分别代表太阳系的"九大行星"，初始位置是九星联珠，然后点运行，由于软件内置了万有引力定律、能量守恒定律、动量定理等物理规律，所以"九大行星"很快就找到了自己的轨道绕"太阳"运行起来了，由于起始位置是现实存在的，所以现在我们所看到的行星的位置关系都是现实存在的，这时一个学生又定义

了一个质量巨大的"天体",让它在距"太阳系"半径二倍左右的位置划过,由于受"系外天体"巨大引力的作用,"九大行星"的轨道都由圆形变成了椭圆,当巨大"系外天体"经过后,"行星"的轨道由椭圆改回圆形时发生了混乱,先是几颗行星发生碰撞,接着情况进一步恶化,"行星"间发生了更加频繁的碰撞,最终都被"太阳"吞没了。

看了学生所做的实验我非常震惊,这不是一个简单的实验,而是一个虚拟的现实。望着几张稚气未脱的小脸,我心想:我们有了这样的下一代,国家一定能实现更好的发展。

仿真物理实验室呈现给学习者逼真的模拟环境,创设了有丰富资源的"子学习环境",以方便学习者依据自己的兴趣、爱好,去主动发现、主动探索;学生的实践机会大大增加,实践能力大大增强。使学习活动摆脱了文字的平面化叙述,扩展了学生的视野,培养了他们的创新意识和创新能力,使教学内容打破了书本文字的局限,冲出了印刷机时代的藩篱。

校园网络环境下的仿真物理实验室截图

今天,我的子学习系统终于借助教学博客、微信平台、抖音平台,冲破了校园局域网的限制,来到了互联网、移动互联网,来到了每个学生的身边,为子学习系统提供了更广阔的时间和空间。由于受到网络带宽和终端数量不足的限制,这一系统还没有完全发挥它的作用,但一想到在不久的将来,78中的同学们,可以通过这一系统,用触摸屏、手机,在教室、在走廊、在路上、在车上、在自己的家里,甚至就在自己的座位上,通过子学习系统进行复习、预习、做实验、接受辅导的情景,也是很令人激动的。

二、创建子学习环境的几点体会

第一，教学目标由维持走向创新。子学习环境集文、图、声、像于一体，其包含的信息量、提供的教学资源的丰富性、多元性是传统教学所无法比拟的，在这一条件下，学生将无法机械记忆和机械训练，只有具有获取信息、整合知识和创新知识的能力才能进行有效的学习，因此学习目标必然由维持走向创新。

第二，教学时空由封闭走向开放：子学习环境不仅拓展了教学的物理时空，也拓展了师生的心理时空。因为网络所引发的交互的普遍性和无限性，使每个个体都广泛地参与到相互交流沟通的活动中去，这种交流和沟通，除了知识外，更重要的是情感和态度。

第三，教学内容由间接走向直接。子学习环境集声、像、文字、图形于一体，立体交叉地刺激学生的感官，不仅改变了书本信息单一、线性结构的弊端，也使信息的呈现方式由间接变为直接。

第四，教学模式由共性走向个性。子学习环境给学生创造了一个能自主安排的学习环境，学生可以在网上自由驰骋；可以从个体实际和特征出发，主动参与到交流、研讨、实验和操作中去，这必然使教学由生产大批量标准件的"共性化"向着生产个性化产品的"个性化"方向发展。

第五，师生关系向着平等、民主的方向发展。子学习环境改变了传统教学中"教师——学生"的"人——人"交互模式，使"人——机——人"交互模式越来越占据重要位置。这种"人——机——人"交互模式使教师作为知识的拥有者、权威传递者的作用大为减弱，而作为学生指导者、课程设计者、社会文化的诠释者、平等对话中的"首席"的作用大为增强。

第六，教学资源由单一、线型变为立体交叉结构。子学习环境的应用，把单一的书本资源拓展到丰富多彩的网络资源，而网络资源的文字、声、像刺激更能激活学生的学生兴趣、求知欲、好奇心，增强学生获取信息、加工整理、利用信息的能力。因此，更便于在教学中沟通学生的书本世界、生活世界和网络世界。

课堂提问的有效性

侯 悦

所谓"有效"，主要是指通过教师在一段时间的教学后，学生所获得的具体进步或发展。教学有没有效益，并不是指教师有没有教完内容或教得认不认真，而是指学生有没有学到什么或学生学得好不好。如果学生不想学或者学了没有收获，即使教师教得再辛苦也是无效教学。同样如果学生学得很辛苦，但没有得到应有的发展，也是无效或低效教学。因此，学生有无进步或发展是衡量教学有没有效益的唯一指标。做法是从课前的准备、课堂的组织、课后的练习等几个环节来提高实效性。在这里我只从最基本的课堂组织中的有效问题与大家做一些探讨。

问题意识包括三层内涵：一是提出问题，尤其是能够提出比较有质量的问题；二是梳理问题，即对提出的问题进行筛选和整合，保留有价值的问题，抓住关键问题；三是解决问题，即通过独立的或合作的方式解决问题，并在解决问题的过程中发现新问题。阅读教学中提问的最直接的目的就是引导学生阅读文本、感受文本、思考文本。

如：讲授《孔乙己》时，一开始就问学生："孔乙己姓甚名谁？"这样一个看似简单却又一下难以回答的问题，很自然地迫使学生认真地研读课文，兴趣盎然地深究其名来源，在此基础上，教师因势利导地让学生认识孔乙己没有名字的深刻性，也解决了本文的教学难点。可见，激疑激趣的疑问，会激发学生研究的欲望，让学生学得主动积极，学有所思，学有所得。

当然，要上好一节语文课，要使课堂始终处在一种研究性学习的氛围之中，单靠一两个提问是不够的，它需要教师站在高处，从整节课整篇课文来谋划，设计出一组有计划、有步骤的系统化提问，这样的提问才有一定的思维深度，才能激发学生研究的欲望，使课堂在研究性学习的氛围之中从多方位培养学生的思维能力乃至创造能力，如在教授《变色龙》一文时，可以采用这种分层设问的方式进行教学。教师先提出问题：奥楚蔑洛夫的基本性格是什么？这个问题学生较容易回答出来——"善变"；然后再问：他"善变"的特征有哪些？这下学生的热情高涨，纷纷答"变得快""反复无常""蠢""好笑"等；在此基础上，老师继续问：他变来变去，但有一点是没变的，那是什么？学生由于有了前面问题铺设，可以不费劲地回答："见风使舵"。最后，教师就水到渠成，提出下面有一定深度的问题：是什么原因使他一变又变？作者为什么要塑造这个形象？通过这样一组从易到难，环环相扣的设问，在教师的引导下，在学生反复研讨课文的过程中，学生对本文重点难点的学习很容易地就解决了。

也有许多在语文中是常识性知识，但又难于理解和掌握，那就不如有所针对性而问。《故乡》是课内重点讲读文章。在 2004 年中考的现代文中就出了这么一道题：《故乡》的作者是谁，主人公是谁，有什么性格特点？每个学期我在教这课的时候就格外注意，也这么向学生提问，有同学说是小说中的"我"，因为一切事情皆围绕"我"而展开，讲到这里，我就要提示学生，作品中哪个人物能反映作者要审视的问题，也就是作者写这篇文章的目的，在谁的生活、性格上呈现，谁就是主人公。学生们就明白了，作者要批判当时社会给农民生活造成的灾难是主旨，那么主人公就是闰土，而"我"只是线索人物，杨二嫂是陪衬人物。那么当学到《我的叔叔于勒》时，再问主人公是谁，学生就能很好地回答了，这样做甚至对学生课外阅读都有所帮助，并且能更高层次地理解小说的社会意义。

开头需要用精辟的提问来创设情境让环环相扣的几个问题统领课堂，更需要在结尾时让学生发散思维，讲出自己的见解。如《愚公移山》是以前的老篇目，现在有的课外文言文里还有，做完题后，我就根据学生提出的问题组织了一场"愚公移山好还是搬家好"的辩论赛，同学们就此问题展开了激烈的辩论。有的学生认为愚公不必移山，他或可以搬家，或可以开山辟路，或是靠山吃饭发展经济；甚至有学生认为愚公"投诸渤海之尾"的做法是利己不利人，是破坏环境、破坏生态平衡。学生们

并没否定愚公的实干精神，但确实提出了独到见解，至少在写材料作文的时候总能发出一点儿不同的声音。

以前在教授《曹刿论战》一文时，我也曾组织过一场"鲁庄公真的'鄙'吗？"的讨论会，引导学生结合时代背景辩证分析鲁庄公的形象，从而培养学生的创新能力。会上同学们畅所欲言，有的同学说："鲁庄公作为国君，在国难当头的时候，不仅能够接见曹刿，而且还能诚恳地与之探讨战前的政治准备，礼贤下士、任人唯贤，这说明他是开明的，这在当时封建专制社会是难能可贵的。"还有的同学说："在'长勺之战'中，鲁庄公作为国君虚心听从曹刿的指挥甘愿扮好'配角'，这说明鲁庄公具有明君的胸怀"……最后，同学们一致公认：鲁庄公并非传统说法的平庸国君、昏君，而是一个明君，只不过是一位缺乏军事才能的明君罢了。这样既达到了教学目的，也避免了学生无的放矢的讲座问题，从而锻炼、提高了学生思维的准确性。

最有趣的是一课与另一课的比较阅读，例如范进和孔乙己有许多相似之处，不同之处又是什么，为什么会有不同呢，这不仅是两个人生活际遇的问题，更是时代变迁的原因。最后抛出他们的结局谁更有警世意义的问题，答案不必一致，但引人无限深思。

语文阅读教学中还存在大量的无效提问现象。如不少教师在课堂上喜欢提出"是不是""对不对""好不好"之类的问题让学生回答。表面看来，学生兴致勃发，齐声回答的声音也响彻教室，情绪高昂，课堂气氛热烈。实际上，这样的提问非常简单，没有多少思考的余地，对促进学生思考、引导学生关注课文是无甚益处的。

从教师方面看，能有效引领学生直切文本主旨，径奔关键所在，真正让学生在心灵上触动、在知识上领悟、在阅读理解能力上提高的倒不是什么滔滔不绝的讲解，而是一些精当的、具有启发性和探索性的提问，以及答问后的讨论、点拨。实践证明，切合学生与课文实际、引人深思的教学提问，有助于点燃学生思想的火花，掀起感情波澜，调动其学习的积极性与主动性，提高课堂教学效率。

浅谈初中物理实验
在素质教育中的重要性

刘　微

【摘要】中国的发展需要培养新生力量的创新精神。物理实验是学习物理的重要方法和必要手段，加强实验教学，不仅可提高学生的观察能力、动手能力以及思维能力，还可以加强物理教学课堂效果，有助于培养学生的认知能力和创新精神。

首先肯定素质教育的先进性——锻炼能力、开阔眼界；中国的发展正是需要培养新生力量的创新精神。相对来说，应试教育显得死气沉沉，但我欣赏它的严谨性。目前社会普遍说，虽然四处提倡素质教育，但现实却处处渗透应试教育，甚至全盘应试，这只能说明，我们没学到素质教育的精髓，只是皮毛。现在，我根据我十四年的物理教学一线工作经验，谈一谈初中物理实验在素质教育中的重要性。

一、物理实验在课堂教学中的重要作用

物理实验是学习物理的重要方法和必要手段，加强实验教学，不仅可提高学生的观察能力、动手能力以及思维能力，还可以加强物理课堂教学效果，有助于培养学生的认知能力以及创新能力。初中物理实验包括教师课堂演示实验、学生分组实验以及课外拓展的小实验、手工小制作，运用得当能使学生得到很好的锻炼，只要教师提前认真备课、课堂因势利导、课后做好辅助指导，对它们进行合理的加工，一定会在课堂教学中收到良好的效果。

举个例子具体解释一下，人教版八年级上册初中物理第四章"光现

教学实践篇

119

象"第一节"光的直线传播"，这节课中的物理实验是如何渗透的。

第一，教师演示实验——光的直线传播（控制在5分钟至8分钟）。例如，光在水中的传播，手电筒或激光笔打出来直的光束照射水缸，这里教师可以设问：这束光线看不真切怎么办？学生凭借生活常识，能想出一些解决办法，可以在水中加牛奶、钢笔水等等。变换一下场景：要是在空气中打一束光线，怎么办？可以喷水雾、烟或者灰尘。教师们如果想节约时间，提高效率，一次性见到直线传播效果，备课时就得动动脑筋。例如，我本人上课的时候带着自制教具——一个黑色的光路演示板（长方形，有扶手，好拿），用独立电珠的手电筒打光，直线传播效果一次到位展现得非常明显，缺点是缺少了学生对于如何显示光路的思考。弥补措施：可让学生对比书本上光束在水中传播的实验让学生分析利弊，分析牛奶、墨水以及演示板的作用——显示光路，完成这个知识点的学习与巩固。

第二，学生分组实验（5分钟）。不能低估孩子们的想象力，要给他们充分展示自己的机会来证明自己的猜想，学生们利用手边一切可以利用的资源，往往会有意想不到的新点子，条件允许的话，四人一组最佳，可集思广益，有讨论的氛围，有团队合作的精神，有汇报成果的喜悦。

第三，想想做做——小孔成像的小制作（15分钟）。这个小制作是对课堂教学的一个延展和巩固，做得好有利于对课后习题的理解并能提高做题的准确率，虽然很重要，但往往因为很多老师要抢时间而被忽视掉。配套习题中要攻克有关小孔成像的难点，例如，（1）所成的像是倒立的实像；（2）像的大小与物体到孔的距离（物距）或光屏到孔的距离（像距）有关；（3）所成实像的形状由物体的形状决定，与孔的形状无关。这三个知识点都是学生在以后的试卷中经常出现判断失误的地方，究其根本都是教师对这个小制作的忽视。教师在课堂上只凭口头讲解，学生听完就越过去了，掌握很不扎实，对知识点模棱两可，做题当然漏洞百出。死记硬背不如现实操作一下、感受一下，记忆更扎实，以后遇到类似问题百闻不如一见，学生对亲手操作得到的实验结果遗忘率会大大降低。教师想要把这个小制作的内容利用精彩，那么，教师在布置之前一定要自己亲手实践，总结经验，布置的时候要先事无巨细地讲授制作技巧以及材料选择等等，避免学生走弯路，增加作业负担；还可以把学生分三个大组，一组小孔用方形，一组小孔用圆形，一组小孔用三角形，看看三组成像结果是不是一样；重点一定要强调——孔的大小必须要足够小，这个照相机才能成功。

二、物理实验有助于培养学生的动手能力

古有"纸上谈兵"的赵括，今天有没有只懂理论不懂操作的毕业生呢？答案是不但有，而且有很多。其根本原因就是很多教师为了抢时间，大量刷题，以讲代做，大大忽视了实验动手操作，导致学生只懂实验原理不懂实验过程。那么这个动手能力到底是重要还是不重要呢？结论当然是重要。

（一）物理实验加强了对工具的使用

物理实验几乎囊括了各个方面的工具——刻度尺、钟表、烧杯、量筒、天平、斜面、杠杆、滑轮、透镜、试电笔、各种合金等等。科技飞速发展的今天，要提升我国在全世界的地位，必须提高国民素质，加强全民文化的传播与普及，从娃娃抓起，使孩子们认识多种简单的工具并可以熟练地使用，为增强动手能力打下基础。

（二）物理实验在器材选择的过程中加强了对说明书的使用能力

学会阅读并使用说明书也是动手能力的一种培养。现代社会中，每一样家庭设施都附带说明书，各种单位、各种计量、安装使用流程以及故障排除等，学会科学地使用说明书是培养动手能力的一个前提条件。

（三）物理实验中对器材的改良，是对动手能力的又一个提升

学生在进行物理实验的过程中，不免遇到一些器材不适合手中的实验，又不能立刻找到合适的替代品，怎么办呢？教师就要引导学生有目的地改良手中的器材，让它更适合手中的实验，这是对动手能力的又一个提升！

三、物理实验有助于培养学生的认知能力

往往历年中考的压轴题都会难住一大批学子，更有人直接放弃压轴

题，为什么？就是因为在平时的教学中频频缺少实际动手、实际操作的环节，导致思维的禁锢，同时也缺少了攻克难关的韧劲。

（一）物理实验的猜想部分可以打开学生的思维

在课堂教学中，教师要有目的地引导学生对探究内容行进的大胆猜想，使学生不畏惧错误，发散思维，学生有了目标才能继续探究，结果错了也没有关系，再重新确立目标，建立持之以恒的精神和韧劲，这样的孩子在以后的生活中才会得到最大的收益。

（二）物理实验可以发明创造，改造生活

不能说我们使用的所有东西都是物理学家发明的，但物理学中的声、光、热、电、力确实与我们的生活息息相关，无处不在。物理实验将学生的动手能力培养起来以后，引导学生用所学的知识回报社会，用身边不起眼儿的器材做一些小制作小发明，改造我们的生活，学以致用，不亦乐乎？

（三）物理实验在培养情感态度价值观中的重要作用

在实验中灌输学生热爱生命、热爱科学的价值观，做科学伟人不做科学狂人；鼓励学生努力学习、改造生存环境、建立环保意识；监督身边不合理的能源使用，节约能源；培养正确的人生观、价值观。

未来是知识的时代，蛟龙号入海，嫦娥号升空，我国科技兴国之路蒸蒸日上。作为一名物理教师，我有幸参与这个时代的塑造，我为此而感到骄傲！我坚信，我可以用物理实验为学生铺就一条未来之路，用物理实验引导学生走向更好的明天！

基于体验性学习的物理教学

——以"压强"一节为例

隋玲玉

基于培养学生的核心素养，新课标提倡学生探究学习、自主学习，通过交流合作的方式获取知识的大环境下，本节课遵循新课程的思想，一改以往"满堂灌"的教学模式，重视学生的体验性学习。努力做到以学生为主体，教师为主导的物理课堂。物理体验性学习是在物理课程上创设情境，设计体验活动，让学生在操作中生成情感、建构知识、发展能力，体验性学习主要分为"感""知""用"三阶段。学生通过个体的亲身体验和实践操作来获得知识，在这个过程中学生会发现真问题，进行真实验，得到真道理。能够逐渐强化自己的思维能力、建构知识框架，加强知识的形成和理解。本文以"压强"为例旨在说明体验性学习如何在物理教学中开展。基于以上理念我展示了如下教学环节：

一、课程标准及教材、学情分析

"压强"为人教版第九章的第一节，要求学生通过实验理解压强，知道压强的影响因素，要能够应用理论知识解释生活中的相关现象，使学生不断关注科学技术和社会的发展对人类生活的影响。

压强是贯穿本章的核心概念，为本章内容学习以及后面浮力的学习和高中学习奠定了基础，占有非常重要的地位。学生在第七章已经学习了关于力的初步知识，本章知识难度比前几章明显加大，影响压力作用效果的因素比较抽象，因此教学中要注意加强学生体验，通过设计合理的活动，使学生通过体验获得较为丰富的感性认知。

二、教学目标及重难点

（一）知识与技能

1. 理解压力的大小和受力面积都影响压力的作用效果；

2. 知道压强的概念、公式和单位；

3. 能用压强知识解释生活中相关的物理现象、解决生活中相关的物理问题。

（二）过程与方法

1. 通过演示实验和学生分组实验，培养学生观察能力和合作学习能力；

2. 通过探究压力效果与什么因素有关的体验活动，使学生学习使用控制变量法，并增强分析问题及科学表述实验结论的初步能力。

（三）情感态度与价值观

1. 学生经历观察、实验及探究等学习活动，形成尊重客观事实，实事求是的科学态度；

2. 学生了解压强存在于社会生活的各个方面的广泛性，认识科学对人类生活的重要性。

（四）教学重点

1. 探究影响压力作用效果的因素；

2. 能用压强公式进行简单的定量计算；

3. 知道增大压强和减小压强的方法。

（五）教学难点

1. 通过探究过程建立压强概念并知道影响压强大小的因素；

2. 应用压强知识成功解决生活中的实际问题。

三、教学资源

教师使用：课件、水袋、钉床、玻璃板、小锤、苹果、切苹果器。

给学生提供：橡皮泥、压力小桌、砝码、学案。

踩纸卷：纸卷、三合板、木板、玻璃板。

切鸡蛋：刀、棉线、细铜线、鸡蛋、铅笔、木框。

四、教学主要环节

教学环节	内容生成
课题引入	（一）魔术式实验——趣味引入，创设情境 演示实验：模拟民间杂技"胸口碎大石"，需要2个不同钉床、2个相同水袋，1块贴有胶条的玻璃板，1把小铁锤。 问题：将水袋放置在钉子床上袋子会破损吗？轻轻敲碎玻璃袋子会破吗？ 演示1：把水袋轻轻地放在有很多钉子的钉床上，水袋没有破裂。 演示2：把水袋轻轻地放在有多个钉子的钉床上，再放上玻璃板，用小锤敲碎玻璃板，水袋没有破裂。 演示3：把水袋轻轻地放在只有三个钉子的钉床上，水袋破裂。 思考问题：水袋放在有很多钉子的钉床上，即使把玻璃板都敲碎了，水袋都没有被扎破。而放在三个钉子的钉床上，只轻轻一放水袋就被扎破，是为什么？ 通过演示，学生分析认识到水袋被扎破的原因不仅与力的大小有关还与受力面积的大小有关。
感受压力的作用效果	（二）体验式实验——大胆猜想，体验事实 相同的水袋，都受到了压力，为什么效果却不相同呢？学生很容易想到压力的大小会影响力的作用效果，那么压力的作用效果真的与受力面积有关吗？学生需要操作、体验和感受才能够逐步形成自己的认知。 利用学生手中的笔，使两个手指分别按压在笔的尖部和尾部，感受到两个手指的感受不同，从而真真切切体验到力的作用效果与受力面积有关。

教学环节	内容生成
制定计划设计实验	（三）对比式实验——强化认知，探究规律 物理概念比较抽象化，应用对比与已有的概念进行强烈的对比冲击，容易让新知识在认知头脑网络中扎根。压力的作用效果和两个因素有关，如果这两个因素同时改变，我们将无法确定是哪个因素产生的影响，你有什么解决办法？给学生提供了压力小桌，橡皮泥和砝码等实验器材。  木块上漏出的钉子面积不同，选择不同的面可以改变受力面积。应用加减砝码可以改变压力的大小。经过分析，学生不难得到应用控制变量法来研究此问题的结论，通过观察橡皮泥的形变来反映力的作用效果。  在此过程中引导学生形成设计方案，逐渐完善设计，进行实验，得到最终结论，有循序渐进的思考和按部就班的操作过程。最终得到压力一定时，受力面积越小，压力作用效果越明显；受力面积一定时，压力越大，压力的作用效果越明显的结论。 引出压强概念、公式及单位。
探究提升	（四）趣味式实验——培养情操，感悟知识 物理教学重在让学生体验到生活和物理的联系，让学生应用所学知识在解决实际问题的过程中将其内化，学会思考和运用是重中之重，因此设立学生自身参与、自己调节、自我修正的活动有利于学生的思考和反思。  踩纸卷活动：你能站在普通A4纸做的纸卷上，不把纸卷压扁吗？你需要多少个纸卷？  首先，学生在实际操作过程中选取了轻薄而且能够观察到纸卷情况的透明玻璃板；其次，人站到玻璃上时要保证玻璃和纸卷受力均匀，否则会失败，那么如何使人上到玻璃板上时受力均匀呢？最终找了两个课桌，可以让学生撑着桌子试探性的站到玻璃板上，既可以及时调整，又保证了受力的均衡。除此之外纸筒的卷法、疏密程度也很重要，每一小步都关系到了最后的成败与否。

教学环节	内容生成
探究提升	查询资料通过压强的计算公式粗略估测你的操作至少需要多少个纸筒？ 集体小探究让学生能够在遇到问题后，设计方案观察直观现象，纠正并优化方案，整理结果。整个动手过程是学生感情的升华和自我认知的提升。
解决生活实际问题	（五）拓展性实验——参与实践，发散思维 你能把鸡蛋切成如图厚度相同光滑的薄片吗？ 在所给的实验器材当中选择用棉线施加给鸡蛋压力切割鸡蛋，但是遇到的困难是切割表面不光滑，而且多次切割并不能保证鸡蛋的厚度相同，所以改进后利用多个铜线与木框相连，调整铜丝间距，保证切割的鸡蛋厚度相同，而且铜线材质较棉线硬，更容易切割。在动手操作和思考中，使得解决方案得以优化，更好地运用了本节课的内容，利于联系实际、突破难点。

在上述的体验性学习中主要体现了"感""知""用"三个阶段。"感"即学生自主感受，通过所创设的情境感受问题，通过物理现象的感知可以帮助学生在头脑中储存表象，建立物理概念，可见学生依据实验表象可以在头脑中实现感性认识到理性认识的飞跃。"知"体现了通过操作、归纳和整理总结得到概念和结论，会阐述和解释自我操作中遇到的问题和解决方法，在解决变式的实验的过程中会更有利于学生思维的养成和对概念的理解。"用"即应用所学解决与生活实际息息相关的问题，一种恍然大悟的生活经验与物理知识的恰恰吻合让学生印象深刻，体会到生活中有物理，物理中体现生活。

五、总结

综上所述，体验式学习是通过创设一个学习情境，设计一个实验载体，经历一个体验过程，收获一种认知上的感悟。我们应该在教学中注重创设实验情境，设计自创性实验，建构直观现象，让学生在实验中进行知识巩固并解决生活中的问题。体验式学习有利于丰富学生的生活经验，有利于实现快乐教学，更有利于落实教学目标，促进学生素质的培养。

论语文教育中的人格教育

杨　贺

蔡元培先生认为："教育是帮助被教育的人给他能发展自己的能力，完成他的人格，于人类文化上能尽一分子的责任；不是把被教育的人造成一种特别器具，给抱有他种目的的人去应用的。"这种看法明确指出了教育的目的和缺少个性教育的原因。人格是个人相对稳定的心理特征的总和，所谓健康人格，是人的个性朝着健康方向充分发展，从而形成良好的个性品质，健康人格就是理想的人格，就是健康的自我。健康人格的实现必须依靠教育的培养。程红兵在《语文教学应加强人格教育》中指出："语文教学中有着非常丰富的人格教育因素，文质兼美的语文教材比之其他教材有着得天独厚的育人因素，能陶冶人的情操；语文教学中的逻辑思维因素有助于培养学生人格中的认知结构；语文教学中的伦理道德因素有助于培养学生人格中的伦理结构；语文教学中的审美因素有助于培养学生人格中的审美结构。"非常准确地道出了语文在人格教育上的优势。

新的课程标准纲要提出语文的性质之一是工具性与人文性的统一，因为语言不仅仅是工具，语言是人性的高表现，它直接塑造人的文化心理，是所有人类活动中最足以表现人和人性特点的。如作文的学习与写作，"文如其人"，"要作文先做人"；阅读分析时，要沟通学生、文本与教师的情感因素，通情才能达理，所以，语文性质不能只讲工具性忽略人文性，我们的语文教育不能只教文而不育人。只有真正做到既传授语文知识，训练读、写、听、说，又使学生的情、意、理、趣得到发展，塑造健康人格，才是语文教育的归宿。

要想真正实现人格教育，需要学校、教师、学生的共同努力。

学校应是一个充满个性和创造性的环境，它需要校长正确的思想导向，需要教师的敬业精神、心理品质和良好的个性；它调控着教学方向，制约着语文教学行为，影响语文教学效果。而现在有些学校管理中存在的那种"领导不以教师为人，教师不以学生为人，学生不以教师为人"的现象则与这种要求背道而驰。比如对维护教学秩序、提高教育质量起保障作用的规章制度被异化为惩罚工具，细则化、标准化，配合以量化积分和经济制裁，教师异化为被管教对象，校长成了监工，甚至有的学校在教室里装上监听设备，学生中安插上直通校长的"观察员"，教师天天在"探头"下上课，学生在监视中学习。语文教学的个性，教师的个性，学生的个性都被斥退了。教学过程被程序化、机械化、标准化，管理变成了检查，教师疲于应付、抄教参、组练习，把充满灵性的语文教学变成机械的一个一个的单项训练，变成了背答案。没有教育思想，崇尚权力，不重视学术的教学环境不可能进行真正的人格教育。所以要真正落实语文教育中的人格教育，必须建立民主、科学的教学管理机制，语文教师具有民主化教学意识，学校重视教师与学生的民主权力，语文课堂才有可能有民主化的教学氛围，学生才有可能真正在语文课堂上形成健全、健康的人格。人格教育对教师的要求则更高了。

人们常说"教师是人类灵魂的工程师"，就是指教师是学生性格的雕塑者，这种雕塑，是要以教师的完善、健康的人格作为前提保证的。教师的个性特征无时无刻不在潜移默化地影响着学生的情绪，感染着学生的精神面貌。日本学者柴田义松说："教学工作是以教师的整个人格决一胜负的职业。"美国1986年度国家级模范教师杜德说："教书最重要的一点，就是要关注自己每一个学生的需要，一个当教员的，决不能说我教英文或我教说话，实际上你所教的是人，是孩子们，这远比你教的是什么科目重要得多。"教师的爱能在学生的心灵深处孕育和激发巨大的创造潜力，学生对学科的兴趣，往往就是对学科教师的兴趣，很多学生热爱某种学科并由此选择了人生道路，往往就是受了一位教师的影响。这就是《礼记·学记》中说的"亲其师"而"信其道"。语文教学以人为出发点，同样也要以人为归宿。因此，语文教师首先要完善自己的人格，

使自己拥有热情、真诚、宽容、负责、幽默等优秀品质，具有内在的人格魅力，还要有强烈的时代感、使命感，了解自己在学生发展个性中的作用。在教学课程的设置和开发上，教师应该是主动者、建设者和开发者。在我国传统的教学中，课程设置是教师最主要的职责。如孔子教学所用的教材大都是自己选择、自己编定的，《春秋》可以看作是孔子讲课的提纲式教案，而《诗经》《周易》《尚书》等相传也是孔子自己选编的。在19世纪末、20世纪初以后所用的语文教材也大多是由语文教师自己选编的，如林纾的《中学国文读本》，吴曾棋的《中学国文示范》，夏丏尊、叶圣陶合编的《国文百八课》等就是代表，教师编写的各种教材共存，可供学校和教师自己选择，教师有极大的自主权。可是从20世纪50年代以来，语文教学与课程彼此分离，教师被排斥于课程设置之外，教师的任务只是教学，按照教学大纲、教科书、教学参考资料、考试试卷和标准答案去教，课程游离于教学之外。教学与课程的分离，使教师丧失了课程设置的意识，丧失了课程设置的能力。所以，现在新课程标准纲要发布以后，让教师自己根据学生的需要选择时，有人迷茫了，成了失语者，不知该如何处理。新的教学理念要求教师应该是开放型的教师，特别是语文教师，语文本身的母语教学的特点决定了它的外延与生活的外延相等，因此，语文的教学更应该是开放型的，而也只有在社会实践的过程中才能真正学好语文。上海市特级教师黄玉峰老师，以普通人的面貌投身教育，在力所能及的情况下去培养学生"人"的意识，敢于特立独行，用教材中的精华去把学生带到一个"人"的天地，进博物馆，了解历史文化；走入社会搞各种社会调查，如调查上海的乞丐，关注弱势群体；调查了解父母，写父母小传，了解历史，也培养人性；带领学生走万里路，了解一个个教材中文章的作者，既读懂了教材，又培养了学生搞社会调查与写作的语文能力，同时又使其受到作者健全人格的熏陶；亲近自然，品味自然，融于自然，培养学生对自然的感知力，体味自然的魅力；读万卷书，开出书目，引导学生阅读；讲课时深入浅出讲庄子等人含有哲理性的命题，增加学生对生活的哲理性思考。培养学生语文能力不只是停留在大量做读、写、听、说的训练题，而是给之以爱的教育，人生的感悟。这就是国际上流的人格教育，既雕塑了学生也雕塑了自己！可惜的是我们大量的教师不是这样，而是跟着领导转，围着高考转，大量时间浪费在揣摩试卷，而忽视了对学生的人格教育。有一位语文教师在处理教材的时候，把略讲课都放过，专讲重点篇目，按他自己的说法即"考试课"，一篇篇下功夫把所有能找到的题，如练习册、基础训练、单元测试等集中起来，自己再编制一些做成现成的答案，如《故乡》一课他竟组织了八十道题！他的语文课就是带领学生背答案，他自豪地说，我那班的学生，每次考试成绩都在全年级的前一二名！可是语文教育过程中的思维能力、想象能力、观察能力、联想能力统统被死记硬背答案所取代！多么可悲！当他在假期继续教育的学习中了解到自己努力工作的结果与语文教育的目的大相径庭时，大呼自己真是"误人子弟"，并为之汗颜。

在人格教育中，语文教学的过程要体现以学生为主体的学习意识，转变学生的学习方式，我们语文教师在对学生进行人格教育时，就应该发挥学生的主动性、独立性、独特性、体验性，激发学生的求异思维和发散思维，让学生进行发现性学习、探究性学习和研究性学习，全方位地培养他们的独立而健全的人格。

融注现代多媒体技术，构建
语文智慧课堂

俞丽晶

【摘 要】在初中语文教学中，在课堂中融注现代多媒体技术，不仅是时代的呼唤，更是师生共同成长的需要。在中学语文教学中使用多媒体技术，能够增加课堂的容量，创设生动立体的教学情境，有效地提高课堂教学效率。

【关键词】初中语文；多媒体技术；智慧课堂

自 20 世纪 80 年代以来，人类社会就开始逐渐进入信息时代。时至今日，信息技术的发展可谓是日新月异，这也带来了教育的教学方法、教学手段、教学过程等方面的巨大革新。于是基于网络环境下的教学模式层出不穷，继高效课堂和翻转课堂之后，智慧课堂更让人耳目一新。

国家督学成尚荣教授指出：课堂教学改革就是要超越知识教育，从知识走向智慧，从培养"知识人"转为培养"智慧者"，用教育哲学指导和提升教育改革，就是要引领教师和学生爱智慧，追求智慧。由此可见，让智慧唤醒课堂，让智慧引领师生共同成长，是新时期教育教学改革的重大使命。我校目前正在如火如荼地进行"构建智慧课堂"活动，今天，我就结合我所讲授的一节智慧课堂——草原之魂之《狼图腾》读书交流会，来谈谈多媒体技术在语文教学中的重大作用。

一、海纳百川，有容乃大

使用多媒体技术能够增加课堂的容量。传统的教学只靠教师的一张嘴，一支笔，一个黑板，教师的讲课内容和书写内容都是非常有限的，自然学生也就很难接受更多的信息。而多媒体的应用则能够使学生更多更广地接受知识，以视频、音频、图片等形式展示学习内容，还可以扩展到网络应用，这样就会使学生的各种感官都能够被刺激，还增加了信息量。讲授该课过程中，学生在无线网络的环境下，可以自由查找关于本书的作者和创作背景等许多资料，加深了对该书的理解，也能够更好地投入到课堂的氛围中，提高学习的积极性。对于在书中出现的关于狼的典故或者草原文化等孩子们比较感兴趣的内容，他们在网络上查找资料的同时，也能达到资源共享，大大节省了课堂时间，又增加了课堂容量。

二、身临其境，感同身受

在多媒体技术的帮助下创设生动立体的教学情境。鲁迅先生说过："没有兴趣的学习，无异于一种苦役，没有兴趣的地方，就没有智慧和灵感。"教学情境在教学中起着非常重要的作用，没有良好的学习情境，就不会给课堂带来生机和活力。创设良好的教学环境是唤醒学生主体意识、产生强烈探求自我愿望的"敲门砖"，若是能够营造良好的学习氛围，就会激发学生的学习兴趣。而多媒体以声情、图文、音像等并茂而行，对营造出轻松愉快的学习氛围、启发学生的思维有着得天独厚的优势。而一堂课的开头是学生有意注意最集中的时候，也是教学的最佳时机，在语文教学中的导入环节根据学生的心理特点设计一些能迅速调动学生积极性、激发学生学习兴趣的内容，有效地把学生的注意力集中到多媒体课件中，能全方位多角度地激发学生的好奇心和求知欲。在本课的导入部分，我让学生欣赏了一段由冯绍峰和窦骁主演的电影《狼图腾》的视频资料，使孩子在惊叹于蒙古草原狼英勇无畏且纪律严明的战斗性之余，很快进入到本课的学习中来，这是传统教学根本达不到的效果。

三、事半功倍，水到渠成

"工欲善其事，必先利其器。"而多媒体技术就是提高课堂教学效率的最好器物。提高课堂教学效率是实现教育教学的最终目标的要求。一堂课的好坏关键是看课堂教学效率的高低，使用多媒体技术后，讲课时的资

料使用等都能达到最佳的状态，并且教师在课件内容的选择、形式的展现上，都要精心设计和准备，还要将这些资料进行加工整理，然后才能制作到课件中去，展现给同学们。在制作课件的同时，教师师能够更加准确地掌握教材的重点、难点，能够极大地提高课堂的教学效率。在本课中，我带领学生对蒙古草原狼的性格特点进行梳理时，孩子们将自己的观点应用多媒体技术传到老师的主电脑上，教师能很快看到孩子们的观点，为了使学生的学习更有针对性，节省孩子们的学习时间，我制作了三个微课，孩子们在课堂上可以根据自己对这三方面知识的掌握程度，有针对性地在线观看微课，大大提高了课堂效率。

四、化难为易，突破难点

我国古代大教育家荀子早已提出："不闻不若闻之，闻之不若见之。"由此可见，闻见是教学的基础，借助多媒体有效地化抽象为具体，把难以理解的内容或者对理解课文起重要作用的内容用多媒体展现出来，调动学生视觉，通过直观形象的感官刺激，让学生最大限度地发挥潜能，在有限的时间里，全方位感知更多的信息，激活学习的内因。借助多媒体课件，还可以有效地弥补传统教学的一些不足，让学生通过试听等直观功能，形象地把握教学内容。例如在本课教学中，学生对于蒙古人既敬狼又杀狼的做法很不理解，于是我在电视屏幕上用食物链的图画，向孩子们展示蒙古草原狼在这个生物系统的重要位置，使孩子们明白了蒙古草原狼对草原的利弊，这就很快解决了孩子们心中的疑惑。

"他山之石，可以攻玉。"总之，语文学科是一门具有浓郁的美育特色的课，在初中语文的教学中合理有效地运用多媒体教学手段，不仅能够使我们的课堂锦上添花，更主要的是给我们的教学带来许多意想不到的效果。应用多媒体辅助语文教学是一种高效率的现代化教学手段，它让学生在学习中始终保持兴奋、愉悦、渴求上进的心理状态，所以，我们广大语文教师要重视对多媒体的使用，让语文教学插上多媒体这个现代化教学手段的翅膀，带着我们的孩子领略语文这个大花园的无穷魅力。

浅谈初中历史教学与家国情怀的培养

张春渝

家国情怀蕴涵着深厚的中华优秀传统文化积淀，基于"天下观"的传统家国情怀具有鲜明的文化特质。家国情怀的内涵概括起来主要体现在对故土的至深热爱、对天下苍生的朴素情感、对共同文化信仰的执着、对普遍价值准则的认同固守等方面。这些构成了中华优秀传统文化的价值源流，与中华优秀传统文化"讲仁爱、重民本、守诚信、崇正义、尚和合、求大同"的时代价值是相吻合的。近代以来，传统家国情怀在内涵与形式方面均发生了重要变迁，象征着中华民族意识的觉醒与国家主权概念的确立。新时期，做好家国情怀的传承和培育是弘扬社会主义核心价值观的应有之义。教育部《完善中华优秀文化教育指导纲要》把家国情怀教育的重点定位为"天下兴亡、匹夫有责"。

一、家国情怀面临的境遇

（一）近代家国情怀的境遇

近代以来，中国社会整体上发生了重要的时空转换，这种历史境遇的变迁必然对传统家国情怀带来严峻挑战，同时也赋予其发展的机遇。首先挑战的是天下观世界观的根本改变。传统中国人由不得不"开眼看世界"到自觉审视世界，逐渐感知并接受了一种全新的世界观念，即建立在近代地理学科和国际法关系基础上的"天下"的概念，这种进程象征着中国开始逐渐融入世界文明体系，也透视出"天下"到"国家"转变的艰难历程。这种演进既是传统中国社会在内忧外患背景下应对挑战努力寻求出路的结果，也是传统家国情怀在特殊历史时期的现实写照。近代一系列不平等、丧权辱国的条约的签订客观上催生了中国近代国家

观念的发展和中华民族意识的觉醒。

（二）当代家国情怀的境遇

新中国成立尤其是改革开放以来国内外形势发生了重大改变，国际上和平与发展成为时代的主流，经济全球化迅猛发展，国际竞争日趋激烈，世界范围内的文化交流、交融、交锋成为常态。就国内而言，中国社会正处在转型期。这种转型预示着传统家国情怀面临着巨大的挑战，这种挑战直接导致传统家国情怀的文化内涵发生重要变迁，传统的文化体系、价值观体系构建以及价值功效作用的发挥等无不面临着重塑的艰巨任务。这既是前述两个挑战的延续，又是实现新任务的客观要求，这种要求也是 20 世纪以来传统家国情怀面临的挑战之一，即与马克思主义的结合并实现有机融合。中国特色社会主义的伟大实践给予了传统文化重塑的时代机遇，家国情怀必然会在这种重塑中获得新的内涵，焕发出新的活力。

同时，家国情怀的培养是当今历史教学中不容忽视的环节。在中华民族的历史长河中，家国情怀是中国传统文化的重要组成部分。历史教学中的很多素材、内容和资源等都是家国情怀的体现，历史教学中渗透家国情怀的培养，既有利于增强学生的爱国情感，也有利于激发学生的民族自豪感，更有利于践行社会主义核心价值观。从而帮助学生形成正确的世界观、人生观和价值观，使其具有良好的道德品质与心理素质。

二、家国情怀培育的几种方法

（一）重视家风家教的培育作用

家庭是社会组成最基本的单位，家庭关系在社会关系中处于最基础的地位，人们在家庭生活中所形成的价值观念、道德准则、行为方式对社会发展起着至关重要的作用。家国情怀培育的逻辑起点首先是从家庭开始的，家风家教反映了人们对待家的定位态度以及履行家庭责任的状况。中国的传统文化非常重视家风家教，古人对教风家教有着丰富的智慧性总结："道德传家，十代以上；耕读传家，次之；诗书传家，又次之；富贵传家，不过三代。"《易经》中有："积善之家，必有余庆。"家庭作为人们接受道德教育最早的场所，家风家教是弘扬传统美德、培育时代新风的重要通道。良好的家风家教不但能够为家庭成员的成长提供优良的环境保障，促进子女身心的健康成长，而且有助于形成和谐融洽的家庭关系，进而成为整个社会安全稳定进步的基石。从这个意义上讲，家风家教具有重要的社会功能和作用。

（二）充分挖掘教材，探索出体现家国情怀的素材

如汉代霍去病的"匈奴未灭，何以为家？"以及明朝顾炎武的"天下兴亡，匹夫有责。"都是家国情怀的体现。中国近代史的学习中，从1840年鸦片战争到1949年新中国的成立，中国经历了一百多年的屈辱历史，中国人民遭受了前所未有的灾难，但是中国人民从未屈服，奋起抵抗，从黄海大战到义和团运动，从辛亥革命到抗日救亡活动，都展示出中华民族的坚强品质，更加有利于激发学生的爱国情感。教师要善于引导学生学会利用历史知识沟通过去与未来，牢记历史、反思现在、展望未来，培养学生形成高度的爱国情怀。

（三）加强学习，自我提升

历史学科是具有基础性和人文性的综合学科。教师是学生的引领者，教师想要培养学生成为什么样子的人，自己首先就要成为什么样子的人。教师应当加强学习，拓宽知识面，努力提升自己的专业素质，树立终身学习的意识，满足学生的学习需要，让学生更加全面地感受中国的传统文化知识，感受中华民族优秀历史文化中的精髓，这也是家国情怀的重要体现。

（四）因材施教，采取适当有效的教学方法

家国情怀是人内心的一种情感依托，对学生进行家国情怀的教育，不仅仅是单纯的对学生进行灌输，要唤醒学生的主体意识，尊重学生的主体地位。教师自身的教学观点和教学立场是家国情怀实施的关键所在，教师需要结合教材内容，在课堂教学之前进行教学设计，采取多种方式，让学生深切感受历史。如讲授清朝的历史时，可组织学生参观皇后故里——叶赫那拉城。观看古老的建筑、聆听动人的历史典故、既增强了学生对家乡的热爱又培养了学生的家国情怀。

家是国的基础，国是家的放大。家国情怀的培养，主要就是提升学

生的责任意识，引导学生担当起自身的责任。在历史教学中，教师应结合新课程改革的理念，采取有效的手段，对学生加强家国情怀的教育，提升学生的民族意识，为社会的发展贡献自己的力量。

探究式教学模式
在初中数学教学中的应用

张丽丽

【摘要】探究式教学是致力于提高学生的综合数学水平，将学生置于教学过程中的主体地位，培养学生的自主学习能力，使其具备对于数学学习的探究水平。探究式学习能够帮助中学生进行更有效率的学习，并且拓展学生的数学学习思维。笔者结合多年的教学研究，试着分析探究式教学模式在初中数学教学中的应用，以期能够提高探究式教学模式在实践教学中的运用程度。

【关键词】教学模式；探究式教学；初中数学

一、探究式教学模式的内容及其重要意义

在教育模式不断革新的背景下，为了保证教学质量以及社会对于教学模式的要求，探究式教学逐渐成了教学过程中的主要教学方式。探究式教学模式能够培养学生的自主学习能力、创新能力以及逻辑思维能力，从而更好地帮助学生提高自身的数学水平。

（一）探究式教学模式的内容

探究式教学模式不同于传统的教学方式，探究式教学模式旨在将学生放在主导位置上，转换教师与学生在课堂中的关系位置，让学生能够在课堂中发挥主动性，让教师处于辅助性、引导性的位置。

学生们通过组织协作完成对课堂主要内容的学习，并且通过启发学生的思考和总结实践学习的内容来帮助学生对数学知识进行进一步探索，在探索的过程中，实现学生对于知识的有效学习。

（二）探究式教学模式的意义

在探究式教学模式下，要求学生作为教学过程中的主体。

在教师的辅助引导下完成对于知识内容的探究性学习，通过自主、合作和探索的方式来解决问题。教师对于学生的准确指引要能够激发出学生的学习热情和探究知识的欲望，提高学生的个人学习能力，从而全面实现素质教育的内容。同时，传统的教学模式需要教师指导和学生学习两个过程，一方面是教师的传播内容，另一方面是学生所能够吸收的内容，通常情况需要教师的指导与学生的吸收进行有效的结合才能够实现高效率的教学过程，但是在探究式教学模式下，学生成了学习过程的主体，学生对于知识内容的探究能够从自身的角度出发，教师通过辅助的方式来帮助学生，抛弃了传统学习中知识相互结合的过程，使得教师与学生之间的知识传播更有效率。再者，通过培养学生的探究性学习能力能够拓展学生的逻辑思维能力，使学生能够更好地了解数学这门学科，使其在日后的数学学习过程中更加轻松。

二、探究式教学模式的具体应用措施

（一）以学生作为教学中的主体

学习兴趣是初中生学习的出发点，准确地掌握学生的学习兴趣就能够有效地引导学生的学习方向。在探究式教学过程中，学生作为教学主体，教师应当以疑问或学生实际感兴趣的内容来激发学生的学习兴趣。学习兴趣是探究式教学的起点，同时，教师应当鼓励学生进行自主性学习，由于长期处于传统的学习模式下，大部分中学生已经丧失了主动学习的能力，习惯了被动性地接受教师所讲述的内容。要扭转这种情况，就应当以学生为教学中的主体，鼓励学生就所学内容进行探究，培养学生的探索习惯，不断锻炼学生的自主学习能力。提高学生的学习兴趣与鼓励学生进行知识探索是探究式教学模式在数学教学中最基础的应用，只有提高学生主体的整体水平才能够有利于数学教师开展其他教学活动。

（二）以合作交流作为教学中的重要环节

探究式教学模式在初中数学中所涉及的另一个重要环节就是教学内

容的信息分享。以往的教学活动中，每一个学生都是独立的个体，个体之间与教师进行互动来获取数学知识。在探究式教学模式下，教学活动更加强调合作的作用价值，因为在初中生合作的过程中能够实现探究学习内容的最大化，一方面，单独学生的探究能力是有限的，合作探究学习能够增加学生所接受的内容，另一方面，知识信息在学生群体间的交流比学生与教师间的交流更加快速，且容易让学生接受，这就提高了学生接受数学信息的速度。同时，合作交流学习能够给予学生更舒适的学习环境、更友善的交流环境，让学生更加从容地面对数学学习，良好的学习氛围是帮助学生提高个人数学水平的重要部分。

（三）以梯度学习作为教学中的主要过程

探究式教学模式在初中数学中的应用要求要深入、透彻地了解学生群体的特点，从学生的角度出发了解学生的具体数学水平。不同的学生之间一定会存在着学习差异，如何应对这种差异，使得教学模式对于所有的中学生数学学习都有帮助？探究式教学模式中应当设置梯度教学过程，梯度过程包括横向梯度与纵向梯度，横向梯度是指针对不同数学水平的学生教师应当选择适当的数学学习内容，使学生都能够在学习中充分理解和吸收教学内容，纵向梯度是指教学过程是一个动态的学习过程，应当逐渐加深数学的学习难度，挖掘学生的学习潜力，并且督促学生进步向前。梯度学习方式作为探究式教学模式在初中数学教学中的重要过程，能够针对初中生不同的个人数学水平进行全方位的指导，使每一位初中生在学习过程中都有足够的学习空间。

（四）以探究总结作为教学中的巩固内容

探究式教学模式不同于传统的教学模式，探究式教学模式更加注重学生对于知识内容的总结。在初中数学教学中，传统的教学模式都是要求学生进行大量的习题练习，使其能够在练习过程中了解数学内容并且完成考试的要求。但是这种题海战术不仅浪费了学生大量的时间，还会影响学生对于数学学习的兴趣。所以，有效利用学生的学习时间是最合理的学习方法，通过指导学生进行学习总结，帮助学生巩固学习内容，加深学生对于数学知识的印象，从而提高学生的学习效率。同时，总结

数学知识的过程也是对数学知识进行重新探究的过程，这有利于培养学生的探究性思维。

【参考文献】

[1] 张敏.探究式教学模式——让学生主动学习［J］.教书育人，2016(06).

[2] 杨燕.浅析中学数学课堂教学提升［J］.学理论，2013（08）.

微课程在现代化教学中的应用

甘 雨

【摘要】微课程是指时间在 10 分钟左右 (一般人注意力集中的有效时间)、有明确的教学目标、内容短小、集中说明一个问题的小课程。它有着教学时间较短、教学内容较少、资源容量较小的特点。现代教育教学中，为了更好地适应现代化教育模式，提高教学质量，教师在课堂上通常可以应用该技术讲解重难点知识，实现高效教学。

【关键词】微课程；信息技术；高效教学

一、信息技术应用广泛体现在教学之中

众所周知，信息技术与初中生的生活、学习以及实践活动是息息相关的。一切教育教学生活都是有信息元素的,随着第三次科技革命的到来，电子计算机和网络被广泛应用，生活中我们已经离不开信息技术带来的便利。如何把握信息技术为教学所用,从而提高信息技术在历史课堂的教学效果,是每个年轻老师必须回答的一个时代课题。日常的教学之中，每堂课我们教师认真备课，研究教学目标研究课本研究学生，其实亘古不变的课标几乎可以一备到底，随着教龄的增长，反而让我感到每年都有变化的是我们的学生。他们对知识的渴望，对现代化信息技术手段的兴趣，对新鲜事物的快速接受能力等都是越来越强。无论是作为指导教学的参考,还是提升学生信息素养的途径,从生活实践中找寻灵感、元素和素材,都是教师教学的可行性路径。现在智能手机的使用非常普遍，比如学生所熟知的抖音、火山视频、快手等等以信息技术为载体的具有娱乐功能的 APP 被开发和使用。我们教师的教学也不应是原始的单一的

教学实践篇

讲课、做题，要利用好信息技术的优点，结合学生的特点，将信息技术运用到日常教学中。与抖音视频很相像的微课程就可以成为我们教学中的一个工具和亮点，更可以吸引学生的注意力，高效地传授重难点知识。

二、教学课堂中微课程起到关键的作用

陶行知有句名言："生活即教育，社会即学校。"这说明生活中也有信息教育存在的天然土壤，也给开展生活化信息技术教育提供了实践的可能。随着社会的发展，生活信息已铺天盖地，潜入人们生活已是大势所趋。课堂教学中，要把中学信息技术教学中的"教""学""做"三者有机统一起来，让教师高效地教，学生智慧地学。

微课程在教学中起到的作用：

（一）新课导入微课

在新课开始前，教师将制作的微课程准备好播放出来，教师根据新课程的知识点设计几个新颖的问题，吸引学生的注意力，抓住学生眼球，为后面的讲解做好铺垫，导入新颖、热闹、目的性强，为整堂历史课的学习创设了好的情境。

（二）知识理解性微课

教师根据每堂课的重点难点设计微课，将最重要的知识内容以微课程的视频模式展现给学生，重点突出针对性强，学生易于接受和理解，可以在学生自主探究后或者难点思考小组合作后播出，解答学生内心疑问，特别是历史学科，在重难点处加以微课解析，增强了学生的兴趣、提高了学生对历史学科核心素养的培养。这也是我日常教学中使用微课程最多的一项。

（三）练习巩固微课

教师根据学生的具体情况，针对本节课内容设计好而精的习题并制作成微课，一般知识讲解完毕后45分钟的课堂也已经过去2/3，也容易进入学生的疲劳期，因此此时使用微课程巩固练习，可以延长学生的兴趣时间，提高他们的课堂注意力，也可以使少而精的习题发挥练习和检测的真正作用。此环节先易后难，让班级所有层次的学生都有所收获，达到学以致用的目的。

（四）分层教学微课

随着现代化教学技术手段的不断推进，新式的教学模式也越来越多，如智慧课堂、翻转课堂等层出不穷，在这些新式课堂教学手段中，我们还可以利用不同的微课程，辅助学生了解本课所扩展的更多知识。例如智慧课堂中教师根据不同层次接受水平的学生制作了不同层次知识点的及格微课，学生在电子书包能自我选择自己观看，针对自己的兴趣和能力在课堂中获取更多的知识，同时也解决了优等生"吃不饱"、后进生"跟不上"、"大锅饭一帮哄"的问题，发挥学生的主体地位。

（五）复习课微课

在单元复习、章节复习、小综合、大综合复习等状况下，或者是某类题型的针对讲解时我们都会采用微课程的形式，10分钟左右的复习讲解，节省课堂时间，针对性强，知识梳理顺畅，纵横宏观清晰可见，方法简明易懂，有利于提高学生对知识的概括总结反思能力。对于初三复习课来说，微课程的使用如及时雨一般，解决要害问题。

三、微课程可以有效促进学生自主学习

有人说："教学大纲、教科书规定了应给予学生的各种知识，但是没有规定应给予学生的最重要的一样东西，那就是幸福。"要让学生体悟到信息技术给学生生活带来的快乐和幸福，就要通过课堂或课后的某些形式，激发学生学习兴趣，点燃学生学习的火把，让学生"乐着学、学着乐"，让学生快乐地在微课程的知识中遨游，从而在快乐中学习知识，提升境界。例如学生平时课后会经常使用手机，娱乐时也出拿出手机看看各种抖音、快手等视频，微课程如果制作的好，会比那些抖音视频精彩和有趣得多。教师可以制作一些史实类的微视频，帮助学生理解一些历史事件的背景，哪怕是一些史料趣事，传到学生的学习群里，帮助学生了解感受历史的魅力，激发他们学习历史的兴趣，哪怕让学生观看历史剧，通过微课的讲解，学生也既学习到了电视剧情境对历史年代的套用，也娱乐了自我，利用所学知识应用到生活和娱乐中，总比看些单纯娱乐、

低俗的视频要有意义得多。

四、微课程的应用能够提高教师的专业水平

微课的制作其实也是记录教师个人成长的笔记。教师在观看自己制作的微课的同时，既可以找出课堂中自我的不足，也可以将其传到网上或者公共平台上，供其他老师和学生一起观看，通过视频下互动留言，不断提高个人业务能力和运用信息技术的能力，促进教师的个人成长。久而久之，回头观看自己制作过的微课，能够看出教师个人一点一滴的成长。一节完整的微课要经历选取课题、设计内容、制作课件、组织语言、开始录制、自我反思等众多环节。教师在整个教学过程中经历不断学习研究、实践、反思、再研究、再实践、再反思等循序渐进、螺旋上升的过程，使得我们教师个人的教学和研究水平也不断提升，特别是对 PPT的制作，录屏，截屏，各种信息软件的应用等能力都有所提高。

综上所述，微课程最终让教师从习惯的细节中发现、思考、变革，由学习者变为课程的开发者和创造者，让学生在简单、有趣、好玩中享受知识带来的乐趣。无论是对学生还是教师自己而言，微课程无疑都是一次重大的改革，它为教师和学生都提供了一个自我提升的和学习的机会，最终达到高效课堂和教学相长的目标。

【参考文献】

[1] 龙镇.微课来了打破传统课堂的框框［J］.广东科技报：2013.

[2] 钱云.多媒体教学课件与传统教学手段教学效果对比分析［J］.数学教育学报：2007.

[3] 段琼.浅谈微课在会计教学中的应用［J］.知识经济：2015.

浅谈在道德与法治教学中练习的重要性

韩雪飞

政治学科历经二十年的演变，已经由单一的马克思主义基本原理指导下的时事学科，逐渐演化为融合了历史、民族、地方区域、经济体制、法律等多学科多思维多角度的一门学问。

政治学科二十年来三次更名，从思想政治，到思想品德，到现在的道德与法治。每次更名的背后其内容都经过很大的调整，其知识的含金量越来越大，知识的覆盖面越来越广，对学生的要求也越来越高。

在这样的前提下，如何驾驭政治学科的复杂性，让学生在考试中轻松地领会出题意图，答题能够答中切要，在考试中稳居先手已经成为一线教师不得不思考的一个问题。

在平时的教学中，我们经常会遇到这样的学生，他们在课堂教学中课本上的知识点已经熟记在胸，本以为在考试中会大有斩获，可偏偏事与愿违，成绩往往难达预期。于是学生就会产生困惑，为什么书上的知识都听懂了，做题还是不会呢？更可悲的是，不少学生居然连题都读不懂。

刚开始我也很困惑，为什么学生书本上的知识能背的滚瓜烂熟，但是成绩却不理想呢？

经过多年的教学，我发现了其中的奥秘，原来是学生缺少练习、没有找到练习的正确方法，知识只停留在理论基础上，不能够灵活运用。

同时，反观我们的教师，当学生熟极而流的时候，教者本身也就受到了学生知识掌握的表面迷惑，不再深究，不在活用上下功夫，没有在练习上给予更多的指导。

说到练习，这个耳熟能详的方法到底有多重要，大家看看下面这个例子也许就会有启发。我们很多人都学过游泳，试想如果游泳教练把有

关游泳各种各样的理论都教给了你，并且给所有学员都做了各种动泳姿的精彩示范，那是否学员们就学会了游泳？答案一定是否定的。没有一个人听了游泳理论就立刻在水中游刃有余，要学会真正的游泳，除了教练的理论讲解，当然最重要的还是需要大量的练习，通过实践才能掌握你所需要的技能。王羲之为了能够写一手好字，天天在池塘边练习，最后连庭院里池塘的水都被涮笔的墨汁染黑了，成了后人称道的"洗砚池"。还有位中国狂草的先贤——怀素，他本是庙中的僧人，偶然的机会喜欢上了书法，他四处寻访名师，希望写出一手好字。在遍访名家后，他获得了书法的基本理论，但理论并没有立刻使他的字有质的飞升。怀素和尚静下心来，在庙中潜心练习，纸张用完了没钱买，就用庙里的芭蕉叶子，最后连穿的衣服、墙壁都写满了字。狂草圣人的美誉自然而然也就落在了这位勤奋练习的普通人身上。

古人的事迹告诉我们，多么好的理论也就是理论而已，不练习是达不到理想境界的。正所谓，只要功夫深，铁杵磨成针。制作针的道理都懂，可是磨的过程，也就是练习的过程又有多少人肯下功夫去坚持呢？没有了练习，自然成功者也就寥寥无几了。

前面说了那么多，其实也都是说明一个理论——学习离不开练习。那么练习的重要性体现在哪些方面呢？

一、练习可以把我们学到的理论运用到实践中去

我们现在所学的理论知识，并不是以学会为目的，而是要把所学的知识运用到实践中去，从而指导学生的生活，以此达到思想的教育和引领。因此，现在的考题都是情景设置，用生活中的具体事例来考查学生思考问题和解决问题的能力。然而，在平时的教学中，教材中的知识是理论，具体的情境不多，而在练习的时候我们的学生需要把理论和情境相联系，如果学生没有这个能力，就形成了一个共性的问题——学生读不懂题，不会做题。练习就能解决这个问题，提高学生的审题能力。

二、练习可以提高我们的应试能力

通过练习，学生的审题能力得到了锻炼和提高，那自然分数也就能有所提高，这就让学生的应试能力得到了提高，从不会做题到会分析问题，这个能力是谁能给的呢？只有练习才能达到。一个再高明的老师，也不可能有魔法让你一下就会做题，也必须从练习开始，只有练习的量的积累，才会有应试能力质的提高。

三、练习可以让我们更加熟练地掌握知识

通过练习，可以熟悉教材的相关知识点，相同的知识点在不同的题型和情境中出现，如果学生都能准确作出判断，那就是对这个知识点真的会了，举一反三也能很轻松地应对。这就能让学生对知识的掌握更熟练，只有练习才能做到。

四、练习可以查找知识漏洞

对于有审题能力的学生来说，如果练习题做错了，就说明这个知识点没有掌握，这也就是学生的知识漏洞，看书都会的理论，到练习中却不会了，这就是通过练习能查找学生的知识漏洞，如果没有练习，连老师都不知道学生哪会哪不会。怎样能查找学生的知识漏洞，只有练习。

五、练习可以让学生变得更自信从容

通过练习，学生的能力得到了提高，知识漏洞补上了，那学生就会自信满满，从容应对中考试卷，并会取得很好的成绩。

所以练习在教学中是至关重要的，那么在练习的时候怎么才能提高学生的审题技巧和能力呢？经过多年的教学实践，我总结了一个比较行之有效的方法即三步解题法：

（一）审清题意是关键

审题其实是文理相通的，在理科当中讲已知条件和未知条件，文科当中也要讲已知条件和未知条件，只是没有理科题中那么明显。一个问题的出现，可能有几个条件来限定，作为学生就要能读懂习题中隐藏的

已知条件，这样才能知道出题者所要的答案是什么，弄清楚问题了，这是三步解题法的第一步。

（二）针对问题，找准知识点是基础

找准问题之后，第二步是回归教材，找到问题对应的知识点，书中这一知识点会有很多问题，到底哪一个是这个问题的答案，有的同学第一眼看见什么答什么，而有的同学又凭感觉，这都是不对的，要看哪个知识点符合问题中的条件，哪个才是答案，所以第一眼看见或者凭感觉都是不可取的。

（三）回到问题，落实答案是根本

找准了符合问题的知识点，再回到问题中，看一看是否符合题意，如果符合题意，就在卷子上落实完整的答案。切记答案要完整规范准确。

练习就像在幽谷之中推开一扇未知门扉，后面的精彩内容让你目不暇接；练习让你从海边只能眺望大海的企鹅，一跃成为展翅搏击的苍鹰，有能力去亲历大海的雄浑；练习更是一种积淀，有了它才有学习上的精彩华章。

请抓住练习，掌握练习中的细枝末节，你将会牢牢抓住学习的主动权。

浅谈如何培养学生的自主学习能力

胡亚迪

【摘要】自主学习是与传统的接受学习相对应的一种现代化学习方式，是以学生作为学习的主体，通过学生独立分析、探索、实践、质疑、创造等方法来实现学习目标。《基础教育课程改革纲要（试行）》在论及基础教育课程改革的具体目标时指出：改变课程实施过于强调接受学习、死记硬背、机械的现状，倡导学生主动参与、乐于探究、勤于动手，培养学生搜集和处理信息的能力、获取新知识的能力、分析和解决问题的能力以及交流与合作的能力。

【关键词】自主学习；创新能力

二十一世纪是科学技术迅猛发展，国际竞争日趋激烈，知识经济初露端倪的时代。在这机遇与挑战并存的社会发展激流中，现代社会对人的主体性发展提出了更高的要求。随着我国素质教育推进，培养学生主动探索精神和自主创新能力已成为当今教育的重点及热点问题。如何培养学生养成自主学习的能力呢？

一、情景创设，激发兴趣

兴趣是最好的老师，在教学中，我们应该营造一个宽松和谐的学习氛围，才能愈来愈使学生积极、主动地参与教与学活动中，真正成为课堂学习的主人。氛围和环境，对于学校来说，是教育观念和教育模式的标志性体现。每一个学校，都要爱护和培养学生的好奇心、求知欲，帮助学生自主学习、独立思考，保护学生的探索精神、创新思维，营造崇尚真知、追求真理的氛围，为学生的禀赋和潜能的充分开发创造一种宽

151

松的环境。情境的创设关键在于情，以情激境，以最好的境、最浓的情导入新课，形成问题。问题可由教师在情境中提出，也可以由学生提出。但是，提出的问题要击中思维的燃点，这样能对全体学生的认知系统进行迅速唤醒，从而提高单位时间里的学习效率。学生因情境的巧妙刺激，学习热情被激发起来，萌芽学习兴趣，认知系统开始运转。教师要善于要把握课堂互动、合作的学习环境。

二、提供给学生"学"的方法

提供给学生学的方法，犹如交给学生打开知识大门的钥匙。学生掌握了方法，才能真正把握学习的主动权，真正处于学习主体位置。学生的创新意识，只有在自主探索问题与解决问题的过程中才能得到培养。因此，教学时应从学生的年龄特点和认知特点出发，留给学生足够的探索空间，让学生通过预习、质疑等具体活动提高创新能力。

（一）指导预习

自主学习的预习，贵在独立性，是学生独立获取基本知识的重要一环。指导预习按"扶——放"原则，起先可设置"导学提纲"以设计一系列问题的形式，在"学什么""怎样学"两方面加以引导。

（二）鼓励学生独立思考，勇于质疑问难

有的学生受知识年龄等限制；有的学生胆小不敢质疑问难；有的学生满足于一知半解，不愿质疑问难。所以我们要创设条件，努力营造氛围鼓励学生质疑问难，教师要善于灵活地向学生提出探索性问题。

（三）分层指导，灵活训练，使学生善学

在学生获取一定感性认识的基础上，教师还应该引导学生自己进行思维加工，才能将认识由具体、简单上升为抽象、复杂。应对处于不同层次的学生进行指导：对中等生，指导他们巩固所学新知识以后，尝试思考与解决稍深的学习问题；对于学困生，则指导他们进一步理解与巩固所学新知识中最基本的部分；对于优等生，应指导他们在掌握新知的基础上，解决综合性更强、条件更复杂、难度更大的学习问题，提高他们的自我发展能力。在教师的指导下，学生分层各自练习，全班学生各自获得不同层次上的平衡，培养了自己的创造力，产生了强烈的愉悦感，这样就进入一个新的良性心理循环过程。根据问题的难易度适用班级不同层次的学生实际水平与学习要求标准，设计行之有效的练习，做到巧练，使不同水平的学生对知识进行不同层次的概括，增强学习信心，提高学生素质。

三、养成习惯，使自主学习得以持续进行

习惯是学生为达到好的学习效果而形成的一种学习上的自动倾向。好的习惯是决定学生能否"坚持学"的重要因素之一，一旦养成，将对学生终身有益。可以说好的习惯难以养成，但容易保持；坏的习惯容易养成，但难以放弃。所以在学生自主学习过程中，我们要有意识地培养学生良好的学习习惯。

（一）独立思考的习惯

在自主学习中要独立思考，不能人云亦云。对每一个知识的认知、规律的得出、习题的分析、解题的思路等，无论问题简单还是复杂，都应引导和要求学生养成这样的习惯：必须经过独立思考，想通了，才接受；理解了，才应用。因此，基本道理要讲清，习题要做得精，即每做一题，都要独立地分析清楚已知与结论，独立地运用有关概念、规律解决问题。从每一个简单的问题做起，逐渐引导，点滴积累，让学生从每一个小的"成就感"逐渐积累成独立思考的兴趣和习惯。

（二）认真读书的习惯

要求学生严格按照学习程序进行自学，课前预习要有预习笔记，课后要做小结，课上精读教材，要认真勾画重点，标出不懂之处，在有体会、有来源之处要加旁注。要特别注意引导学生克服片面追求进度，好高骛远，坐不下来，学不进去的坏毛病。对重要的概念，提倡逐字逐句反复琢磨其中的含义，反对不懂装懂、含糊其辞、死记硬背。

（三）专心致志的习惯

提倡要进入持久专注的境界，做到心无杂念，不走神儿。时刻提醒自己要集中注意力，不能随意乱翻，心不在焉。不管周围环境如何，自己都要专心致志地思考，要全身心地投入到自主学习中去。

通过美剧学英语

——寓教于乐于一体

黄莹洁

【摘要】英语是世界的通用语言,很多国家及地区都是用英语交流的,并且大部分科技期刊、杂志都是用英语撰写的。熟练运用英语,也可以更方便国人及时掌握世界各地的资讯。并且世界那么大,学好英语也可以到处去看看。学习英语是很枯燥的,推荐大家一种轻松愉快的方式——通过美剧学英语。

【关键词】美剧;学英语;学习方法

在非语言环境中学习一门外语是很难的,语言是一种输入和输出的过程,那么怎样才能确保输入的语言是最贴近生活的,并且能合理地运用到生活中去进行输出呢?怎样才能学好英语这门语言呢?我认为观看原版的美剧是很好的选择。看美剧学英语不是看热闹,而是通过学习美剧中的台词来更好地学习英语、运用英语,这种方式虽然看似轻松,但也是需要努力和技巧的:

一、看美剧学英语要不断重复收看

第一遍可以根据字幕来理解剧情;第二遍可以针对生活中比较常用的句子,进行记忆并尝试跟读;第三遍依然看字幕跟读并模仿演员的语音、语速、语调;第四遍挡住字幕跟读,听不懂的地方快速看一眼字幕,有些语音会造成听力的障碍,所以一定要多听、多读,这个过程一定要不断重复地进行,才能说出标准的美式口语。在这里推荐几部适合学生们看的美剧，如：《老友记》《女孩成长记》《好运查莉》《绯闻女孩》《摩登家庭》。

二、语音语调很关键，注意以下几点

（一）升调和降调

一般疑问句用升调，特殊疑问句和陈述句用降调，但有时相同的词和句子用不同的语调表达的是完全不同的含义。如：yes 这个最简单的词，在口语中降调表示肯定、赞同，升调则表示不确定或疑问。这和我们中文有异曲同工之妙。

（二）连读和吞音

其实这是中国人最头疼的问题，因为咱们中文是单音节，不需要连读就可以很快地把一句话表达完整，但英语不同，它是多音节，所以就存在大量必要的连读和略读情况。

例如：let 's have a look at it . 这是最简单的一组连读，就这么个句子有三处连读，let 's hava lookatit. 再举一个例子，what's going on。其实这个句子有两处语音现象，going 中间加了一个小 w，读成"gowing"，后面的 on 和前面 ing 的 n 连读，读成 non，所以整个句子读成"what's gowing non."。连读是最难的地方，要多听多练，平时读英文要有这种连读意识，有些学生一个一个单词读出来听着非常生硬，读得累，听得也累，所以一定要重视连读和吞音。

（三）句子的节奏

很多学生容易忽略句子的节奏，英语说得地不地道，很大程度上跟节奏把握得好不好有关，这没有技巧和捷径，只能多模仿多练习，所以看美剧在这方面的优势是很大的，大家可以感觉演员们说台词的节奏，然后跟着台词的节奏走，最后形成自如的节奏感。

三、养成英语思维

如何养成英语思维，这一部分取决于我们的积累，一部分取决于我们的思考。

（一）主动语序与被动语序

在我们汉语中描写一个句子时，我们大部分时候会用主动句式（例

如：我把他给揍了一顿，而不说他被我揍了一顿。）而英语国家的人偏爱被动句式（例如：There's a man was hitted by a car; He was beaten by me.），这是文化差异，当我们第一次听到这种句型时可能不太适应，所以这种被动表达的思维也是我们应该注意的。

（二）名词的可数与不可数

汉语里没有可数不可数，没有单复数，所以这也是中西方文化差异。举例说明，我喜欢狗，很多学生会说"I like (a) dog"，正确的是"I like dogs"，这是为什么呢？因为你喜欢狗不是某一只而是所有的狗，所以这里用复数。如果你用"I like dog"其实句子也没啥毛病，只是老外会联想到死了的 dog（meat），也就是狗肉。名词的可数不可数只要你留意，在美剧里也是能了解到它们之间的微妙之处的。

（三）主系表

汉语里面只有主谓宾，没有主系表，所以这也是我们与他们的不同之处。例如：She is pretty. 直接翻译是"她是漂亮的"，虽然大家都明白应该翻译成"她很漂亮"，那我为什么把这么简单的句子单独拎出来说呢？因为在英语里主系表的表语是千变万化的，它可以是名词和形容词，可以是从句，可以是介词短语，只要遇上介词，它就变得复杂了。英语里最难的两大词性，除了动词就是介词。介词千变万化，同一个句子或者短语只要介词一变整个句子就变了，这个需要我们长时间的积累和学习。那怎么把美剧里和介词有关的提炼出来为我们所用呢？举例说明，比如美剧中会经常举办 party，朋友们会负责聚会不同的方面，比如食物，饮品，游戏等，但"负责"这个词怎么说呢？你想到的可能是"responsible"，但是这个单词并没什么用啊，美国人也不会用到这个单词，而是用一个短语"be in charge of sth." 简单又地道，这就是介词短语的重要性。

（四）动词短语

上面说过英语里面最重要的两大词性——介词和动词，很多人说学英语就是学动词，学会使用动词，你基本就能说英语了。但你只是能说没有用，你要会说才行，这就是动词短语的重要性了。而且美剧里有大量地道的动词短语出现，所以看美剧学英语可以掌握大量的动词短语，例如："你能帮我个忙吗？"你第一时间肯定会想到 help 这个单词，或 Can you give me some help？ Can you help me？ 这些句子当然也是很地道的，外国人也常用，但最高频的不是它们，而是：Could you do me a favor？ Do sb. a favor 帮某人一个忙，这个最高频也最地道，几乎每部美剧你都能看到这个句子；"别让我失望。"这个句子怎么翻译呢？你是不是想到 disappoint 这个单词，Don't disappoint me. 当然它也是正确的，但不常用，一般书面较多，但口语里几乎见不到，而是：Don't let me down. let sb. down 让某人失望，这个更高频，更地道。

通过上面两个例子，大家可以看出动词短语的重要性了，通过美剧可以更容易的掌握。

四、反复演练

通过美剧学英语其实就是跟学其他的东西一样，需要把所学内容在头脑中反复演练,把输入的语言真正存储到大脑中枢，并且能够正确输出。这个过程会很辛苦但一定要持之以恒，不能三分钟热度，记住：Practice makes perfect.

最后希望大家谨记通过美剧学英语的内容不难，难的是在享受精彩剧情及了解外国的文化之余，要学习美剧中的语言精髓，只要大家努力一定会取得进步。希望通过看美剧这个学习方式，大家的英语能够真正取得进步！

初中物理学习方法和技巧

匡艳波

【摘要】物理是难，但绝非学不好，掌握了恰当的方法和技巧，养成良好的学习习惯，就一定能取得令人瞩目的好成绩。

【关键词】初中物理；学习；方法和技巧

常听很多人说物理难学，教学中也常碰到因为物理难而放弃学习物理的学生。作为一名物理教师要如何引导学生去学物理，教给他们怎样的方法和技巧，才能让更多的学生乐学物理，学好物理呢？下面就初中物理的学习方法和技巧，浅谈一些自己的看法，以便对同学们的学习有所帮助。

一、常规学习方面

（一）课前预习提高听课的针对性

课前预习可以减少课堂学习时的盲目性和被动性，能有效突破重点、消化难点，使我们的课堂教学有质的飞跃。对预习中遇到的疑难之处，要通过自己的思考和分析，努力去理解知识，不一定非要在预习时解决，发现问题才是预习的关键所在。

（二）课堂听课要全神贯注，培养能力

我们要充分利用课堂时间，聚精会神听讲。首先，在课堂上我们要"会听"：即要注重物理知识的形成过程，要力求理解，听懂老师每节课对重点、难点的剖析；其次，在课堂上我们要"善思"：即紧跟老师思路，积极思考，注意要学的知识是根据哪些实验或事实，经过怎样的分析和思考得来的，学习老师的思维方法；最后，在课堂上我们要"会记"：即记笔记，我们要先把知识听懂，记要点、疑点、易错点、不时勾画出重点、难点、标注仍不清楚的，或者记录新产生的疑问，不懂课下要及时问。在课堂上物理教师会创设情境，传授一些解题技巧，集中精力听课能帮助学生跨越思维障碍，促进其思维能力的发展，实现由知识到能力的质的飞跃，培养识记能力、理解概括能力、分析解决问题能力。

（三）课后要及时复习归纳

复习类似于草食动物的"反刍"，是再消化的过程。我们先静下心来回想，有些会非常清楚地想出来，即是已经理解和记住的知识；有些则模糊，甚至一点儿也想不起来。对于已经理解和记住的部分，不用再花时间。我们需要把时间花在回想不起来或记不清楚的部分，去翻看笔记和教科书，把所学内容归纳整理完整。把自己的想法、思路写成小结，或列出表来，或者用提纲摘要的方法把前后知识贯穿起来，形成一个完整的知识树，这样就把知识深化、简化和系统化了，经历这样的过程，基本上就掌握了所学的物理知识。

（四）独立认真完成作业（要自律、忌抄袭）

我们到底学没学会？只有用了才知道，这就是作业的目的。我们要先复习所学的内容，然后再写作业。答题时要审清题意，明确题目要求，要积极思考，做到"准确、规范、快速"六个字。学习是个苦差事，三分钟热度人人都有，难在让坚持成为一种习惯。

如果说以上方法和技巧适合所有学科，接下来我们还要关注一下学科特点。

二、注意物理学科特点

（一）注意实验的过程

物理是一门以观察和实验为基础的科学，物理现象、物理规律，几乎都是通过观察和实验，经过认真思索而总结出来的。中学物理实验又是学生将来从事科学实验的起点。学习时要弄懂实验原理，学会正确使用各种仪器，掌握读数和处理实验结果的技巧，能够通过分析、推理得出正确结论。还要认真思考实验结论、过程中有哪些不完善之处，怎么解决或改进，实验误差来源于哪里，如何减小误差，等等。要注意实验

过程比实验结果重要得多。

（二）在理解基础上识记

死记硬背学不好物理，但不记不背也是不行的。学习物理也需要记忆，我们要在理解的基础上，把知识点记牢。理解的标准是对每个概念和规律都能回答出"是什么""怎么样""为什么""怎么用"等问题，例如"浮力"的概念，我们要搞清楚"浮力是什么？""浮力怎么样计算""物体为什么会受浮力""浮力在生活中有哪些应用"等等。把学过的物理概念、规律、公式、单位记下来。记忆的方法也是有技巧的，有些物理基础知识可编成顺口溜记忆，生动形象，朗朗上口，能使我们在轻松愉快的氛围中牢固地掌握知识，达到事半功倍的效果。例讲"眼睛如何看清远处物体"总结为：睫松晶薄焦长看远物；讲"物体受力分析"总结为：施力不画画受力，重力弹力先分析，分析判断摩擦力；讲"画力臂步骤"总结为：找点找线作垂线；等等。我们要自己总结，找到适合自己的记忆方法。

（三）联系实际

物理从生活中来，必然要回归生活，要学会运用物理知识解决生活、生产中的实际问题。如：用手捏矿泉水瓶，瓶瘪了是力改变了物体形状，松手下落是受到重力作用，扔出去那是因为人的手对它做了功，离开手还飞因为它具有惯性；向上飞行时是动能转化为重力势能，下落是重力势能又转化成为动能等等。只要我们保持一颗好奇之心，注意观察各种自然现象和生活现象，你就会发现生活中处处是物理，原来物理这么有魅力，这么有趣，而兴趣又是最好的老师。

（四）解题要有依据、要细致

我们在解物理习题时要做到这样四条：

首先，是有"法"可依：这里的"法"就是物理基础知识，它是我们做题的依据。

其次，是有"法"必依：我们头脑中要有基础知识，若涉及的基础知识不会，就表现为解题没有思路，不知从何下手。

再次，是执"法"必严：解计算题需要用公式，公式中每一个字母都有着特定含义，需要理解，例如 P=F/S 中"S"指受力面积，例题：把一个底面积为 75 平方厘米，重 1.5N 苹果放在 1 平方米的桌面上，苹果对桌面的压强是多少？此时面积就不能用 1 平方米，因它是桌子的面积，而不是受力面积。

最后，是违"法"必究：解计算题要写公式，可有些物理量的公式不是唯一的，初中阶段压强就涉及两个公式：P=F/S 和 P=ρgh。我们解题时不能乱套公式，要注意公式适用范围，P=F/S 这个公式适用于固体、液体和气体；而 P=ρgh 适用范围就小，只适用于上下粗细均匀的固体放在水平面上产生的压强，和计算液体压强。不注意条件拿过来就用会出错的。

即使碰到是自己会的习题，也还要细致一些，要避开习题中的"陷阱"。我们要注意题目中的一些关键字，如热量计算中"升高和升高到"，还要注意题目中的一些条件，如"光滑""静止""匀速直线"等；还要关注细节问题，如单位要统一，注意同时性、同一性等等。我们最好建立错题本，主要记录"易错题""难点题""典型题""好题"，并常翻常看直至所有的"错题"变成"熟题"，就会触类旁通，再也不会错了。

（五）重视辅助作图

在研究力学、光学、电学、运动快慢等问题时，画图能帮助我们分析，我们要养成用作图来表示物理过程和规律的习惯。在研究电学问题时，画出电路图是至关重要的，是正确解决电学问题的关键。有的同学认为问题很简单，画图不完整，或根本就不画电路图。正确的结果往往难以得出。即使一时能得出正确的答案，但这种不良的习惯慢慢就会养成，当遇到较为复杂的问题时，就不知道如何下手了。而此时画出电路图，往往会收到意想不到效果，可谓是柳暗花明。运动学中画运动图景辅助解题，有时作用也是不可替代的。

物理是难，但绝非学不好，若你自身没有好的学习策略，不妨学习下成功者的经验。然后通过自己去实践内化，变为自己的东西。只要我们在学习过程中不断摸索、总结，自发主动去学，相信同学们一定能够取得长足的进步！

书法教育提升学生的人文素养

李洪福

【摘要】普及书法教育就是唤起学生的民族自豪感，我校一直非常重视书法教育，营造墨香校园的文化氛围、感受汉字魅力、挖掘人文价值、品味书法意境，提升人文素养，实现了从单纯书写练习向书法技能训练、人文素养养成转变。

【关键词】书法教育；人文素养；做法和经验

书法是中华民族文化的精髓，有着博大精深的文化内涵和巨大的文化魅力，蕴含着不可侵犯的民族尊严。我校近几年，加大对于书法教育的研究，增加了书法教育时间，开展各种书法活动，在书法教学中不仅要提高学生的书法水准，更要提高学生的人文素养、审美情操。实现了从单纯写字技能训练向人文素养养成转变。下面把我校依托书法教育提升学生人文素养的做法和经验与同行们分享。

一、营造"墨香校园"的文化氛围

为了更好地让书法教育深入到每个学生的心里，学校创造一切书法环境打造书香校园。通过各种活动，提升成就感，提高班级集体荣誉感，增强班集体的凝聚力，让学生热爱书法，激发学生学习动力，提升学生的审美能力，整体提高学生的人文素养。

（一）营造了良好的书法教育氛围

完善了"学生书画墙"，制作了"书法名言廊"，开辟了"师生书法室"。让翰墨清香弥漫在校园的每一个角落，让名人的书法感悟潜移默化地熏陶着每一个学生。

（二）规划了高雅的书法教育亮点

倡导教师写字工整、规范，给学生树立一个学习的榜样，给学生潜移默化的有益影响，学校着手建造"浮雕文化墙"，铺设"名家书法道"，让学生无时无刻不陶醉在祖国的书法精髓中。

（三）班级时时抓住书法教育的契机

各班级根据学生的年龄特点，开设了"书法展示栏"。通过"小荷初露""我行我秀"等多姿多彩的栏目，展示学生的优秀作品，激发他们练习书法的热情。这样既营造了良好的练习书法的环境，更提高了学生练习书法的积极性，还全面提高了学生的审美情趣，一举多得，抓住了书法教育的契机。

二、感受汉字魅力，塑造完美人格

书法教学，让学生领会理解汉字文化及书法艺术的崇高和深广的哲学情理，激发他们的民族自豪感和爱国情怀。中国书法数千年的历史，在给予我们不胜枚举的佳作同时，也为我们留下了高山仰止的人格形象。

（一）汉字的构成特点超过实用而构成一种艺术

汉字由点和线组合而成，具有高度抽象化的特质。而"点"是线的浓缩，"线"亦是点的延长，"点"和"线"是一个事物的两个方面。因而中国的书法艺术，又被称作线条的艺术。这简单而抽象的线条为何会有如此大的艺术魅力呢？毛笔的使用是首要因素。汉字史上，起源最久远的成字工具是契刀和毛笔，但使用时间最长的书写工具是毛笔。毛笔的特性是软，"惟笔软则奇怪生焉"。当然，此"软"指弹性而言，非软弱之意。随着遣毫之时的提、按、顿、挫、疾、徐、迅、缓，产生出极尽变化的线条造型，分割出大小兼存的块面，营造出别有洞天的艺术世界。

（二）汉字的表情达意荟萃了我国文化精髓

汉字不仅具有一切文字所共有的传承作用，而且还具有其他文字所没有的独特内涵，比如从造字上来说它可分为象形、指事、会意、形声、转注、假借等多种形式，汉字的表情达意是其他民族的语言无法达到的。

如"日"总是圆的，所以化成圆形，中间一画是符号标志；如"刃"，在刀上画一个指示性符号，表示词义；如"休"，息止也，从人依木。现今世界各国开设很多的孔子学院，体现了许多国家想与中国交流、学习中国文化。中国正在被世界上越来越多的国家所认可，作为华夏儿女的我们更应该把祖国的文化发扬出去并引以为豪。

（三）汉字的和谐兼容塑造完美人格

书法的理想境界是和谐，但这种和谐不是简单的线条均衡分割，而是通过参差错落、救差补缺、调轻配重、浓淡相间等艺术手段的运用，达到的一种总体平衡，即"中""和"意义上的平衡。笔画间的映带之势，顾盼之姿，在注重个体存在的同时，兼顾补充其它的功用。这种强调整体和谐的思想，主张以广阔的胸襟、海纳百川的气概，兼容并包，使社会达到"太和"的理想境界，正是中国书法艺术与中华民族精神的统一。

三、挖掘书法人文价值，了解书法历史故事

学生的思想道德教育成了人们共同关心的话题，但绝不能停留在一种理念、一句口号上，而要一点一滴地润物无声地把理念变为现实。从书法教育入手，挖掘书法人文价值，感染书法历史故事，培养学生严谨、踏实、追求完美的做事理念和准则。

（一）挖掘书法所蕴含的人文价值

名家书法欣赏《九成宫醴泉铭》碑，碑字高华庄重，法度森严，用笔刚劲，寓险峭于手心之中，书法高华浑穆，丰厚挺拔，既有晋人流韵，又开唐人新风。颜真卿《多宝塔碑》书法整密秀劲，结构平稳端正。《兰亭序》书法本身行笔不激不厉，挥洒自如，点画从容，而神气内敛，书文并美，表现了晋人特色的超然玄远的浑情与风采。

（二）了解书法历史故事

晋代书法家卫夫人，小时候习字十分刻苦，在池子里洗笔，久而久之，水被染成了黑色，后人就把这泊池称作"卫夫人洗墨池"。欧阳询有一次外出游玩，在路边看到一块刻有西晋大书法家索靖书法的石碑，开始认真欣赏起来，琢磨了三天三夜，终于领悟到索靖书法用笔的精神所在，欧阳询坚持刻苦学习，勤奋练字，最终形成了自己独特的书法风格。教师以此对学生进行书法传统文化的熏陶，更以书法家的人格魅力感染学生，使学生的人文素养得到提高，人格得到完善。

四、品味书法意境，提升人文素养

鲁迅先生曾感叹，书法不是诗却有诗的韵味，不是画却有画的美感，不是舞却有舞的节奏，不是歌却有歌的旋律。学生天天品味书法意境，逐渐内化形成日常行为习惯，并直接影响学生严谨细心、专心致志、精益求精、持之以恒的生活态度和作风。

（一）细品书法审美怡情的意境

字有对错之分，更有美丑之别。汉字是象形文字，每个字都有其独特的"形"，疏可走马，密不容针。粗细、俯仰、呼应、避让、顾盼、疏密……美学中的种种深奥道理，蕴含在一个个汉字当中。要想把汉字写美观，既要了解汉字的基本构字规律，又要有细致的"洞察力"。从笔画的长短到组块的大小、从结构的疏密到形位的斜正、从体势的收放到整体的呼应，这些都得静观细察、把握机理，这个处理过程，也正是审美水平的提高过程；明白了其中道理，还能触类旁通，有助于领悟生活中无所不在的美，提高人生品味。

（二）感受书法培智健体的功能

写字须全身心投入，不可有杂念，否则，就会写错，所以写字能培养注意力的专注；学写字要看清笔画、注意顺序，须十分认真，有利于形成细致的观察力；从字的识记到自由调用，从一般书写到书法作品的创作，写字活动可以综合开发人的记忆力、想象力、创造力等多种能力。写字姿势的正确与否直接影响着学生的身体和视力，身体的健康与心理的健康又是相辅相成的，写字对心理健康的影响是更重要的一个方面。

（三）激发学生爱国情怀

中国文化博大精深、源远流长，文化的流传依赖于最具有"中国特色"的汉字这个载体，汉字也因此成为实施文化传承和爱国主义教育的最好载体。汉字是我们的，它与京剧、武术、国画、相声、围棋、茶艺等都

是我们自己特色的东西，我们要把自己的优秀文化继承下来，发扬光大。

【参考文献】

[1] 张海.书法练习指导［M］.人民教育出版社，2017.

[2] 贾立国.怎样提高中学生的书法水平［J］.读写算：教育教学研究，2015.

[3] 郭伟红.书院背景下中学书法校本课程开发与研究［D］.山东师范大学，2013.

基于课例的阅读课分层教学实效性分析

李亮亮

【摘要】针对目前英语教学中忽视学生个性差异的问题，本文以一节阅读课的研磨过程为例，分析了读前预测、表层信息和深层信息理解以及深挖文本内涵等环节的教学设计存在的问题，并探讨了如何面向全体学生的同时，关注学生不同的学习水平和思维差异。

【关键词】阅读教学；分层教学；文本解读；问题设计；思维能力

一、引言

《义务教育英语课程标准（2011 年版）》（以下简称《标准》）指出："由于学生在年龄、性格、认知方式、生活环境等方面存在差异，他们具有不同的学习需求和学习特点。只有最大限度地满足个体需求，才有可能获得最大化的整体教学效益。"因此，为了尊重学生的不同特点和发掘学生的不同潜能，笔者将学生分成 A 层（学优生）B 层（中等生）C 层（学困生），同时遵照组内异质组间同质的原则分配学习小组。针对各层次学生制定不同的学习目标，某些环节设置不同的学习任务，使每个层次的学生各有收获。

笔者以自己执教的一节荣获第十届全国初中英语课堂教学优秀课展评一等奖的阅读课的研磨过程为例，呈现课堂教学环节，剖析教学设计存在的问题并展示修改后的课堂实践，从而提高阅读课分层教学的实效，为教学提供借鉴。本课例中的语篇材料选自《我爱读》Animal Adventures 5, Red Dog。阅读材料主要讲述一个忠勇的红狗穿越澳大利亚寻找主人的真实而感人的故事。

教学实践篇

167

二、阅读课分层教学的实效性分析与改进实践

（一）读前活动没能充分激活不同层次学生的思维

《标准》指出："语言既是交流的工具，也是思维的工具。所以学习和使用语言的过程与发展思维能力有密切的联系。"因此，教师应在读前活动中激活学生的原有知识，激发学生的兴趣，有针对性地培养学生发散性思维的能力。

[案例描述 1] 读前预测

笔者利用 PPT 按照故事发生的顺序展示了六张插图：

然后设计了以下几个问题采取师生互动的方式引导学生预测文本内容：

（1）Who are the main characters？

（2）What happened to them？

（3）Why is there a dog statue？

由此导入文本，进入文本阅读。

[问题分析] 该环节虽然利用了图片，问题的设计也有一定的思维含量，但是没能够考虑到不同层次学生的思维能力，且受师生一问一答形式的限制，学生的回答比较单一。

[改进实践] 笔者将此环节修改成小组活动，将图片顺序打乱，要求学生 Number the pictures [1-6] in the order you like and then put them into a whole story. 根据 A 层、B 层和 C 层学生的能力，在各层次的导学案中给予了不同的帮助。

C 层导学案提供了部分提示词：greet; drive; leave; travel; build; watch; seat; motorbike; sky; accident; statue; alone; first; after that; at last…

B 层导学案提供了线索问题：

（1）Where did the story happen?

（2）Who are the main characters?

（3）What happened to them?

（4）When is the story?

（5）Why is there a dog statue?

（6）How did they know each other?

A 层导学案只提供了提示疑问词:When、Where、Who、What、Why 和 How。

该环节虽然任务一致，但是考虑到学生的能力差异，为不同层次的学生提供了不同的学习支架。课堂实践表明，组内能够实现不同层次间的互助。学生能够认真分析、预测文本内容，活跃了思维，并且产生了阅读的驱动力。

（二）文本细节分析未能抓住故事的情感主线，问题设置未能形成问题链

阅读文本既是语言的呈现（Wallace, 1993），更是作者思维的表达（Hedgcock&Ferris, 2009）。阅读过程有低级和高级之分，前者侧重对字词的识别，后者则是对文本思想和内涵的深层次理解，即运用诸如梳理结构、提炼归纳信息、推断隐含意义、批判性分析等阅读策略对文本进行深入处理的过程（Grabe&Stoller, 2002）。

[案例描述 2] 文本细节深层分析

教师设计了以下阅读理解的选择题，深入理解文本信息：

（1）Where does this passage probably come from?

A. A science fiction.　　　　B. A movie review.

C. A diary.　　　　　　　　D. A magazine.

（2）Red Dog is ___.

A. Argumentation（议论文）　　　　B. Expository writing（说明文）

C. Narration（记叙文）　　　　　　D. Practical writing（应用文）

（3）Red Dog is developed ___.

A. by space　　　　B. around the main character

C. by time　　　　D. around the main event

[问题分析] 以上对文本深层理解的设计存在以下四个方面的问题。一方面问题设计过于简单，不需要学生进行深度思考。另外，笔者在文本处理上忽略了非常重要的体现 Red Dog 和 John 之间深厚情感的文本细节，脱离了故事感人的情感主线，没有引导学生解读出作者的写作目的。第三方面，这三个问题与下一活动脱节。

[改进实践] 笔者设计了以下几项任务，帮助学生深入理解文本，从而获得情感上的启迪。

任务一，How do you understand the last two sentences in Paragraph 4? 引导学生理解环境描写在文中的作用，为了降低难度，设置了四个选项供学生思考：

A. It shows the writer's terrible feeling.（烘托人物心情）

B. It indicates something bad is going to happen.（为下文伏笔）

C. It creates a mysterious atmosphere.（渲染气氛）

D. It tells us the time.（交代时间）

然后从新目标的教材中选取了三段素材，请学生进一步感受环境描写的其他作用。

任务二，观看本故事的电影片段，思考 Why is Red dog a special dog? 引发学生思考 Red Dog 的特别之处在于他对 John 的不离不弃，克服种种困难都要寻找到 John 的坚定信念和感人行为。

任务三，Read the first 4 paragraphs and underline the words that show the strong love between Red Dog and John. And how do you understand the words? 该项任务能够帮助学生深度解读 Red Dog 不辞辛苦到处寻找 John 是因为他们之间深厚的情感。

以上三个任务层层铺垫，环环相扣，有效激发了学生的深层思维，情感态度价值观上也得到了触动。并且为读后的讨论和应用做了很好的铺垫。形成了有效的任务链。

（三）问题设计偏离文本内涵

任何题材和体裁的文本，都是作者用书面语言来表达情感和交流思想的表现形式（梁美珍，2014）。因此阅读的过程是读者和作者进行思想交流的过程。当学生阅读文本信息后，教师要引导学生去感受文本隐含的意义。

[案例描述 4] 文本内涵深层分析

在读后的讨论阶段，教师设计了以下活动：

为 C 层学生设计的活动是 After reading the story, what do you think of Red Dog？ Try to describe Red Dog with adjectives.

为 B 层学生设计的活动是 Try to describe dogs (not only Red Dog) with more adjectives.

为 A 层学生设计的活动是 What kind of friends would you like to make? And how to choose friends？

[问题分析] C 层活动设计缺陷在于学生受困于词汇的匮乏。B 层活动表述生硬。A 层活动的问题在于曲解了作者的写作意图。作者通过描述 Red Dog 和 John 的情感到后来 Red Dog 在不知晓 John 不幸遇难的情况下，千辛万苦去寻找 John，想要鼓励读者要像 Red Dog 那样忠诚于家人朋友。而不是简单地上升到交友、择友的问题。因此笔者没能帮助学生正确地体会文本内涵，解读不当。

[改进实践] 考虑到 C 层学生的阅读水平和思维能力，其活动修改为 What do you think of Red Dog？ Check the words. And write more if you like.

☐ faithful ☐ gentle ☐ playful ☐ friendly

☐ responsible ☐ polite ☐ smart ☐ cute

☐ scary ☐ noisy

B 层学生的活动表述修改为 What do you think of dogs in our life？

Try to describe dogs' other natures.

A 层学生活动修改为

（1）Do you like Red Dog ? And why or why not ?

（2）Why does the writer tell the story? (What's the writer's purpose in writing the passage ?)

To praise /tell/ encourage us...

改进的 C 层活动设计为学生搭建了学习支架，降低了难度能够让学生体会阅读的成就感。调整后的 B 层活动表述更为贴近生活。改进的 A 层设计，一方面，语言提示为学生搭建了学习支架，另一方面，给予学生和作者进行更为开放的思想交流的机会，培养了高层次的思维能力。

三、结束语

英语阅读教学的实效性是由多方面的因素决定的。英语阅读教学应该注重激发阅读兴趣；准确理解文本信息，深入解读文本内涵；关注阅读活动的层次性和关联性；培养学生的思维能力，帮助学生形成良好的阅读习惯，同时要重视引导学生的情感态度。在面向全体学生的同时还要尊重学生的个体差异，因材施教创造性地使用教材实行分层教学，才能提高学生的英语阅读能力。

【参考文献】

[1] Grabe, W. & Stoller, L. F. Teaching and Researching Reading［M］. Pearson Education Limited. 2002.

[2] Hedgcock, J. S. & Ferris. D. R. Teaching Readers of English: Students, Texts, and Contexts ［M］. New York: Routledge. 2009.

[3] Wallace, C. 1993. Reading ［M］. Oxford: Oxford University Press.

[4] 梁美珍 . 基于课例的阅读课教学有效性分析［J］. 中小学外语教学（中学篇），2014（1）:15−18.

[5] 中华人民共和国教育部 . 英语课程标准（修订稿）［M］. 北京：北京师范大学出版社 .2011.

浅谈地理高效课堂

刘惠秋

怎样使学生真正参与课堂教学过程、提高课堂教学效率，是摆在我们教师面前一件非常现实的事情。本人结合自己平时的课堂教学总结了以下几个方面：

一、指导学生学会"读书"

学会"读书"是指在教师的指导下，使学生知道如何使用教材、如何有目的地读书。教材的结构是由正文和非正文两部分组成，非正文又主要包括各类地图和照片、活动及阅读材料三部分。在教学中要正确处理它们之间的关系。例如"辽阔的疆域"中读图评价我国地理位置的优越性活动，是本节重难点。在学习初中地理的第一课"与同学们谈地理"中就一定要进行使用教材的指导，让学生认识教材的结构特点，认识到在以后的学习中正文、地图和活动都要重视，更要在以后的每一节课堂教学中以教材内容为载体，让学生认识到该节教材中哪些正文、地图、活动是重难点，对每节教材的使用方法做到心中有数，学会正确使用教材和有目的地读教材。

二、指导学生学会"读图"

读图分析能力一向是地理学科考查必考的重点、难点。通过分析地图，可以认识地理特征、原理、成因，找到利用和改造的途径。地图在生活中也有广泛的用途，读图分析能力也是终身学习所必备的一种能力。

教材通过七年级第一章的第三节"地图"，专门学习地图的比例尺、方向、图例和注记、地图上的等高线等基础知识，教给学生读图方法，

但这并不意味着学生通过本节的学习已完全掌握了读图的方法，真正的读图方法训练更应有机地分散到以后的每节课堂教学中去，从以下几方面进行：

1. 引导学生形成上课前一定准备好地理课的基本工具——地图册的习惯。

2. 引导学生自学、听课或复习巩固时要文图结合，指导学生分析地图、索理于图。如：学气候时提到地中海沿岸冬季多雨，那么，地中海在什么地方？一定要在地图上找到并落实下来。在课堂教学过程中，教师要经常引导学生根据地图说明地理问题，寻求各种地理规律、地理特征和地理成因的答案。如：学习澳大利亚是"骑在羊背上的国家"这一框题时，对于澳大利亚为何特别适合养羊业的发展，可引导学生通过阅读澳大利亚地形图和气候图并加以分析找到相关答案。

3. 多做填图和分析地图的练习，还可以让学生自绘地理图表。如：气温曲线图、降水量柱状图、人口增长折线图、西亚石油输出的路线示意图等。

4. 引导学生读图要切忌"眉毛胡子一把抓"，应分清该图的类型，学会从不同的图上获取不同的地图信息：阅读位置图要会从半球位置（东西南北半球）、纬度位置（根据纬度确定温度带）和海陆位置（相邻的陆地和海洋）三方面来描述区域位置特点。阅读政区图时认识不同的大洲（国家、省区）及轮廓特征、空间分布及彼此相对位置关系。阅读地形图时要知道重要地形区及分布、地势起伏状况、河流源地、流向及注入海洋等。阅读气候图（气温和降水量图）时要学会根据气温和降水特点来确定不同的气候类型，并会描述各自的气候特征。阅读工业、农业、交通等图要了解重要的工业区、工业城市、农作物（粮食和经济作物）及分布地区，主要的交通方式有哪些，代表线路和重要枢纽有哪些，以及分布地区。阅读等值线图（等温线、等降水量线、等高线等）要通过重要等值线数值的大小、变化规律、弯曲方向、形状变化、疏密程度等，总结其递变的规律等。

三、指导学生学会"画图"

画图对地理学习可起到易学好记的效果。指导画图可以引导学生：

（一）彩描

利用课本插图或填充图册，要求学生用彩笔勾描轮廓及标注重点地理事物。

（二）画简图

教师根据教学内容认真设计地理略图，课堂教学中边引导学生读图、获取地图信息，边引导学生绘制出简单的、相对位置正确的示意图。

（三）默图（记图）

课堂教学中多利用空白图根据学习要求默填图，或不看课本，自己绘出示意图。

例如在学习我国新疆维吾尔自治区的地形时，可要求学生在课本图中用彩笔标注出三山、两盆，同时引导学生用简单的几笔，把"三山夹两盆"的地形特点勾画出来。再如，学习世界地理"七大洲、四大洋"时，教师可让每个学生都参与"七大洲、四大洋"简图的绘制。

四、指导学生"会记忆"

（一）运用地图记忆

初学地名，一定要在图上找出正确位置；注意它与"左邻右舍"的关系。并通过析图或绘图进行记忆。

（二）归类记忆

纷乱的无条理的事物是不容易记忆的。我们把事物做一点儿理顺和归类，把同类的或易混淆的地名归在一起，记忆起来就比较方便。如澳大利亚和巴西的人口和城市分布、印度和澳大利亚及美国的地形特点等。

（三）列表记忆

用精炼、醒目的文字，通过列表把冗长的文字叙述简化，使其重点突出，一目了然。如把我国的三大阶梯的分界、范围、海拔高度和地形类型进行列表来比较记忆。

（四）系统纲要法

把分散的知识点连成完整的知识结构，突出重点知识，这在复习章节内容总体把握知识时有很好的效果。

（五）歌诀记忆

如把我国的陆上邻国编为：陆上疆界两万千米，相邻国家一十四个，东邻是朝鲜，北有俄（俄罗斯）和蒙（蒙古），西北哈（哈萨克）吉（吉尔吉斯）塔（塔吉克），西有阿（阿富汗）和巴（巴基斯坦），西南印（印度）尼（尼泊尔）和不丹，南有缅（缅甸）老（老挝）南（越南）。隔海相望的国家可编如下顺口溜：韩日飞马印尼来：（韩国、日本、菲律宾、马来西亚、印度尼西亚、文莱）等。

（六）字头记忆法

是指把一系列地理事物的字头串联起来来完成记忆的方法。如学习长江的主要支流及其分布时，可依据长江支流的分布，从正式称长江的宜宾开始，据各支流的第一个字编如下顺口溜："北有岷嘉汉，南有乌湘赣"。再如学习俄罗斯各工业区的工业部门时，我们可将莫斯科工业的工业部门据字头法编为"火箭电子刚（钢铁）起（汽车）飞（机）"。

（七）联想记忆

是把所需要记忆的材料借助形象思维加以记忆。如新疆的地形特征可与新疆的"疆"的右半部分联系起来，"三横"表示三山即阿尔泰山、天山和昆仑山；"两田"表示两大盆地即准噶尔盆地和塔里木盆地。又如意大利的轮廓图像高跟靴子。

（八）抓住关键字句记忆

对地理教材中某些比较长的语句、词汇加以压缩、归纳，把复杂的内容"化简"，只要抓住其中的关键字句即可。例如黄河下游"地上河"的成因，我们可总结为个二十四个字：流出高原、进入平原、河道变宽、流速减慢、泥沙沉积、河床抬高。

五、引导学生"会问"

教学中应努力营造良好的氛围，让学生置身于问题情境中，以激发他们的学习欲望，使之乐于发问。例如，在学习"日本"一节时，我先对日本国土狭小、森林覆盖率居世界前列，却是世界上进口木材最多的国家之一这一特点做了简单的描述，激发了学生的好奇心理，鼓励学生有针对性地对这些材料进行提问。为使学生提问具有明确的目的性、科学性、针对性，教师应教给学生提问的技能，使学生"会问"。在课堂教学中引导学生学会：

1. 对地理现象本身进行发问。例如，学习南极洲时，提出"南极大陆地处高纬，表面被厚厚的冰层所覆盖，可是地下却埋藏着丰富的煤炭资源，这是为什么？"

2. 对标题进行发问。如学习我国冬夏气温分布特点时，提出"为什么我国冬季越往北去，气温越低，南北温差很大？为什么夏季全国大多数地方普遍高温，南北温差不大？"进一步提出："影响我国冬夏季节气温分布的因素主要有哪些？"等等。

3. 在对比中发现问题。如 "日本国土面积狭窄资源匮乏，但为何经济发达"，还可以引导学生把地图或部分文字资料反映的知识用问题的形式提问出来。例如，"地球的大小"这幅图，通过地球表面积、平均半径和最大周长三个角度反映了地球的大小，图本身也反映了地球的形状，引导学生从地球的大小和形状的角度提出问题。

另外还要认真对待学生的提问，对于学生提出的错误问题，应肯定其敢于提出问题的大胆行为，发现其积极思考的"闪光点"。这样，学生逐步养成提问的习惯，做到"会问"。

六、引导学生"会想"

"会想" 就是培养学习地理的思路，即地理思维能力。课堂教学中教师要训练学生的思维，精心设计教学情境，提出问题，并引导学生学会发现问题、分析问题、解决问题，帮助学生学会剖析问题，教会解题思路，掌握学习区域地理的一般思路。

如学习中国的地势时，我先从"大江东去"的诗句，引导学生说一说我国大多数河流的流向及描述大江东去的诗句，引导学生发现问题"为

何我国河流流向大多自西向东？"，然后引导学生观察课本中的中国地势分层设色图，观察中国地势的高低情况，获得总体西高东低、大致分为三级阶梯及三级阶梯的印象，接着边引导学生交流分析边画出地理略图。通过引导分析和画图演示，学生不但认识了中国的地势西高东低的特点，还从平面、剖面学会了分析中国地势及地势对河流流向、气候的影响，让学生印象深刻，并形成了根据地形分析气候和河流流向的思路。

七、引导学生学习区域地理

学习区域地理，不但要掌握区域地理知识，更要学会区域学习的方法。以"认识大洲"为例，通过学习亚洲的自然环境和人文环境，使学生掌握亚洲的地理知识，更要教给学生"认识大洲（地区和国家等区域）"的方法是先学习自然环境（包括位置、范围、地形、气候、河湖），然后结合自然环境知识学习人文环境（人口特点、经济发展、风俗文化等）。同时要注意引导学生学习区域地理还要用比较法总结国家和地区在自然、人文方面的地理差异，对区域地理能够形成相对完整的印象。

八、引导学生学会"梳理知识体系"

课堂教学中可在每节新课结束之后，引导学生通过板书和板图把地理教材内容取其精华提纲挈领地归纳掌握。

九、指导学生"会用"地理知识

地理知识和生活实际联系密切，阅读报刊书籍、观看电视新闻、出门旅行都会牵涉到一定的地理学专业知识，课堂教学中引入这些知识可以激发学生学习热情，也可以从中培养学生运用所学知识解决实际问题的能力。

如在学习世界气温的变化受地形影响，导致气温随海拔的升高而降低，大致每升高 100 米，气温就下降 0.6℃这一知识点时，我设计如下题目：暑假期间去平均海拔 4000 米以上的青藏高原旅游，应如何决定穿衣多少？

我在多年的教学实践中，不断反思和总结，通过以上几个环节，对学生进行学法指导，学生既获得了学习成功的快乐，又增添了学习地理的兴趣，达到了事半功倍的效果。

互动式教学在英语口语教学中的应用

刘 艳

【摘 要】英语是一门语言，是人与人之间交流的工具，因此，英语需要有互动，在互动中提升英语口语水平。互动式教学可以激发学生的课堂积极性、参与性与创造性。

【关键词】英语口语；互动式；主动性

在英语教学中，要培养的无非就是学生的听、说、读、写能力，而英语口语在英语学习中就是"说"的技能，"说"得好坏直接影响到语言交流的效果以及学生学习英语的兴趣及信心。本文针对初中生英语口语的问题及相应的教学策略做了简要的论述。

一、英语口语教学的现状

首先，教师的语言能力尤其是课堂组织中使用语言的能力很大程度上决定着课堂教学的效果，但是存在部分教师在听说方面不达标的情况。英语教学的发展形势敦促教师必须从自身做起，努力学习各方面的专业知识，使自己的教学素养不断适应英语口语教学的发展新形势。

其次，学生口语学习的效果直接受到自身心理素质的影响，积极的心理能帮助学生进步。而很多学生在口语学习的过程中心理障碍严重，消极的心态会让学生学习英语口语的热情消失殆尽。所以鼓励学生大胆说出来也是口语教学的重要任务。

二、初中英语口语教学策略——"互动式"

以上现象在英语口语教学中非常普遍，那么有何解决策略呢？下面

教学实践篇

我要介绍一个简单的扩展和运用词汇的方法，我们把它叫作"互动式口语教学法"。这个方法实际上适用于任何口语课。教学是教师与学生之间的一种互动形式，也是学生与学生之间的互动形式。英语是一种语言，只有加强互动性，才能加强英语口语的练习，提升英语水平，加强学生与教师之间的互动，使得英语学习有一个更加轻松愉快的环境，让学生爱上英语，轻松快乐地学习英语。那么如何实施"互动式"口语教学法呢？

（一）课前

教师的备课要充分、周密，尤其要准备丰富的与课题有关的口语会话材料。尽量给学生每人一份。学生做口语练习可能用到的词汇、短语也给学生准备一份。这些语言材料可以帮助学生克服无话可说的被动状态，同时还可以丰富大多数学生的口语表达。

（二）课上

开始上课时，教师可以先介绍本课的会话情景，然后让学生广泛联想与该情景相关的词汇或短语。教师可以把这些词语写在黑板上，给学生几分钟的思考时间，老师可以让他们从中选出一个词并尽力回想，或断定它的意思。一个学生先尽力解释他所认为的这个词的含义。当这个学生解释完毕，老师再问其他学生能否根据自己对周围事物的体验和了解对已经给出的信息加以扩展。

（三）课后

教师下课前给学生布置一定的话题或情景，供学生课后练习。话题或情景与课堂上的题目相关。鼓励学生在课外练习口语。每次上课前教师可花一些时间检查课外的练习情况。这样做，可以给积极性强的学生表现的机会，同时，也可以带动其他学生去参加课外口语练习。

三、互动式教学应用在英语口语教学中的重要意义

英语口语是英语教学的重要环节，利用互动式教学，进行初中英语口语教学，是一项非常重要的举措，对于英语教学有非常重要的意义。首先，增强课堂互动性，有利于学生课堂参与度的提高，课堂参与度提高了，课堂教学氛围会得到很大的改善，能为学生的英语口语学习创造

一个良好的环境。其次，互动式教学应用在英语口语教学中，有助于学生实践和创新能力的培养，互动实际是一种口语知识的应用，在互动中，学生不断使用所学，巩固了所学知识，提高英语口语交际能力。最后，互动式教学应用在英语口语教学中，有助于学生自身能力的提升，在互动过程中，学生和学生之间可以互相取长补短，互相学习，丰富自己的知识面，扩大词汇量，不断提高英语口语水平。

英语教学在不断改革创新，以人为本的理念贯穿在英语教学中。英语口语教学需要不断加强学生与老师之间的互动，促进学生使用日常英语交际用语，培养英语语感，提升英语口语，激发学生的学习自信心。在互动中学习英语，可以增加学生与老师、学生与学生之间的交流，不断扩大学生的知识面与词汇量，提升英语口语水平。

【参考文献】

[1]彭雪梅.大学英语课堂师生互动模式探究［J］.中国科教创新导刊，2010（34）.

[2]谢劲芳.大学英语"交流互动式"课堂教学模式的研究与实践［J］.贵州民族学院学报（哲学社会科学版），2006（06）.

[3]刘波."互动式"英语口语教学法探讨［J］.中国基础教育21世纪，2017.

哲人的选择

——《苏格拉底之死》说课稿

吕玉梅

大家好，今天我就《苏格拉底之死》这篇文章，从教材、学情、教学目标、重点难点、教法以及教学过程等六个方面进行说课。

一、教材分析

《苏格拉底之死》选自长春版语文教材八下第十五课。本文再现了苏格拉底被执行死刑当天的整个过程，体现了一个伟大哲学家面临死亡时超乎寻常的镇定、从容和智慧。

本文被编者与《大战风车》《<宽容>序》安排在同一单元，我想意图是以文学名著的形式，将本文呈现给学生，这取决于本文作者柏拉图的显赫身份和精湛的文笔。如果说柏拉图是民主城邦力压群雄的最伟大的思想家，那么，这位集大成者是站在另一位巨人的肩膀上，那就是本文的主人公——苏格拉底，先行者的精神是最难能可贵的。因此，苏格拉底绝不能仅仅以文学人物的身份出现在学生面前，他更是一位历史人物，是他使古希腊哲学从单纯研究自然转向研究人类本身，这使他成为古希腊哲学，乃至整个西方世界哲学的缔造者。这样看来，本文具有文学和历史双重性。

二、学情分析

本课的授课对象是八年级学生，此前学生并未接触过苏格拉底。因此，预习和查找相关资料是学习本课之前必须要做的，全体学生都有能力完成。

这一阶段的学生正处在人生观价值观形成时期，开始了关于生与死的思考。所以，本文对学生来说还是很有吸引力的。

同时，学习能力强一些的学生，已具备了一定的文学鉴赏和独立思考的能力，因此在课堂上能形成积极的影响。

三、教学目标

《语文课程标准》指出：语文教学的指导思想是，致力于全面提高学生的语文能力和语文素养，培养学生的语感，发展学生的思维和创新精神，养成学生学习语文的良好习惯，为每一个学生的终身学习和发展奠定语文基础。据此我确定本课的教学目标如下：

（一）知识与技能目标

掌握本课出现的生字词，了解柏拉图及苏格拉底的人生轨迹和主要学说。（课标要求：7~9 年级的学生累计认识常用汉字 3500 个，其中3000 左右个会写。了解课文涉及的重要作家作品知识和文化常识。）

（二）过程与方法目标

透过人物的言行分析人物的性格特点，学习运用多种描写方法刻画人物形象。（课标要求：欣赏文学作品时，能品味作品中富于表现力的语言。）

（三）情感态度与价值观目标

领悟在苏格拉底身上表现出来的优秀品质，从中获得有益的人生启示，并形成有一定深度的思考和判断。（课标要求：欣赏文学作品时，能有自己的情感体验，初步领悟作品的内涵，从中获得对自然、社会、人生的有益启示。对作品的思想感情倾向，能联系文化背景作出自己的评价；对作品中感人的情境和形象，能说出自己的体验。）

四、重点难点

教学重点：认识苏格拉底这一伟大形象。
教学难点：理解苏格拉底从容赴死的力量源泉。

五、教学方法

根据以上教学目标我在教学过程中将运用以下教学方法：

（一）课前预习法

前文"目标（一）"中的相关内容都可以让学生在预习中完成。课标中明确要求学生能熟练地使用字典、词典独立识字，会用多种检字法。能利用图书馆、网络搜集自己需要的信息和资料。了解课文涉及的重要作家作品知识和文学常识。

（二）学生自读与教师点拨相结合

让学生自读自思，辅以教师的点拨指导，提高课堂教学效率。在激发学生学习兴趣的前提下，强调动口动脑的能力，提高学生语文素质。

（三）讨论法

讨论法是民主思想在课堂教学中的反映，有利于激发学生主动参与教学，有利于培养学生的思考、表述能力。使学生在学习中相互合作，敢于质疑，有利于发展学生的智力。

（四）利用多媒体

实现信息技术与课程教学的整合。创设教学情景，使学生乐学爱学。

六、教学过程

（一）导入

成功的导入，是一堂好课的关键。为了引起学生的阅读兴趣，我的导入设计如下：是什么使一个人成为真正的人？是一个人的出身还是他的生存方式？都不是，我认为是他做出的选择，不是他选择怎样开始，而是他选择怎样去结束。的确，生命是宝贵的，但面对死亡，无数仁人志士，为了追求理想和真理，他们毫不畏惧。我们人类社会，正因为有了这些勇于选择结束的人，才能如此文明如此发达。今天我们就认识一位在生命的最后时刻依然表现出勇敢与智慧的伟大人物——苏格拉底。

（二）知人论世

孟子在《万章》中说："颂其诗，读其书，不知其人可乎？是以论其世也。"意思是，阅读一个人的作品，感知一个人的思想，就要研究他们所处的时代和他们的身世。

首先，让学生交流课前搜集的相关资料，简要介绍作者柏拉图及主人公苏格拉底，并用多媒体展示名画《苏格拉底之死》，使学生对苏格拉底的人生经历及主要思想有初步了解，为理解课文内容作铺垫。

理解本文，要弄清的另外一个重要问题就是苏格拉底生活的历史背景——古希腊的文明、雅典的民主法庭。如果在学习本文之前，先学习下一课《<宽容>序》，理解了房龙的"思想自由、对异见宽容"的主张，体会了新旧两种思想和行为的殊死斗争后，再学习本文，就有一定的思想基础了。

（三）整体感知

1. 由学生分段朗读课文，其他同学听读。课标要求能用普通话正确、流利、有感情地朗读。此环节正是对这一能力的训练。

2. 然后请学生找出文眼—— 牵一发动全身，以一句话来带动全篇阅读。"他是我所认识的人中最勇敢，也是最智慧和最正直的人。"这句话是柏拉图对苏格拉底的高度评价，以此为切入口，带起对课文的解读。同时，也是对学生熟练运用浏览略读法的训练。

（四）解读品析

请学生分别找出能体现苏格拉底最勇敢、最智慧、最正直特点的语句。本环节意在使学生在通读课文的基础上，理解主要内容，体味和推敲重要词句在语言环境中的意义和作用。

苏格拉底的"最勇敢"体现在除了平静告别妻儿、与学生和朋友交谈讨论外，最集中体现在他服毒的情景（第14–22自然段）。

苏格拉底的"最智慧"体现在是他临终前还在进行着哲学的思考——痛苦和快乐的关系（第2自然段）；肉体与灵魂的关系（第6自然段）。

苏格拉底的"最正直"体现在他对身边的学生朋友无所求，只要他们能照顾好自己，遵循苏格拉底始终宣扬的生活之路（第4自然段）。而且连典狱官都被他的高尚人格所感动，称他是"最高尚、最伟大、最勇敢的人"，与他洒泪而别（第8自然段）。

这样，通过对苏格拉底"最勇敢、最智慧、最正直"三个方面特点的剖析，学生充分把握了文本，也理解了苏格拉底这一伟大形象，从而

落实本课的教学重点。

此环节可用学生自读与教师点拨相结合法，前文已有阐述，不再累述。

（五）质疑解惑

课标要求，学生能够对课文的内容提出自己的看法和疑问，并能运用合作的方式，共同探讨疑难问题。因此，在解读文本过程中，我会有意地引导学生发现问题，学生会自然生发出几点疑问：1. 为什么那艘船返回苏格拉底就要被执行死刑了？ 2.苏格拉底临死前嘱咐克里托，还给医药神一只鸡，是怎么回事？这两个问题可以用合作探讨、老师指导的方式解决。

最后，学生会自然想到，苏格拉底是自杀还是他杀，于是展开讨论：苏格拉底有没有可能不死？意在使学生理解苏格拉底从容赴死的力量源泉，从而落实本课的教学难点。

讨论过程中，可以以小组辩论的形式进行。这样可以锻炼学生的口语交际能力：耐心专注地倾听，能根据对方的话语、表情、手势等，理解对方的说话观点和意图。自信、负责地表达自己的观点，做到清楚、连贯、不偏离话题。同时注意表情和语气，使说话有感染力和说服力。

（六）课堂小结

在总结学生讨论结果时，教师发表自己的观点，作为本节课的小结：

我认为，从人类思想发展上来看，苏格拉底就是房龙笔下的漫游者。他为了人们学会更好地"照顾自己的灵魂"，为了带人们冲破一切旧有的束缚，他出走了，甚至比漫游者走得更远，因他用的不是脚，而是思想。

苏格拉底死了，死在他拼死为其争取自由的族人的手里。

他完全有机会出逃，但他没有，这是真正意义上的自杀。他要用死亡，或说是自杀来最后一次震撼雅典人，引导他们认识到自己的错误，走上正道。

总之，苏格拉底没有可能不死，因为他是真正意义上的哲人，而不是见好就收的智者。

（七）作业

阅读《宽容》第二章"希腊人"，扩大阅读范围，拓展视野。

以上是我的说课内容，恳请各位专家、老师批评指正！

浅谈中学生德育教育

马玉梅

【摘要】21世纪以来，经济的飞速发展和网络技术的广泛使用，给德育教育带来了机遇，同时也带来了挑战。由于受诸多现实因素的影响，目前我国中学德育教育工作存在着不少问题，这既不利于学生的健康成长，更与党和政府对青少年"四有"培养目标相去甚远。本文针对目前我国中学德育教育中实际存在的问题进行剖析，并针对这些问题探究一些相应的对策。

【关键词】德育教育；网络教育；道德认知

前言：教育的目的不仅在于使受教育对象能够掌握帮助其立足于社会的知识与技能，更在于使受教育对象在接受教育后，成为心智成熟的个体。中学教育作为基础教育的重要组成部分，亦要承担此项重任。中学生正处于青少年时期，其心理生理发展具有不成熟、可塑性强的特点，在对待各类纷繁复杂的社会现象以及不同的价值观问题上，如若教师未能及时给予其正确的人生指引，则极易导致其走上歧路。

一、中学德育教育现状

（一）不重视德育教育

长期以来，中小学教育中存在着重智轻德的倾向。一些学校领导对德育工作的重要性认识不到位，没有把德育工作真正放在各项工作的首位。一些学校缺乏行之有效的方法、措施，德育工作中重活动、轻效果，重课外、轻课内；部分教师重教书、轻育人，只拼命抓教学成绩，忽视学生良好思想道德品质和行为习惯的培养；部分学生也只重视文化课学

习，忽视思想道德素质的提高和良好行为习惯的养成，致使"德育首位"不能得到真正落实。

（二）德育教育处于封闭状态

现代社会是开放、包容的社会，处于经济社会快速发展的大环境中的当代中学生在开放的社会里广泛接触到各种社会现象，而学校德育教育最大的特点却是封闭的。这个特点突出表现为：由于担心学生接触社会的阴暗面，德育工作者试图利用封闭的环境来阻碍外来不良因素对学生的干扰，让学生无法接触外面真实的社会。学校理想化的德育如果没有社会、家庭的积极支持和配合，其功能是无法发挥的。

（三）德育教育目标与学生实际生活相脱离

当前部分中学德育目标的制定存在过于理想化和绝对化的趋向，目标太高、太大、空泛："只讲理想，不讲现实；只讲共性，不讲个性；只讲正确，不讲错误。"德育必然要对青少年进行理想教育；然而，只讲理想、不讲功利，只讲超越、不讲现实，只讲方向性、不讲可能性，目标太高、太大，脱离生活实际和学生道德认知水平，甚至某些要求在学校德育活动中就根本不可能达到。

二、中学德育教育对策

（一）合理制定德育教育目标

中学德育工作要改变过去单一的高要求、学校德育高度政治化、成人化、德育目标不分年级的高低、年龄的大小的情况，学校应根据学生的年龄特征和接受能力分阶段、分层次制定学段、学期，乃至学年的具体德育目标，形成德育目标体系和相应的德育评估标准体系。比如，小学可实施初步的伦理道德和行为规范教育，中学实施基本要求教育，高中实施稍深的世界观教育，使德育目标和内容有一定的层次性和针对性，并不断地细化，让德育内容更加具体化、形象化、个性化，让德育的方方面面都贴近中学生的日常学习和生活。

（二）加强德育教育网络建设

德育工作是一项复杂和系统的工程，它需要多方面的支持和配合才能实现德育工作效果的最大化。首先，作为中学生德育教育主要阵地的学校，应该在中学生德育教育中起主导作用，在实施过程当中，采用多种手段对学生进行有效的德育教育。其次，家庭是德育教育的重要的阵地，它同样担负着培养学生道德品质的责任，这就要求在中学生成长过程中营造一个和睦、温馨、充满爱心的家庭环境，这样才有利于中学生健康人格的培育。再次，社会要营造和谐的外在环境。一个和谐的大社会环境，对一个人的身心成长有很大的促进作用。因此，我们必须净化社会环境，让中学生在一个稳定、和谐的环境里健康成长，也让学校、家庭的德育教育在和谐的社会环境里得以延续，并使"5+2"的德育模式在实施中得到最大的成效。因此，构建学校、社会、家庭一体化的德育教育网络，是提高德育工作质量，促进德育工作由单一化向社会化转变的根本途径。

（三）丰富德育教育手段

目前，中学生所接受的还是属于灌输式的德育教育方式，中学生总是以一种被动的姿态来接受德育教育，这样难以将德育内化为学生自身的体验。笔者认为，在对中学生实施德育教育的过程中，可以采用一些多样化的手段，把德育融入学生的学习、生活当中，淡化"受教育者"的角色，使他们主动地体验德育，发挥其主体性作用，从而达到最佳的教育效果。改革中学德育方法，需做好下面三点：第一，要正确处理好德育常规建设和德育方法创新的关系，改革德育方法，离不开创新，增强德育的针对性、实效性，必须要有创造性，德育常规要随时代的发展做出部分调整，建立新的常规。第二，要树立人生楷模，各地可以为中小学精选若干个人生楷模，有计划地展开学习。第三，把德育手段的现代化提上日程，新的教育工作方法应与德育目标的层次性、德育内容的丰富性和德育观念的开放性相吻合，将传统的家长式、命令式改为朋友式，将自上而下的注入式改为双向交流式，将包办替代改为自治、自理、自教式，以多样化、现代化的方法促进德育效果的达成。

结论：德育是公民道德建设的重要组成部分，关系到我们中华民族的未来。德育工作是学校的首要工作，德育教育是学校教育的重要组成部分，如何有效地开展与推进德育教育，并不是一篇两篇文章能够陈述

清晰的，而是需要每一位教育工作者付出辛勤的汗水与努力，在具体的教育过程中不断摸索和总结经验，不断创新和改变思路，唯有如此，方才能够真正提高德育的有效性，才能真正帮助学生成为心智成熟的个体。

【参考文献】

[1] 姜日德.中学生心理健康教育在德育教育中的渗透［J］.心理月刊,2018(12):28+26.

[2] 刘金虎.浅谈中学生的德育教育［J］.学周刊,2018(29):167−168.

[3] 蒋华舟.高中学生德育教育的实施路径探析［J］.当代教研论丛,2018(03):91.

[4] 王开平,魏敬.活动驱动下的中学生德育教育实践［J］.文化创新比较研究,2017,1(32):35−36.

[5] 陈鑫.浅析如何提高中学生德育教育的有效性［J］.学周刊,2017(17):217−218.

[6] 金云云.深化高中学生的德育教育[J].中国校外教育,2017(12):16.

我"行"我"素"

——在英语教学中实施创新教育

马元媛

创新教育是素质教育的一个重要组成部分，实施创新教育就要我"行"我"素"。何为我"行"，就是将转变教育观念，培养有创新精神、有实践能力的高素质人才作为首要任务来开展教育教学工作。何为我"素"，就是以培养创新精神和实践能力为重点的素质教育，这是当前教育改革的主旋律。那么我们该如何在英语课堂教学中进行创新教育呢？为此，在教学中我作了如下尝试。

一、注重听说，培养实践能力

常听学生抱怨："老师，我怎么刚背完的单词和句型，没几天就忘了呢？怎么才能记住不忘呀？"绝大多数的英语学习者都会有这样的困惑，我们能将汉语张嘴就来，烂熟于心，就是因为它是我们的母语，我们生长在这样的语言环境中。而我们学习英语最大的弊端就是缺乏英语语言环境，缺乏运用的机会。大部分的学生开口说英语不过就是课堂上的45分钟而已，这就要求老师在英语教学中，给学生提供浓厚的英语语言学习氛围。从第一节课起，我就使用英语组织课堂、进行教学，如：Listen to me，carefully！ Do I make myself clear? Read after me together. 等常规用语。以后每节课都坚持循环使用，并逐渐增加句数。长此以往，学生基本能听懂简单的课堂用语，这不但让他们觉得听说英语并不难，也增强了学生学习英语的自信心。

由于缺乏英语的运用能力，使得学生的英语思维空间有很大的局限

性。怎样才能帮助学生更好地理解英语，听说英语呢？通过多方学习和听课，我发现通过老师的一颦一笑、一举一动来演示说明教学内容，学生很容易接受。如教 Listen，以手围拢放在耳后，同时做倾听动作，反复几次后，只要手围拢放耳后，学生便心领神会；还有以双臂展开轻轻向上抬起，学生便知是 whole class 齐读，这样的表情化、动作化的教学方式节省了教学时间，加大了学生听说英语的练习密度，取得了事半功倍的教学效果。

冰冻三尺非一日之寒。面对绝大多数英语基础较差的农村学生，我在教学方法上进行了不断地摸索和改进。由于学生的接受能力比较弱，在学习句型的初期，我通常采取"以词扩句"的教学方式，即重点教词，当学生理解了"词"再用词扩展成句。例如：book —— my book —— my new book —— This is my new book. 这样由易到难，循序渐进地进行英语的词汇训练，符合学生认知规律，"雪球"在不知不觉中越滚越大。

二、设疑启智，营造创新氛围

我们教师在课堂教学中都会遇到这样的尴尬局面，就是"干启不发"，无论老师在上面怎么提问，下面的学生就是无动于衷，这使得我们不知该如何往下进行，最终也就只能自问自答了。我们不得不扪心自问，是不是我们设计的问题有"问题"呢？我们都知道处在青春期的学生好奇心很强，当他们对某一类问题产生兴趣时，会不畏艰难、积极主动地寻求答案，我们教师就应因势利导，不失时机地加强语言信息的刺激，营造创新教学氛围。例如：阅读教学中，教师要善于设计能唤起学生共鸣的问题。让学生在独立思考的基础上，进行集体讨论，集思广益。再如一篇文章教完之后可以在黑板上写出几个 key words，让学生用所学的知识，自由地求异发散，编写一些新的内容。还可以利用"free talk"，给学生布置一些他们感兴趣的话题，让他们用英语进行简单的阐述，这样会使学生相互启发、相互交流，从而以创新意识来灵活运用语言知识。学生凭借自己的能力解决新问题、掌握新知识，在此过程中学生的创新实践能力也得以真正提高。

三、自立探究，创新学习方法

"授之以鱼，不如授之以渔"。在探索素质教育的过程中，我们发现学生需要的是能够继续获得知识和能力的科学方法。良好的学习方法，能使学生更好地发挥创新能力。我们摒弃"一言堂""填鸭式"的教学方式，营造"双边互动"的和谐师生关系，教师由"主角"变为"导演"，让学生成为课堂学习活动的主体，课堂上出现了"小老师""小助手"，教师不再是传道授业解惑的唯一人，课堂的主阵地交给学生，给他们更多地自主学习、独立思考的时间与空间，以达到培养创新意识、提高创新能力的目的。

当然主体性的课堂教学不是完全让学生"放手一搏"，而是师生共同参与，相互交流的多边活动，课堂更自由开放、更利于学生的主动参与。在教授"How do you make banana milk shake?"第二课时时，课前我和学生一起准备制作 banana milk shake 的原材料，课上学生自己操作，并用英语叙述制作过程，有了第一课时单词和句型的基础，学生们都踊跃参加，表述也都非常流畅，当学生将自己亲手制作好的 milk shake 分发给我和同学品尝时，个个都喜形于色。在英语课堂教学中，教师可以采用多种途径，引导和激励全体学生主动参与，激发学生的探究欲望，想方设法培养其独立获得知识、创造性运用知识的能力。

总之，英语的课堂教学只有将学生的主体地位与教师的主导作用进行统一，不断探索教学的新思路、新方法，引导学生发现、探究、解决问题，才能逐步培养学生求新、求异的创造能力。化腐朽为神奇不再是传说，同人们，让我们在实施素质教育的天空下，在开展创新教育的广阔天地中，一起我"行"我"素"吧！

立足历史课堂 培养学生学科素养

孟 荷

核心素养的提出，既回答了国家对人才培养的根本性提问，又回应了全球化、信息化背景下社会对人才的需求，即培养 21 世纪中国学生应具备的、能够适应终身发展和社会发展需要的必备品格和关键能力。

历史学科核心素养。这里的"素"是指一种长时间积淀下来的内在的品质或素质，它的构成包括品德知识、能力、方法和思想观念等；"养"则包含了后天的培育、教化、陶冶等。这就意味着，素养的养成既是个人的勤奋、天赋、悟性发挥作用的结果，也是接受外界教育、训练的结果。因此，在中学教育中培养学生的素养，特别是人文学科的素养，是教师的分内之事和不可推卸的职责。

具体到历史学科，历史素养基本要素是知识、能力、方法和价值观，它所呈现的历史素养是通过日常教化和自我积累而获得的历史知识、能力、方法以及情感态度与价值观的综合反映；其所表现出来的是能够从历史学科的角度发现问题、思考问题及解决问题的富有个性的心理品质。在学生的历史学习中历史学科素养属于重要培养目标，历史学科的核心素养具有历史学科特征不可或缺的、相对稳定的最必要及最关键的共同素养，其主要包括时空观念、史料实证、历史解释、历史理解和历史价值五大方面。

核心素养的发展离不开教育，历史教育教学是实现培养与发展学生核心素养的有效途径。因此，课堂教学必须紧紧围绕着培养学生核心素养这一主线展开。

一、设计教学目标——培养核心素养的出发点

教学目标是课堂教学活动的出发点，而教学目标的设计则直接关系

到学生核心素养的培养与发展。教师在设计教学目标时，要深刻领会历史学科核心素养的内涵，仔细研读历史课程标准，把握好历史核心素养的具体目标及其之间的内在联系，并要充分认识到，学生核心素养的培养与发展是一个循序渐进、不断深化的过程，不是所有的核心素养目标都是能在一节课中完成的。衡量教学目标是否有效，一看它是否贴切，即目标是否准确，是否与实际的教学内容、学生的认知水平和心理特征相契合，是否具有可检测性；二看它是否具体，即目标阐述是否细化、多层，具有可操作性；三看它是否适度，即目标是否符合学生的内在需求，是否适合学生已有的思维结构与能力层次；四看它是否落实到位，即目标是否落到了整个课堂教学活动中去。

二、创设问题情境——培养核心素养的切入点

所谓"问题情境"是指在具体目标指引下，能够通过分析、理解、归纳等策略达成目标的空间学习环境，它具有一定的针对性、启发性、新颖性、趣味性、互动性。创设问题情境能够激发学生探究问题和解决问题的积极性和创造性的思维活动，真正促进学生变被动学习为主动学习，由"学会"向"会学"的学习方式转变，是实现培养与发展学生核心素养的有效手段。在教学中，教师要找准"问题情境"这个切入点，创设形式多样的问题情境，挖掘学生的潜能，以提高学生对问题探究的内驱力，培养学生的求异思维和创新精神。教师可用悬念创设问题情境以培养学生的史料实证意识和历史解释的能力。

三、倡导合作探究——培养核心素养的着力点

创新精神和实践能力是学生重要的核心素养。在教学中，教师应抓牢"合作探究学习"这个着力点。所谓"合作探究学习"就是从学科领域或社会生活中选择和确定研究主题，在教学中创设一种探究的情境，通过学生分工、合作、阅读、思考、讨论、交流等活动形式，获得知识、技能、态度与价值观的发展，培养学生的探索精神、创新能力和实践能力的学习方式和学习过程。

四、实现情感体验——培养核心素养的立足点

从学科教学的角度来看，历史核心素养的形成不仅需要知识与技能的习得，更需要习得过程中的体验和感悟，并内化为优秀的品格，外化为崇高的行为。可见，历史教学过程是一个知识与情感相互交织的学习和体验过程，但情感教育不是在朝夕之间便可速成，而是一种"情动——体验——理解——内化"的过程。为此，教师在课堂教学中，必须运用多种行之有效的方法将情感态度与价值观无痕地渗透到历史课堂教学中，陶冶学生的情操。例如，有些史事比较枯燥无味，很难激起学生的情感体验，教师便可以运用富有魅力的讲述法，以丰富充沛的情感、生动形象的语言和抑扬顿挫的声调，再现历史人物的容貌与言行，如威武不屈的民族气节；忧国忧民的爱国情怀；奋发精进的人生态度；厚德载物的博大胸怀；等等。这些都是拨动学生思想情感的琴弦，使学生在教师绘声绘色的讲述中，接受精神熏陶，汲取前人智慧，提升精神境界。为了拉近学生与历史的距离，教师还可以借助多媒体播放相关的影视和图片资料，创设声、像、图、文并茂的教学情境，使学生有身临其境、如历其事之感，不仅可以激发学生的学习兴趣，还可以在感知、体验和思考历史的过程中，深化对史事的认识与判断，进而生成鲜明的历史价值观。此外，还可以编演历史剧，通过扮演历史角色，让学生穿越时空，与历史人物"对话"，进行心灵的碰撞，进而对历史做出价值评判；通过参观博物馆、纪念馆等，观"景"生"情"，让学生在体验历史的基础上，生成鲜明的情感态度价值观。

五、构建多元评价——培养核心素养的支撑点

教学评价是课程改革的一大难点，也是培养学生核心素养的一个支撑点。为了促进学生的全面发展，教师要建构一种多元的评价模式：评价目标的多元化、评价主体的多元化、评价方式的多元化和评价标准的多元化。评价目标的多元化，是指在对学生学习历史课程进行评价时，既要重视学生对历史知识的理解与历史技能的掌握，也要重视对学生发

现问题和解决问题能力的评价，更要重视学生情感态度与价值观的形成和发展的评价；评价主体的多元化，是指要充分重视学生在评价过程中的主体地位，不仅仅是教师评价学生，还应该有学生自我评价，相互评价，甚至家长参评等；评价方式的多元化，是指要以过程性评价为主，既要看学生对历史知识掌握的程度，也要看学生在学习过程中是否感悟历史，进而体验到一种历史情怀。评价的手段也要灵活、多样，除了纸笔测试外，还可以采用历史剧表演、历史小论文撰写、历史调查活动、历史档案等方式；评价标准的多元化，是指要尊重学生的个体差异，针对不同学生的优劣势与存在的问题，提出解决问题的最佳方案，尤其是对于缺乏信心学生的评价更要鼓励和支持，以充分发挥评价的激励和发展性作用。

总之，培养与发展学生的历史核心素养绝非一朝一夕之事，要靠历史教师在观念上更新，在专业上提升，在教学中渗透，在日常生活中积累，唯其如此，才能真正培养学生的优秀品格与创新能力，使学生得到全面发展。

【参考文献】

[1] 吴伟 . 历史学科与历史素养 [J] . 历史教学，2012.

关于初中班主任工作技巧创新的一些思考

牛海英

【摘要】随着社会的发展，现在初中学生教育呈现出不同以往的特点，主要是独立性与依赖性共存、自治性与冲动性共存、封闭性与开放性共存。作为初中生班主任，要在孩子们的成长路上，针对青春叛逆期的特点，坚持与时俱进，以班主任工作艺术技巧，不断提升工作水平。作者提出四条建议：以培树团结奋进积极向上的班风为目标，强化教书育人；以提高学生的学习能力为目标，加强学生自主学习；以构建学生自治为目标，强化班级治理；以亦师亦友为目标，建立新型师生关系。

【关键词】初中；班主任；工作艺术；创新

随着社会的发展，现在的初中生思维更加成熟，独立性和批判性也更强，在思想活跃的同时思想波动也更大，如果管理不当，极易造成不良后果。作为一名初中生班主任，如何丰富工作技巧，提高工作艺术性，以更灵活的方式，来引导和帮助学生心智成熟、向高中学习过渡，是很有挑战性的一项课题。本文从个人从教二十年的历程出发，探讨一下如何实现初中班主任工作技巧的创新。

一、以培树优良的班风为目标，强化教书育人

一个班级的风气对于班级管理非常重要，它直接影响着全体同学的精神面貌、学习风气、道德品质和生活环境等许多方面。我觉得，要抓好班风建设，一是要确定目标——文明活泼、勤奋刻苦、团结向上、积极奋进；二是要建立一支强有力的班级干部队伍；三是要开展班级文化建设，组织有趣的活动，营造良好的氛围，形成合力，达到既教书又育

人的目的。

班风的确立既要围绕文明活泼、勤奋刻苦、团结向上、积极奋进，同时也要注重个性化，引导同学们树立"自信、自强"的观念。我们可以根据他们独立性与依赖性共存、自治性与冲动性共存、封闭性与开放性共存的特点，通过在班级墙壁上开设"写作栏、评比栏、才艺展示栏、德育教育栏、社会主义核心价值观宣传栏"，让孩子们自行设计、自行制作，充分展示学生们的书法、绘画、摄影等才能，让他们由内而外地抒发他们爱国、爱家、爱自然的情感，起到倡导文明言行，培树积极向上、优良学风的作用。

班级活动是最吸引学生注意力的，要注重结合学生的兴趣爱好，在参加学校组织的文体活动外，组织开展班日活动、志愿服务活动、帮扶慰问活动、主题班会、春游等，通过班级活动来进一步培树学生乐观开朗、积极向上的个性，增强班级的吸引力和凝聚力。

二、以提高学生的学习能力为目标，加强学生自主学习

初中阶段的学生对学习有一定的兴趣，同时对于学习规律的认知、学习习惯的培养还处于萌发阶段，有很大的不确定性，需要班主任以培树良好学风、提高学生的学习能力为目标，积极提升学生学习兴趣、拓展学生学习视野。

（一）组建学习兴趣小组，提升学习兴趣

班主任可以根据学生的兴趣爱好，组建国学、书法、绘画、琴艺、数学、球艺等兴趣小组，由班主任和相关科任老师负责指导。结合主题活动，让各兴趣小组将同学们的才艺进行展示，这不仅是素质教育的需要，更是班级文化建设的重要体现。

（二）组织竞技类活动，培养"最强大脑"

结合各兴趣小组的活动，组织学生开展知识竞赛，积极拓宽知识面、形成知识体系，构建思维导图，吸引大家共建"最强大脑"。活动开展中期阶段还要组织召开学习交流会，让有学习特长的学生将自己的学习心得与大家共享，起到以点带面的作用。

（三）是发挥板块效应，提升学习品位

参照教学大纲的板块划分，充分发挥各学习兴趣小组的作用。国学小组可以举办古诗词朗诵、绘画小组可以结合重大节庆举办社会主义核心价值观的宣传画展、琴艺小组可以为班级提供乐曲享受等等。班主任对各板块的活动都要进行宣传，一方面可以让学生们有荣誉感，另一方面可以让学生们进一步增强自信心。

三、以构建学生自治为目标，强化班级治理

班级管理的最佳状态还是学生的自治。就像那句话说的"有班主任在，学生能做好，这个班主任基本合格；班主任不在，学生能做好，这个班主任很优秀；可是，如果班主任在，学生仍不能做好，那么这个班主任无疑是失败的。"有的班级班主任在不在都是一个样，学习、活动都能够有条不紊地开展，那么这个班级的自治力是非常强的。从根本上讲，班级的自治力源于学生。一是要做到班规明确严格，让大家都以班规为尺度，按照课时安排好学习和活动。二是要明确班干部分工。要把班级事务均衡地分派给每个人，做到人人有事做，事事有人管。班长和副班长要负责纪律和早自习以及定期检查班级卫生；全班再分成四五个小组，每组设组长，负责日常的作业检查和作业收取，全班以组为单位，对纪律、卫生、学习等方面进行考核，每天小结、每周总结、按月评比。三是建好班级队伍。班级的管理，在很大程度上取决于干部队伍。班干部在学生中可以起到以点带面和以面带全的作用。所以要高度重视学生干部的培养和选拔。班干部的选拔要采取学生推荐、个人自荐、民主选举的办法，选拔出的班干部应当具有较强的号召力和较强的自我管理能力。班干部选拔后要继续加强培养，一方面要大力表扬班干部的优点，为班干部树立威信，另一方面鼓励班干部大胆开展工作，鼓励他们改善工作方法，促使其在知识、能力上取得更大进步，在纪律上以身作则，在全班起到模范带头作用，同时还要鼓励他们团结协作，带动整个班集体开展自我净化，进一步提高班级的组织性、纪律性和上进心。

四、以亦师亦友为目标，建立新型师生关系

要想带好班级，师生沟通很重要。班主任只有在全面了解学生的基础上，才能进行有针对性地引导和管理。我的经验是抓两头，优等生要加强引导，做到带个好头，后进生要加强鼓励，做到迎头赶上。

首先，要注意与学生沟通的方式方法。坚持"以人为本"，尊重学生的人格，让学生保有自尊心，要与学生平等对话，换位思考体会他们的感受，帮助他们解决自卑感强、自律性差、自控力差的问题。其次，班主任要将自己融入学生当中，带动全体同学向更高更远的目标前进，以更高的标准来要求自己，形成一种积极向上、团结奋进的氛围。再次，要加强激励约束，通过激励先进，褒奖优秀，引导学生们在学习好、品行优、善学习、爱思考方面深入挖掘潜能，要让每一个孩子都能够德、智、体、美、劳均衡发展。

教学实践篇

民间美术课程的多媒体责任教学研究

朴 翠

【关键词】民间美术；美术课程；多媒体教学；责任教学

一、研究现状

由于新媒体时代的高速发展，民间美术作品的传承也面临着较大危机，运用民族文化中民间美术资源进行教育已经成为美术教育的一个重要的研究课题。根据我校责任教学原则，美术教学必须把弘扬和培育民族精神作为文化建设的重要任务。目前民间美术教学一直是薄弱环节，缺乏多媒体课件适用的教材，缺少学生喜爱易学的网络课件和自主学习的互动平台。针对这样的特点，在本课题中主要研究怎样让学生在课堂上通过多媒体技术对民间美术产生兴趣，并积极传扬。将多媒体时代民间美术的作品数字化，将有助于推进民间美术作品的传承，也有助于扩大其应用范围，使民间美术借助各种现代化的科学技术手段，对传统的工艺模式进行创新，在教学与现代社会中发挥更大的价值。民间美术不是单一存在的一门学科。它的存在使人们对自然生态的审美能力得到了进一步提升。

二、研究方法和特点

民间美术最重要的特点就是广泛性和生活性，它的存在是为了丰富人们的精神生活。历经千年的发展和沉淀，人们创造出不同的民间美术艺术。比如泥人、版画、年画、剪纸、窗花等，这些传统的中国特色进一步表现了民族的文化传统。在新媒体时代下的艺术表现载体一般是电视、报刊、广播、移动媒体和互联网络等。在信息技术的背景和推动下，民间美术会得到更广泛的传承。具体来说，在新媒体时代背景下，民间美术课程的教学思想和教学方法主要是：

1.以启发式为主导的研究方法，利用多媒体技术对文本、声音、背景音乐、图像、影视等综合处理，营造图文并茂、有声有色、生动逼真的教学环境。

2.按照历史发展对民间美术的艺术成就、地方文化，以及形态、色彩、材质及制作方法进行分析、鉴赏，为美术教学提供形象的表达工具。

3.在课件制作中配置各种教具、学具、投影、电影、录像、录音等。直观生动，能够直接作用于学生的多种感官，并对每个艺术配置相关的背景音乐，从而吸引学生、激发学生的学习兴趣，使学生的主体地位得到真正的体现。

民间美术的特点是：过去性、丰富性、综合性。它是随着时间演进和流逝的，民间美术过程总是发生在特定的时间、空间中。我们重视美术历史知识本身自有的联系，学习中有重点地进行知识类比，从而达到深入理解，最终有效提高民间美术的学习效率。民间美术知识是感知、理解历史的认知性前提，但同时新媒体又依附于空间观念，学生需要借助多媒体给民间美术定位。

三、研究内容及成果

针对学校美术教学在多媒体的运用下进行的教学研究，通过多媒体的运用、介绍、讲解民间美术的起源和发展，使学生了解民间美术产生的文化背景、时代特征、材料和制作工艺。其主要内容包括：

1.利用多媒体技术的声音和背景音乐创设情境，将民族美术中不同地域艺术造型、代表人物和代表作品，系统完整地以文本、图像、动画、声音、背景音乐等资源以数字化存储和传播。学生可以在引人入胜的音乐和身临其境的环境中愉快的学习，展开想象，增强学生对民间美术的认识和理解。民间美术知识在教材中大量的教学内容需要通过直观图片资料来进行展示。信息技术以其生动、直观的形象及悦耳动听的声音来强烈地吸引学生的好奇心，根据教学内容的特点和学生的心理特征，恰

到好处地创设教学情境，通过直观的感受，促使学生产生强烈的求知欲，激发学生的学习兴趣。

2. 运用多媒体技术进入虚拟现实。民间美术的元素充满着强烈的视觉元素。这些视觉元素体现在民间艺术创作的过程中，包括民间概念元素，社会环境因素、地理环境因素、技术因素、程式化的体验元素等。利用多媒体，学生用鼠标控制环视方向，从任意角度观看所设计的虚拟三维效果，更加增添民间艺术的魅力。当我们在欣赏某一地域的民间美术时，鼠标一点，某个地域的代表作及介绍就会出现在你的眼前，不但可以窥见作品的全貌，还可以放大局部进行观察，学生身在课堂，却能驰骋中外、跨越古今，在艺术长廊漫步，在想象空间飞翔，审美教育、欣赏能力寓于潜移默化之中。

3. 建立学校自己的民间美术教育网站，实现资源共享。这些资源的表现形式包括图片、音频、视频等，可以以论坛形式出现，引导学生相互交流、展示，使学生的分析能力、合作能力、操作技术等在不知不觉中有很大的提高。利用学生的特点建立教学博客，将教学内容、课外阅读资料发布到网上，供学生学习与参考。学生的作业也可以通过网络提交，既有展示的作用，又可以让学生互相观看评价彼此的作品。

四、研究价值

（一）审美需求

把多媒体技术与民间美术充分融合成现代元素。满足学生的实际生活和精神需要，使民间美术体现传统与现代气息的融合，让学生真正地了解民间美术的魅力，喜欢上民间美术。通过学习能够将审美运用到生活实践当中，学以致用。

（二）日常交际

现实生活中以民间美术作品作为媒介，进行情意传达，以数字化的民间美术作品作为思想情感的载体。比如一个简单的剪纸都可以很好地传达感情，在网络发达的今天更有很多有趣的应用空间，比起冰冷的文字传输更有人情味。

（三）传承民族精神

民间美术植根于民间，又具有教育意义，它是"生产者的艺术"，同时又传递着正确的价值观。民间美术与传统文化密切相关，又具有学生喜闻乐见的特性。这将有利于其传承价值观念功能的实现。

民间美术它源于人们的原始崇拜、民俗节令等活动，并在民俗活动中被传承，是百姓生活中不可或缺的组成部分，是民俗文化生活的载体，与民俗生活有密切联系。如今，随着经济全球化的推进和社会变革的开展，传统民间艺术正走向衰落，我们应关注其文化土壤和生存环境，把人类的一种文化记忆和传统尽可能地延续完整。通过信息技术的直观教学，让学生珍视人类文化遗产，培养民族情感，弘扬传承民间美术文化。当今民间美术受到大家的广泛关注，原因是它不仅仅反映了劳动人民的质朴精神，同时还更多地反映了各地劳动人民的精神面貌和整体文化素质，他们质朴的审美观念是艺术的基础。如今，新媒体艺术的迅猛发展给民间美术带来了新的机遇，为了更好地展现和扩大艺术影响力，民间美术和新媒体艺术有效结合是一条可行之路。二者相结合可以让民间美术课程告别从前的陈旧状态，打开了更加多元的、新颖的、持续发展的新局面。

没有使命感的教育是盲目的，没有责任担当的教育是轻薄的。真正的教育不仅应该具有效率和效益，更重要的是要具有灵魂，具有坚定而明确的价值追求。使命与责任赋予教育以高度和灵魂。

【参考文献】

[1] 王池.民间美术在新媒体时代下的巨变[J].出版广角，2015，(16).

[2] 白晓霞.新媒体时代下民间艺术的视觉传播形式探讨[J].艺术科技，2015（2）.

[3] 翟浩澎.民间美术在新媒体艺术中的传承与发展研究[J].美术大观，2016（6）.

[4] 金鑫.后现代艺术对后现代设计的影响与借鉴研究[D].齐齐哈尔大学，2013（2）.

跟着时代一起进步

秦丽华

【摘要】一般来说，年长的教师不受年轻学子欢迎。需要老教师俯下身来，平等地多和学生交流接触。也要求教师始终对教育事业保持热情，同时更要跟上时代的节拍，与时俱进，与时代一起进步。

【关键词】俯下身来；与时俱进；保持热情

不论你在哪里，也不论你多大年龄，都要尽力而为，跟上时代的步伐，跟着时代一起进步。为什么这样说呢？因为最近有件事一直困扰着我，不妨说给大家听听。

新学期单位来了个实习生老师，她年轻、漂亮、有活力，我幸运地成为她师傅。几次和学生接触之后，实习老师的受欢迎指数成倍增加，课堂参与率高达100%，就连平时上课有些萎靡不振的个别学生，这时也精神焕发，积极参与课堂。更有甚者直截了当、信誓旦旦地对她说："老师，您教我们吧，我们肯定都拿满分。"这让我这个站立一旁的师傅异常尴尬，光辉形象顿时黯然失色。

失落之余，我不禁暗暗扪心自问，是什么原因导致中年而立的我不再受欢迎？遥想当年，我刚毕业时，也深受学生的喜欢和爱戴，难道只是一个简单的年龄问题吗？我陷入深深的困惑之中。苦恼困惑之余，我也积极行动起来，去班级调查学生心目中理想的老师究竟什么样，字条一个个呈上来，归纳如下：

1. 知识渊博，有学问，有真才实学；

2. 善于发现学生的长处，及时给予鼓励；

3. 关心尊重学生，富有同情心；

4．和蔼可亲，没有老师架子的人；

5．温柔的美女老师，年轻女教师衣着得体，温柔大方，讲课有表情，绘声绘色。上课很轻松，是一种享受；

6．风趣幽默的老师，深奥的道理讲得深入浅出，浅显易懂。学生疲劳时讲几段笑话，逗学生开心，激发学生的兴趣和热情，调动学生学习的积极性；

7．对工作认真负责，对学生严格要求；

8．有自我批评的精神；

9．处理问题实事求是，公正合理；

10．以身作则、说到做到的老师。

我认真阅读，仔细对号，找来找去，发现自己只满足其中的4条，还不到一半，怪不得不受欢迎。

是啊，从二十几岁参加工作以来，要在教育这块沃土上辛勤耕耘二十年左右。如何走进年轻学子的心，如何用实际行动去赢得学生的尊重、爱戴与喜欢呢？让学生真正地接纳你，喜欢你。回忆二十几年来自身的教学生涯，六千多个日日夜夜与学生打交道的点点滴滴，总结几点，和大家一起分享。

一、去掉高高在上的身份，俯下身来

一开始总幼稚地误认为，为了所谓的"震"住学生，要时刻板起面孔，把一张天下最严肃的脸呈现给学生，给其一种绝对的威严感，这在无形中也拉远了和学生的距离和感情。反之，如果每次上课都面带微笑，和蔼可亲，犹如邻家阿姨一样，给学生一种温暖的感觉。这两种鲜明的对比，哪个更受学生欢迎呢？不言而喻吧。

在孩子成长的过程中，我们不厌其烦、一遍又一遍耐心地指出、纠正他的错误，但是却绝不允许学生指出我们哪怕是一丁点儿的小失误、小毛病、小错误。记得在一次大型公开课上，由于疏忽口误，把浓硫酸的吸水性说成是化学性质。这时，一个学生把手高高举起，我还以为他要问问题。结果是他当着几十个老师的面，毫不留情地指出我的错误，

一时间教室里鸦雀无声。众目睽睽之下，刚才还略带笑意的脸顿时来了个一百八十度的大转弯，脸色是急剧的晴转多云，这在同行面前多出丑啊！这个学生似乎也意识到了这一点，眼睛稍愣了一会儿，马上又灵机一动，说："老师，刚才是我听错了。"似乎要把这个错误巧妙地替我遮掩过去。如何打破这尴尬的局面，是将错就错，维护所谓的师道尊严，维护所谓的面子，还是像学生一样爽快知错就改呢？短短几分钟，可对于我来说是那么漫长，我进行着激烈的思想斗争，稍稍迟疑一会儿，马上又恢复刚才的冷静，微笑着说："今天我们班来了这么多客人，我和大家一样非常激动，也有几分紧张，出现口误。这个学生说的对，吸水性不是化学性质，而和它有一字之差的脱水性才是化学性质，谢谢他及时勇敢大胆地指出来。"话音刚落，教室里立即响起了热烈的掌声。我为自己有勇气直面失误而高兴。金无足赤，人无完人，普通平凡的自己，怎么会没有说错话做错事的时候呢？当然这是小事，可处理小事上我们的态度会潜移默化地影响学生，对学生产生一种积极的影响。降低我们高高在上的身份，真心诚意把自己和学生放在平等位置，平等处理事情，平等对话，平等交流，和学生做心灵相通的朋友。

二、与时俱进，跟上时代的节拍

时光悄无声息地流逝，在逝去的时光里也无情地带走了我们的青春年华。我们一天天由年轻走向中年，可是我们面对的永远是一群年轻的十四、五岁的孩子。他们充满活力，浑身上下洋溢着积极向上的朝气。他们是00后，在他们面前，不能再说80后、90后流行的、陈旧落后的《葫芦娃》的故事。要跟上时代的节拍，与时俱进，说说《流浪地球》《熊出没》的片断、讲讲周杰伦演唱的歌曲、火箭少女101《卡路里》、聊聊哈韩一族。想年轻人之所想，思年轻人之所思，与他们同呼吸共命运，和他们缩短心理年龄距离。那天在阅读新闻时看到了有关金龟子刘纯燕的报道，她一直主持少儿节目。虽然光阴似箭，但她像冻龄了一样，就像永远15岁，还一直保持年轻心态，和孩子们嬉戏、玩笑，很容易和孩子们打成一片，真正走进孩子的内心，和他们做伙伴、朋友。几十年来，经历数次检验，深受全国一代又一代亿万小朋友的喜欢。年长的老师更要向她学习，永葆年轻之心，孩子们只有亲其师，才能信其道，喜欢你，也更能喜欢接受你传授的知识和告诉他们的人生道理。

三、保鲜热情

我刚开始参加工作时，豪情万丈，满怀热情，满眼满世界里全是学生，不论课内还是课外，心里一直牵挂的还是学生。日复一日，年复一年之后，工作热情逐渐呈现递减趋势。一个难题摆在我的面前：如何改变职业怠倦，保鲜热情呢？改变心态，站在讲台上，面对着那么多学生，要像面对自己的孩子一样，认真细致地去发掘每个可爱孩子的闪光点，真正去欣赏他们。学生小甲课堂不爱发言，但是字写得秀美，秀美的小字堪称一绝，是大家学习的好榜样啊。学生小乙化学抽象思维欠佳，但动手操作能力特强。每次分组实验探究问题时，都不厌其烦地一次又一次指导小组成员顺利完成任务，孩子，你是老师的骄傲，为你点大大的赞。学生小丙虽然学习中游，但性格开朗大方。身在初三，学子们压力很大，有时课间小丙几句风趣幽默的话语，顿时能有效缓解紧张压抑的气氛，让学生们放松心态，轻装上阵，继续前行。每个学生身上的亮点都好多呀，当你改变心态，豁然开朗，发现周围的世界也随之改变，你对待工作的态度也越来越积极了，也越来越有热情了。

是啊，育人的工作是艰难的，特别让人心累。但不论你是初出茅庐的新手，还是摸爬滚打几十年的老将，只要永保心中的那片热情，紧跟时代的节拍，真正的走进学生的心田，和他们做朋友，你喜欢学生，学生也能真心喜欢你，陪伴学生快乐健康成长，一起谱写校园动人的篇章。

立足科研，以立校本

任玉莲

兴科研以立校，兴科研以执教，兴科研以育学。教育科研是教师专业成长的重要助力，是学校教育水平得以发展与提高的不竭动力。近年来，我校本着科研立校的理念，以科研为先导，以教研为载体，贯彻课改方针，落实教学创新，在以教师提升、教学方法的研发、创新与改进以及校本课程的设计为代表的种种与实际教学相关联的教学结构中都取得了长足进步，收获颇丰。

一、打造高效课堂目标，推动课堂教学模式的研究和创新

我校贯彻课改方针，力求打造新时代下的生动而高效的新生课堂。在既有模式的大框架下，打造分科、分课型的新型微课模式，以求课堂的生动、高效以及更强的针对性，使学生成为课堂的主人，打造全新的翻转课堂，打破生硬的灌输式教学模式，使教师的角色淡化，成为课堂中的重要引导者和参考对象，引导学生通过自身的探索达成新知的学习，充分调动主观能动性，从而强调学生的自觉性与自发性。

二、以互助合作为基础，推动教学资源库的建设

通过集体备课、集体磨课等形式，组织各部门各学科的老师在备课的过程中达成积极密切的合作关系，发挥集体的力量，力求在教学方面资源共享、经验共享，从而促进全部门、全校老师教学水平的共同进步；与此同时，在备课过程中总结出的经典方案、开发出的新型模式、有借鉴意义的文献资料等等，将之收集整理成一个系统的体系，建立教学资源库。教学资源库的建立，不仅是对我校教师备课与科研成果的汇总与

记载，也是我校日后发展中，为新一代的老师积累下的宝贵财富，更是对于我校在时代洪流中逐渐成长、一步一步踏实进取的有力见证，是我校师生共同成就的校本历史。

三、打造针对青年教师成长的关爱工程，助力青年教师的职业成长

新老教师结对帮扶，以"师徒互助"的形式，帮助青年教师迅速进入职业角色，提高教学水平和专业能力，促进青年教师的成长，同时也是为老教师提供新鲜的思维方式与时代出发点，从而促进教师团队的团结和共同进步；举办教师的专题培训讲座和青年教师教学技能大赛，起到强化与督促的切实功效。规定青年教师的必读书目，以著作为载体，进行系统的理论感受，并且撰写读后感，促进青年教师的团体内部的交流与反思。召开研讨会，切实解决青年教师在教学过程中产生的疑虑和遇到的困难。从种种角度出发，为青年教师打造一个全面严谨同时又包含关爱与温情的学习与发展环境，共同为我校教师队伍的壮大出力。

四、培养骨干教师

通过教育局以及相关部门所提供的优秀平台，充分发挥名特教师的示范带头作用。我校定期开展教师的集中学习活动，聘请省内外优秀教师、特级名师为我校教师开设讲座，向优秀的教学方法、教学理念看齐；同时，我校每年会选派优秀教师外出学习培训，并且回校以报告或分享会的方式来和全校老师分享学习心得。时代在进步，社会在进步，若是想使我校继续紧跟国家脚步，紧随课改方针，我们必须与时俱进，多多创新！只有把新的、符合时代与社会需求、符合学生学情需求的教研成果引进来，我校的教学水平才能提上去，我校的教学成绩才能喜结硕果。

五、积极开展课例教研

以公开课和示范课的形式，针对课上呈现出的经典教学构思、具有创新性的切入角度，或是课上所反映出的共性问题等等，进行切实的反馈与反思，力求任课教师与教师团队共同进步。特别是青年教师，可以

从中吸取宝贵经验，也能从中发现自身的不足。

六、课题研究，为教科研搭建广阔的舞台

强化我校教师的科研意识，用科研带动教学水平的发展，同时用教学水平印证科研的正确性与价值。我校要求每位教师都参与到科研之中，每位教师都有自己的研究课题，每个学科都要有自己的科研研究方向，力求每位教师都能有自己的研究成果，每位教师每年都要有学科课题研究的学术论文发表。

七、鼓励小学科申报，丰富学科课题类型

学校鼓励教师进行小学科的申报，立足课改，立足我校教学实情，组织教师积极参与相关培训，同时注重学科均衡，即使是小学科也力求具有本学科特色的教研成果。

近年来，我校基于以上种种方针方略，有力将科研寓于我校的日常工作中，将科研与教师日常的教学生活联系起来，拉近教师与科研的关系，使其关联且密不可分。我们一步一步将重点落实到实处，将科研的力量贯彻到最细小，也是最贴近教学生活的方方面面，细致入微且丝丝入扣。我们始终相信：科研立校，科研兴校。没有贴近科研的学校是没有灵魂的学校；没有引入科研的学科是缺少前进动力和方向的学科。都说方向比努力更重要，而我们坚信，科研引导的道路，才是正确的道路，才是我们可以为国家分忧、为社会所需求的正确发展方向。

坚持科研立校，是我们基于教师岗位的郑重承诺。只有将科研真正地扎根于每一位老师的心中，才能点醒其内在的对于专业的敏感度，才能将教育作为一门学问，深入地发掘，深刻地思考。仅仅将教育作为一项工作，那教育将会失去应有的光彩，变成枯燥无味的体力劳动……而科研最大的力量，是它可以赋予研究者关于研究对象的充分满足感和信赖感，它可以使教师获得专业方向上的力量，成为自身学科内的重要构成，这时教育不再只是一项工作，教育成了一种精神甚至一种意识，当教育者可以为了教研工作而努力的时候，那么教育于他便成为一种软性的责

任。

　　坚持科研兴校，是因为我们相信，在"科学技术是第一生产力"的今天，科研对于教育同样有着强大且不可磨灭的生产力。这种生产力影响的又是方方面面，纵横交织下，教育开始呈现发散性的发展方向，无论是广度还是深度都在一点点、一步步地稳定发展，可能在不久的未来，更多前所未有的领域和层面都将纳入教育者的研究范畴之内，那时在教育的沃土上，定将是广厦万顷而四海升平！故而，我校与我校老师都坚定相信着科研的力量，坚定期待着在科研的带领下，教育事业将进入怎样的新华章，将造就怎样的辉煌！

　　科研立校，以立校本。八个大字应成为我校发展的总方向，应高举科研旗帜，在教育事业上砥砺前行，稳步向前。教育事业是一份走心的事业，我们要让这份事业在当下这一代教育工作者手中大放异彩，但同时，我们更要让教育的火炬经由我们这一代人之手后，再度薪火相传，传递到更年轻的一代之中去，我们相信教育事业有着这般顽强而温柔的生命力，我们更相信教育事业也定当在融入科研的能量之后，愈加为社会所认可，为学生所需要，为国家铸栋梁！

诚实为本 信任无价

——浅谈中学生的诚信教育

孙 艳

孔子曰："民无信无以立。"诚实守信是中华民族的传统美德，是每个公民的基本道德规范，是每个人的立身之本。一个人只有讲诚信，才能赢得人们的信赖和尊重；一个社会拥有诚信，社会生活才可能健康有序；一个国家讲诚信，才能立足于世界民族之林。

然而，近年来，伴随着社会的进步，人们生活水平的提高，人们的思想观念、思维方式、行为方式、价值取向也正在发生着变化。例如商品经济的负面影响，使一些人一切以"利"为目的，为谋取一己私利而放弃诚实的做人根本，唯利是图，见利忘义。在当今的社会环境中，各个领域充斥着大量背信弃义的现实案例：从毒奶粉、饭店的地沟油、超标的装修材料，到价格欺诈的天价虾、质检造假的"尾气门"，以及学历造假，疫苗造假等。从吃、穿、用，到人际交往，人们小心翼翼，防不胜防……

中学生正处在人生观、价值观与世界观形成的关键时期，他们对一切充满好奇，又极容易受一些不良因素的影响。作为教师，我们不光要传授科学文化知识，更要教会学生做人做事的道理。而诚信就是学生品德修养的第一课。

俗话说勿以恶小而为之，日常生活中，正是许多看似"微不足道"的小事，日积月累会影响到学生健康品格的形成。

新学期开学，总有一小部分同学作业不能及时上交。逐一调查，理由大多是写完了但是种种原因失踪了，或是没写完，因为家人生病或亲属住院等五花八门的理由，年年如此。每次学校的大型考试，每个考场都是安排两个监考老师，但也总有些同学会有"侥幸"心理，夹带小抄的现象时有发生。上课迟到了随便撒个小谎；课后作业抄袭应付；涂改成绩单，以虚假的成绩蒙骗家长；冒充家长，在各种汇报单上签署家长大名；还有的以学校为由，骗取家庭钱物，用于上网吧，吃零食；假造家庭事故，骗取老师批假，逃学玩乐。做错事、犯纪律，不敢面对现实，隐瞒事实真相，编造谎言，拒不承认错误……凡此种种，在这些同学眼里，说点小谎话不算什么，而诚实做老实人会吃亏，但实际上，正是由于丢失了诚实的根本，最终会失去周围人最宝贵的信任。

　　针对当前社会的一些热点问题，前几日课堂上我为同学们展示了两幅漫画。漫画1的内容是：很多年前，有一位老人跌倒了，旁边的人伸出了无数的援手；漫画2的内容则是：近几年同样遇到老人跌倒了，旁边的人无一伸手，只是出现了无数的眼睛……很明显这是老人跌倒到底要不要扶的问题。也是这几年关于"诚信丢失"的热点问题，同时也是媒体曝光率较高的问题。这个问题搬到课堂上，孩子们都是一副见怪不怪的表情，大不以为然，甚至答案非常统一地认为绝对不能扶！也许是这些孩子们通过媒体或是家人知道了许多"碰瓷"现象，他们的意识里更多的是家人和社会灌输的首先要保护自我的观念……

　　下面让我们来分析一下产生目前学生诚信缺失的现象的原因：

一、家庭原因

　　我们常说，家庭是孩子的第一所学校，家长则是孩子的第一任老师。每个孩子都是家中的宝贝，孩子涉世之初，父母亲往往怕孩子"吃亏"，总是"谆谆教诲"：社会复杂啊！不要跟别人说实话啊，不要相信别人啊！还有大部分家长成绩第一，只关心孩子的学习，忽视或根本不进行道德品质方面的引导。部分家长对孩子不管不问，任凭其自由发展，也有的家长自己就不讲诚信，甚至"教"孩子撒谎。

二、学校因素

　　虽然素质教育要求学生全面发展，但许多学校目前难以摆脱应试制

度的怪圈。学校一方面减负，老师在不停地"扫雪（少留作业）"，可面对各种考试，老师又要不停地"下雪（题海）"，如此在学生的头脑中留下了对诚信的疑惑与矛盾。二是检查考核制度使学校诚信形象难保。为了迎接上级主管部门各种检查，不少学校出于对集体荣誉的考虑，通过老师直接要求学生"统一口径"，而这个"统一口径"的过程也就成了学校"不诚信教育"的过程。

三、社会环境的影响

假冒伪劣商品充斥市场，假疫苗、假文凭、假学历、假广告……加之媒体的曝光、宣传、夸大等因素，使"假"在生活中随处可见。而中学生正处在世界观、人生观和价值观形成的关键时期，容易受外界影响，他们会不自觉地把从社会上看到、听到的用到自己的言行中。

四、知行难以统一

大多学生都知道做人要诚实守信的道理，但在实际行动中却不去做，是"语言的巨人，行动的矮子"。如许多学生对《中学生守则》和《中学生日常行为规范》的内容背得滚瓜烂熟，可就是不能很好地体现在行动中。

"狼来了"的故事，大家都知道，它告诉我们"要做诚实的好孩子"。诚实是我们健康成长的重要资源，一旦脱离诚实的轨道，我们将失去坚实的根基。而诚实和信任又是密不可分的，只有诚实的人才能获得信任。老子曰："轻诺必寡信，多易必多难。"高尔基说，走正直诚实的生活道路，必定会有一个问心无愧的归宿。诚信，能使我们心怀坦荡，形成健康的人格；诚信，能使社会生活更加健康和谐。

那么，在教育教学中我们如何对学生进行有效的诚信教育呢？

（一）教师以身作则，身正为范

古今中外的事实都证明了身教重于言教。古人云："亲其师，信其道。"言传身教，为人师表，老师的一言一行，都会对学生产生影响。老师一定要在思想上、道德品质上、学识学风上，全面以身作则，自觉率先垂范，这样才能真正为人师表。教育本身就意味着一棵树摇动另一棵树，一朵云推动另一朵云。用一个高尚的灵魂塑造另一个高尚的灵魂，用一个诚信的人格塑造另一个诚信的人格。教师无言的诚信人格感化，远远超过刻意的"教育"。

（二）学校管理要讲诚信

学校的诚信形象，直接影响着对学生的诚信教育。在责任教育的大前提下，学校更要树立以诚信为本的观念。学校要加强管理，杜绝弄虚作假，切不能忽松忽紧，忽冷忽热，检查团来了忙一阵，走了松一阵，更不能为了荣誉要求学生"统一口径"。诚信教育不能仅仅停留于口号，停留于课堂灌输，停留于形式，而应从学校管理的点滴小事上做起，以学校的诚信来影响学生，教育学生。

（三）营造氛围，家校联合

"立身处世，诚信为本"。学校要在全校范围内开展大规模的宣传教育活动，同时学校也要调动家长、家校联合，共同营造诚信氛围。使全校师生和家长都认识树立诚信道德的重要性，形成"守信光荣、失信可耻"的道德氛围。教师有针对性地选择一些有助于诚信品德培养的书籍，指导学生和家长一起阅读，开展百日读书活动，让他们了解伟大人物诚信品德的形成过程和高尚品德对人生的重要作用，提高他们的认识水平，开阔他们的思想境界，激发他们培养"诚信"品德的主动性和自觉性。

（四）激励、推动、唤醒内动力

德国教育家第斯多惠说过："教学艺术的本质不在于传授本领，而在于唤醒、激励和鼓舞。"学校在进行诚信教育的同时，开展评选诚信少年主题等活动，并对这些学生进行奖励。要让孩子认识到：老实人不吃亏，好人有好报。大家争做"老实人"，都做"好人"。

（五）点滴小事，持之以恒

诚信不是一时一事的事情，而是一种品质，一种一贯的做人做事的方式。所以要培养诚信意识，必须从身边的小事做起。值日打扫，迟到早退，作业考试等点滴都记录在册，优良记录越多会获得越高的诚信奖励，

反之会影响评选三好学生、优秀学生等。

　　十年树木，百年树人，教育不是一朝一夕的事情。陶行知说："千教万教，教人求真；千学万学，学做真人。"中学生是祖国的未来，民族的希望。作为教育工作者，我们应教育他们养成诚信的道德品质，将来做一个爱国、敬业、诚信、友善的社会主义公民，为全社会营造诚实守信的良好环境尽到自己的责任。

中学生二声部合唱协调统一的实践研究

孙玉洁

合唱是一门和声音乐的艺术，是一门综合协调性很强的声音艺术。它涉及音乐与语言两大方面，是用声音去美化语言的艺术，语言融入了音乐，音乐侵入了语言。这是与器乐的根本区别，依字行腔、字正腔圆、声情并茂是歌唱艺术永恒的主题。

中小学生音乐课堂常常会涉及合唱初步的认知和尝试。中学音乐教师，是第一时间让学生感受和体验合唱音乐的引路人。音乐教师首要的就是要知道什么是合唱，什么样的合唱才是最美的合唱声音，如何训练刚刚接触到合唱的学生们，这是我们作为执教者应该着重去研究琢磨、去反复实践的。

首先，作为音乐教师应要热爱音乐，不仅要具备对音乐的一种特殊感知，还要有宽广的音乐专业知识和一定程度的声乐技能。其中，最主要的就是音乐教师本身要具备合理科学的发声方法，研究合唱理论，精心致力于理论与实际相联系的研究。并且，还要具备对音乐美的意境美的了解和把握的能力。音乐来源于生活，音乐作品中包含着一种间接的生活美。这种美是一种艺术之美。这就要求音乐教师既要对自在、自然的原始音乐素材有所了解，又要对社会实践中创造的富于人性的、人情的、人为的原始音乐素材能够把握到位。而这种对音乐作品的感受、体验和欣赏的能力就是对音乐教师审美能力的检验和提升。也就是教师应该具备的几种能力：理解学生的能力、通俗易懂讲授教材的能力、劝说他人的能力、组织能力、把握教学分寸的能力、创作性能力、迅速反映教育的情境并在其中保持举止灵活的能力、引起学生兴趣的能力（著名教育

学家果诺波夫）。只有具备当中的几项能力，音乐教师才有了一定的自身素质的储备，才能够更好地驾驭合唱教学。

其次，合唱具体训练实践操作几点建议：

一、在合唱人员选拔上：让合唱声音音响效果优、准、协调统一是基本

首先在选拔人员上要把好关。中小学生正处在变声阶段，没变声的孩子还是很好听的童声，声音清脆稚嫩好统一。那么，处于变声阶段的中学生，有前期、中期、后期。表现为发声持久性较差，很容易疲劳，声音不太稳定。男生表现为声音粗糙沙哑，女生表现为声音涩滞。在选拔人员上就会有些难度和很高的要求，女生和男生的变声期还略有不同，女生变声期是在13~15岁之间最迟到16岁。男生变声期在14岁~16岁之间最迟到18岁。这样，音乐教师在合唱人选上，就要做好判断和甄别。教师挑选之前就应该详细规划好在表现合唱作品时要达到的意境和追求合唱声音的最终效果。头脑里要有音乐作品的大概轮廓和声响特点。因此，在挑选人员的声音上要统一标准要求。在音色上，选择明亮的、柔和的、有力度的。在表现上，歌唱有乐感的、节奏感准确的、驾驭歌曲能力强的人员。尽量找一些声音圆润的、音色相接近的声音色彩。这样一来，在实践操作排练上合唱的声音就很容易统一协调。

二、在合唱声音训练实践上：排练过程遇到的问题和解决的方法

在合唱训练过程中，要力求声音达到高、轻、柔、谐的状态。这是合唱训练要努力达到协调统一最终的应有的状态。我们在之后合唱训练的一系列实践都要围绕着声音的"高""轻""柔""谐"这四个方面来融入声音协调统一的排练中去。我们都知道合唱就是两组或两组以上的歌唱者，同时演唱两个或两个以上的曲调。是一种群体性、多声部的声乐表演艺术形式。其音域宽广，音色丰富，和声性强，气势宏大，具有多层次、立体性的声响效果。作为中学音乐教师，能够早早地让学生接触到合唱的其中的一种形式就是二部合唱。也是学生最容易掌握的一

种合唱形式。

（一）合唱发声的练习

发声是学生接触合唱课的第一步，也是最基础的一步。把学生分为两部分，高声部和低声部。让学生接触最简单，最容易接受的练习方式。

（1）4/43- - -|5- - -||

1- - -|3- - -|| 这是一条长音长声线发声练声曲。让学生两个声部分别唱出音符，在演唱的同时保持住自己的声音立场。如果不小心被别的声部拐跑的话，就要单独训练每个声部，教师可以跟着一个声部组学生演唱音符，做好规范的范唱，倾听这个声部组学生声音的缺陷，有没有跑调的、有没有刺耳的声音，如果发现这样的同学，就要有针对性单独让他来学唱，给他讲解做示范，到学生做对为止。然后，两个声部组继续演唱音符。等两个声部组音符都唱准了，就要进行关键的合唱合作练习。要求学生声音位置统一要保持高位置。要做到高位置（高）、声音不尖锐不追求音量大（轻）、（柔）和、声线统一（谐）。如何做到高位置？音乐教师要想到不要用太专业和声乐理论化的语言讲解，要用学生能够接受的通俗易懂的语言来讲解示范。例如：高位置，怎么个高？有的老师说要在鼻窦上、眉宇间，或者上腭，这样的解释，孩子会蒙，不知道怎么个眉宇间，怎么个鼻窦，学生也没学过生理解剖学不知所云没有抓手。但换种说法，让学生把自己身体当成乐器，用想象的方式，告诉学生唱歌是想出来的，不是唱出来的，让学生想象我们健身用的扩胸器材，是怎样用手拉开的，方向不是我们习惯的横着拉开，而是在自己胸前竖着上下拉开，在歌唱发出"1"和"3"音符时，像扩胸器一样上下抻拉，把音符"1"和"3"变形的拉细拉长，把"音符"抻拉超过自己的身高（头顶以外和脚底以下）达到极限，那么声音位置，就是基本处于正确中。同时，音乐教师还可以再强调一种方式，就像你画画一样，用你的声音去画拱门的最顶端（最顶端的弧度）。这样的方式方法也是最有效的解决高位置的一种捷径。

练习曲 ▼▼▼ ▼▼   ▼▼▼▼▼

（2）2/41 3 5 3 1| 1 1- -|| 1 1 3 1 1| 1 1- -|| 这是一条短声线具有弹

跳性的发声练声曲。孩子会唱的更糟糕，学生会抻着脖子，在嗓子眼唱出音符，用拙劲唱出跳音。不仅声音不好听，跳音的声音效果也没有达到要求。对于这种现象我们怎么做呢？在经过长期循序渐进的长声线声音练习的过程中，在掌握一定的声音高位置的方法同时，可以让孩子想象一下，唱"1""3""5"的同时，强调学生声音要短促而有力量。把演唱的音符想象"拍"在地上，在"落球"和"地面"接触点上发出"1""3""5"音符声音，然后发出的声音又迅速向上弹回来，就像学生平时练习拍球的感觉一样，拍下去又快速弹回来的过程，就是声音弹跳性的走向的练习和掌握。并且，还要根据"球"（声音）的大小来控制声音的弹跳性和灵活程度。"球"体越大（把声音想象成大球），"球"接触地面的交点就越大，声音就越笨拙。要把"球"变小（把声音想象成小皮球或更小的乒乓球等），"球"接触地面的交点就越小，声音就越轻巧灵活，弹跳性就很容易做到，声音的弹跳性就变得灵活。什么样的声音力度，什么样的弹跳性，是根据你所需求的"球"大"球"小来定。以上的这些方式方法都可以是随机变化的。

（二）声部的协调统一在合唱作品中的体现和训练

初中生刚刚接触二声部合唱作品时，首先，要由浅入深，不要太追求难度高的合唱声乐作品，学生会因为对音乐作品不能够驾驭而适得其反。其次，要让学生尝到甜头，让学生感受欣赏到他们自己所完成好的合唱作品的音响效果。逐步让他们建立起自信，慢慢接受且抱有希望地去挑战更有难度的合唱音乐作品。

最初，我们在选择合唱作品时，要选择一段二声部合唱作品。其中，要有一两句简单的和声音响色彩的训练比较合适。例如：《七色光》这部二声部作品，欢快活泼，声音弹跳性强，只有结尾处加入了一小部分和声色彩。对于这首歌曲的训练，首要的就是让学生熟唱歌曲的主旋律，让两个声部组分别掌握和训练。在熟练和掌握两个声部旋律的同时，就要进一步细化每个字、每个词、每句话所发出的音响的要求。有的音乐教师在排练的时候从歌曲的开头一直唱到作品的结尾处，才进行发出声响的要领讲解。根据我将近20年的教学经验，这样会造成学生把错误的声音概念强化。首先，告知学生发出的每个字、每个词、每句话要像平时说话一样，自然说出，给学生进行心理暗示。让学生潜意识放松，顺着你的语境去放松口腔肌肉和脖子以及全身部位。教师给学生做朗诵歌词的示范，在示范的时候，告知学生朗诵每个字、词的时候，要保证它们发出的拼音时值要饱满要到位。例如："太阳，太阳，给我们带来七色光彩"这半句。"tài yáng，tài yáng，gěi wǒ mén dài lái qī sè guāng cǎi"。先长声线的去练习每个字的拼音（放得很慢的节奏夸张地说出每个字）。教师一定要会倾听辨别学生朗诵的字、词、句子声音。时值要"圆""饱满"，把每个字、词、句子都要保持在直桶里，达到直桶的最顶端（也就是头顶的中心部位）。同时，再强调回忆一下在"发声练习"时，用发出的"字词"的声音画出拱形门的最顶端的那个点（用意念），就是正确的声音位置。这个过程需要长时期的训练和体会感受才能慢慢掌握。在这之后，就可以进行句子与句子的连续训练。用长线条声音来练习这一段歌词，让学生掌控整段歌词发出声响的无瑕疵之后，再进行"短"线条声音的训练（《七色光》涉及的跳音的解决）。

在此基础上，让学生想象把声音颗粒状发出，也就是"拍球"。不要在胸前而是让手在腰间两侧做"拍球"状，拍的高度不要超过腰间，拍的幅度不要大，要"拍"的短促而有力，跳音力度大就用劲向下拍，跳音力度小就用手小幅度拍。（你的手就是你的声音，也就是用声音拍出的）。在不断的反复性练习，达到正确的声音之后，才能够把整首歌曲进行统一演唱。这就要求两个声部都要达到同样的标准，才能最终在一起配合练习。

最后，教师要清楚明了地告知学生两个声部配合练习要学会倾听对方声部的声音，并且让学生要保持住自己的声部，循序渐进地掌控自己的声部（告知学生高声部歌唱时就像一个人的声音一样，低声部歌唱时也像一个人的声音一样），每个声部协调到步调一致，每个声部都要做到声线要干净利落，让他们想象到声音要像一根绳子一样扭成一股绳。一起抬腿（歌唱时的起音）、一个高度（歌唱时声音的高度）、一个宽度（歌唱时声音的宽度），每个声部发出的声响（两个声部的声线）都

要在统一的直线上行走(教师要用形象化的语言做心理暗示和引导想象，同时教师可以在学生面前做行走的示范)。只有不断地实践和想象地强化训练，才是让一部二声部合唱作品协调统一的方法。

总之，中学生二声部合唱的训练，是要靠音乐教师的耐心细致，刻苦的一步一个脚印地去练习掌握的。教师只有不断加强自身素质的修养，不断加强自身声乐技能的深入学习，关注先进的音乐教学理念，放宽眼界，多学、多练，才能够在歌唱课教学中驾轻就熟。

浅析初中美术教学与人文教育的融合

唐　波

美术教育是人类社会一项重要的文化素质教育活动，在学校教育中把握美育的人文特征，确立以人为本的人文素养教育，而不是美术基础知识与技能的知识教育。这对于改进美育教学，实现美术课程向美育的回归，无疑具有重要的指导作用。从而培养人的思想道德情操，培养为社会进步发展做出贡献的人。在初中素质教育中，为了更好地提高学生的艺术水平，有必要将人文教学融入整个艺术教学体系。只有这样，才能培养学生的善良、友善的价值取向。

在感知世界里，任何一种具有审美价值的物象，都有其可感的形式。没有生动、具体的形象，就没有美的理由。这一特点在美术中表现得特别突出。教师应把握生活中的美的因素进行美育。把美育建立在可感知的形式中，让生命之美和自然之美进入课堂，并将我们的教学内容形象化。以审美态度对待自然是实现人与自然和谐的重要途径之一。培养学生的审美素养，即培养他们纯洁高尚的情感和视野，使高纯度成为他们生活的基本前提。由于初中的学生处于过渡期，这个时期具有很强的可塑性。如果教师能够创造一些艺术审美氛围，让学生以微妙的方式接受艺术美学。它可以培养学生的审美习惯。教师可以带领学生在校园内进行写生训练，感受身边的美，根据自己的完成作品组织创作，组织讨论，让学生在不可感知的过程中学习许多艺术审美相关的专业词汇。还可以让学生更直观地理解我国的广泛而深刻的艺术。

在美术教学中人文素养与美术教学相结合，要把课堂教学同学生生活相结合，培育学生的情感素养，使其情感世界得以更好地社会化。关爱他人是人文素养的核心，关注个体的生存意义和价值理想，美育人文

教学就是以人为主体，注重人的个性差异在差异中求共性升华人性的美。这就要求美育要建立以人为本的思维，以人为本，培养学生的人文情怀，在日常教学中、生活中贯彻人文精神。人文情怀体现了艺术教育的作用，能提升学生的审美情趣，从而提升学生的全面综合素质。

美术教育同人文教育相结合。我们的老师应该尊重每个学生的个性差异。根据学生的这些差异充分发挥学生的个性特征，因为每个人都是独特的人，有属于自己的独特感受，要真正提高学生的人文审美水平，必须尊重学生的个性，为学生创造更多的艺术氛围和艺术空间，因为只有具有特定的人文背景和精神，才能感染学生。

第一，给学生更多的课堂自由表达空间，人文素质的培养必须建立在一定的自由度基础上。因此，教师和学校应该创造一个更加积极和自由的学习环境。只有这样，才能培养学生完美的独立人格，才能为每个人创造自由活动的空间，每个人都不会固守物质主题来表达自己的情绪，不同的兴趣、不同的生产技术、不同的思想和不同的创作形式的学生被给予足够的自由。

第二，给学生充分表达的氛围，个性的张扬是人性的尊重，美育与人文密切相连，学生可以用美术方式表达自我展示自我的内心。因此，教师应该把尊重学生放在第一位，教师也应该更加注重提高学生的艺术素养，从而有效地引导学生发挥自己的绘画个性，使他们的艺术作品得以展示。让学生体验艺术创作的乐趣，从而充分促进他们的全面发展。

总之，美术教育贯穿人的一生，通过艺术教育，培养和增强学生的人文情操，使学生在艺术教育的学习中体验自然与人文之美。这是美育与人文教育相结合应该发挥的作用！

美育是培养一个人独特个性的教育，没有美育的生活是一种不完整的生活。美育作为一种教育手段，可以美化人的灵魂，培养人的审美情趣和高尚的道德情感，促进人的完美人格的形成。美育教育不仅仅在课堂，美育也是社会形态的教育，同我们的生活紧密相连。美育具有全面的作用，可以带动其他教育形成有机体。美育培养不仅仅是在美术课堂中的事，更应该体现在我们的生活中。

身体素质训练在中学生
篮球运动中的作用

陶进宇

【关键词】速度训练；耐力训练；灵敏度训练；柔韧性训练

　　进一步加强青少年体育、增强青少年体质，对于实现"中国梦"、深入贯彻党的教育方针、大力推进素质教育、培养中国特色社会主义事业的合格建设者和接班人具有重要意义。

　　篮球运动在促进我国中学生体质，提高其综合素质，培养合格社会主义建设者和接班人方面发挥了不可磨灭的作用。越来越多的青少年不仅仅喜欢篮球，更是把篮球作为自己的专长，帮助自己升往高一级的学府。初中考高中有招篮球特长的，高中考大学更是，CUBA 就是一个完美的例子。笔者在查阅大量有关篮球身体素质的相关文献下，发现绝大部分的文献都把篮球中的力量、速度、耐力、柔韧、灵敏、心理等六个要素分开来单独描述如何练，虽然很多文献中都写得很详细，但问题是，这样导致大部分初中篮球运动日复一日地重复一个模式的训练，在一个周期中，他们就不太清楚要如何给自己安排科学的训练。本研究将从身体素质训练一个完整的周期的训练方法着手，使运动员在篮球运动水平上有一个大幅度的提高，从科学的角度来进行高水平的训练，从而更好地提升广大初中篮球运动员的综合身体素质。

　　本文的中学生主要指 13、14、15 岁初中阶段的学生，这些学生因为自己的兴趣爱好而利用学校篮球队的平台进行训练和比赛，虽然各方面能力有所加强，但是身体灵活性不会提高，训练和比赛效果不会加强，甚至会有所下降，更会影响骨骼发育，对身体及其他技能会有影响。

一、存在的问题及解决的方式、方法

（一）速度训练中存在的问题及解决方法

速度素质在篮球运动员的身体素质中占有特殊重要的地位，良好的速度素质是运动员在比赛中取得时间和空间优势的重要因素，也是运动员在比赛中技、战术运用能否奏效的决定性因素。由于篮球技术特点、场地等因素影响，起动速度、加速跑速度和速度耐力是篮球运动员速度训练的重点。然而当前中学生篮球训练队对专门速度训练的理论与方法还不够了解，训练中有针对性的方法手段不多。大多数情况只是通过多方位无氧、短距离跑来提高速度素质，而不知道要用什么具体方法，甚至连一套系统科学的训练方案都没有，在训练中很难提高运动员的速度素质。所以在比赛中出现了回防速度慢、防守跟不上等诸多问题。

1. 解决方法

科学的训练方法是提高短跑运动成绩的保证，在短跑技术练习中，采用的练习手段有很多，较多采用的主要有以下几种：

a. 各种跑的专门性练习和辅助性练习：如小步跑、高抬腿跑、后蹬跑、跨步跳等。

b. 快速反应练习：多种姿势及不同信号的起跑练习。

c. 中速跑 30 米：注意动作轻松和技术要求。

d. 提高频率练习：如击地跑、台阶跑等。

e. 起跑后的加速跑练习 (30 米 ~ 50 米)。

加速与放松跑的交替练习：如 30 米快速跑 +20 米惯性跑 +30 米快速跑 +20 米惯性跑等。

f. 终点冲刺练习：30 米 ~50 米冲刺跑接撞线练习。另外，也要重视身体素质的全面发展和机体机能能力的全面提高，如：身体的柔韧性、协调性及力量素质；机体的有氧耐力、无氧耐力等。

2. 短跑教学中容易产生的错误动作及纠正方法

快速跑训练过程中如何纠正错误动作是完成教学任务和训练目标的一个重要环节，如果不能掌握正确的技术动作，就很难取得理想的成绩。

常见的错误动作有：

a. 摆臂技术。摆臂时，因肩部过于紧张，使摆臂技术所要求的动作逐渐变形而导致整体动作变形。

b. 抬头挺胸跑。产生原因是动作紧张或腹肌力量差。纠正方法：(1)要求跑时目视前方，动作放松、多做定距离的放松跑；(2)多做腹部练习，发展腰腹肌力量。

c. 低头收腹跑。产生原因是动作紧张，摆动腿前摆不充分，没有带髋向前。纠正方法：(1)目视前方目标的放松跑和放松加速跑；(2)多做跨步跳、弓箭步走等练习。

d. 后腿蹬伸不充分。后蹬是跑的动力，合理的后蹬技术是跑的关键。产生后蹬不充分的原因是后蹬肌肉力量差、动作僵硬。纠正方法：进一步明确后蹬摆腿的动作要领，通过后蹬跑及各种跳跃练习发展蹬摆力量。

e. 前摆不充分。在教学中直接表现是"窝髋"，即因髋关节僵硬使大腿前部与腹部间在运动时角度过小，影响向前高抬摆腿的幅度而不能加大步幅，进而影响水平速度。纠正方法：(1)前后及侧向摆腿练习，充分感觉髋部运动；(2)通过高抬腿和后蹬跑等练习，要求体会送髋动作，说明送髋动作的意义。

3. 在速度针对性训练的训练课时，加入现在国际新型的速度训练方法：速度灵敏性认知训练

（二）耐力训练方面存在的问题及解决方法

运动员的耐力素质包括有氧耐力和无氧耐力、无氧混合耐力。在我国广大初中生篮球运动员中，耐力训练绝大部分是有氧训练，大大忽视了无氧训练。这也是中学生篮球运动员在比赛中耐力不行的主要原因。目前的中学生篮球运动员的有氧训练是以长跑为主，是低水平的有氧代谢，而比赛要求的是高强度、高质量的有氧代谢，其中包括了无氧，所以我们应在训练时有意地结合有氧无氧。

训练方法：100米冲刺的间歇跑是解决这个问题较有效的办法，此训练方法能提高有氧代谢能力，使运动员工作运动和比赛能力得以提升。在我国中学生的比赛中，都在有意识加强紧逼防守的运用时间及强度，

尤其到比赛的后程，不管是区域紧逼，还是半场、全场盯人，体能是破坏紧逼盯人、保证自己防守质量、加强防守反击的保证和条件。

(三) 灵活性训练方面存在的问题及解决方法

篮球运动对运动员灵敏素质的要求主要在于快速、协调、准确，只有具备了这些素质要素，才能与篮球运动所要求的反应迅速、应变能力强的专项特点紧密结合，从而促进运动员技术、战术水平的发挥。

因此，我们在此加入了两种针对性的训练方法：

a. 摆脱练习：至少涉及 1 名进攻者和防守者，但也可能包括额外的球员，如 2 名进攻者和 1 名防守者。所有球员必须待在一个标记出来的相对较小的区域内，目标是让进攻者根据专项运动规则来摆脱防守队员。在这种情况下，进攻者和防守者都必须在执行 COD 动作时对对手的行为做出反应。摆脱练习的优势在于他们具有高度的专门性和先天的竞争性，以鼓励运动员的动机和强度。该方法还允许教练对每个球员在进攻和防守中的重复次数进行控制。篮球中的一个简单例子是 1 对 1 防守，在这种情况下，当一个防守队员向篮筐进攻时，他就需要试图摆脱防守队员。球员之间交换搭档，因此，他们需要观察各种运动学线索，同时他们还要交换攻击和防守的角色。

b. 小型比赛：使用修改后的规则，减少球员数量和场地 / 球场面积。小型比赛的优点是同时发展各种健康成分、技能和策略，以及时效性等潜能。虽然已经对小型比赛的生理学进行了大量的研究，但关于灵活性发展的有效性知之甚少。最近的一项研究调查了澳大利亚职业足球运动员训练场地的大小、球员数量和规则修改对灵活性训练需求的影响。当实际问题被规则替代时，结果发生了反转，球员倾向于传球而不是试图摆脱他们的对手。因此，为了最大限度地满足小型比赛的灵活性训练需求，需要采用特定规则来提高摆脱技能，例如限制通过的次数或通过评分系统奖励其摆脱行为。由于运动员对灵活性的要求有很大的差异，教练员应仔细考虑比赛中与运动员相匹配的能力水平，并应给予鼓励以确保所有队员都参与比赛。由于有多个球员参与其中，小型比赛相比摆脱练习，其潜在优势是决策的复杂性，它可能会被很好地转移到竞争中去。此外，即使在高水平运动员中，其反应的速度和准确性也被证明是高度可训练的。由于我们不知道感知和决策技能是否对进攻和防守角色有不同的影响，因此，无论是摆脱练习还是小型游戏，都可以根据运动员的需要进行进攻或防守。

（四）柔韧性训练方面存在的问题及解决方法

柔韧素质在篮球运动中主要是要求运动员关节韧带，特别是腰、胯、肩、腿、踝关节韧带的韧性强，对运动员加大实战技术动作强度、幅度，减少运动员机体受伤具有积极的意义。可是，大部分初中球员对这方面不够重视，比如训练的时候没有尽力，装模作样，所以针对这方面我们对球员要求极为严格，并设立了专门的柔韧训练课。

训练方法：

a.坐位体前屈：两腿并坐，膝伸直，上体前屈，两手掌触脚，上体与腿尽量贴近，复原姿势后连续再做。

b.牵拉腹股沟：对脚盘坐，两膝用力贴近地面。复原后再做。

c.坐压腿：双腿分开坐在垫子上，以右腿在体前伸直为例，腿弯曲，脚跟接触伸展腿的内侧，左小腿外侧贴近地面，与右腿组成三角形，背部挺直，呼气，上体从胯部开始前倾，贴近右腿大腿的上部，双手抓住右脚脚尖，右腿膝部保持伸直，动作幅度尽量大，保持15秒，然后交换腿进行，每条腿拉伸3~5次。

（五）力量训练存在的问题及解决方法

由于决定人体力量素质水平具有身体形态、心理、遗传和动作技能等因素，青少年运动员处于青春发育期，进行力量训练正是对其人体全方位体能的挖掘。青少年发育各阶段的力量增长不尽相同，一般13~15岁是力量素质水平发展的敏感期，其力量达到快速增长的第一个高峰。由于此阶段力量与体重同时增长，最大力增长较快，因而相对力量增长的幅度不大。肌肉趋于长度增长，比横向肌肉增长要快，所以此阶段也是身高快速增长的时期。力量增长的第二高峰是在16~17岁，肌肉的横向增长速度较快，其最大力量与相对力量的增长速度都很快，此时是进行力量训练的最重要时期。

训练方法：

a. 上肢力量训练。

青少年运动员要重视上肢力量的训练，尤其是发展上肢的速度力量，从小培养良好力量，为以后成年掌握更多技术动作打下基础。

b. 髂腰肌力量训练。

髂腰肌力量的增加可以采用仰卧高抬腿和悬垂高抬腿的方式来训练。在进行仰卧高抬腿训练时，应呈仰卧姿势，后将两腿快速交替，做10~30 秒高抬腿练习。或者也可以做抗阻力训练，例如将胶皮带固定在柱子、肋木或树干上与两脚踝关节的位置，进行高抬腿拉力拉阻力练习。要注意胶带一端的固定应低于垫子水平面，距离为 20cm 左右。此外，如果要提高动作的速度还可以在拉完胶带后进行徒手练习。在悬垂高抬腿练习时，两手应握住单杠并呈悬垂挂形式，之后两腿要快速交替，进行屈膝高抬腿动作和下蹬伸直动作的练习，每次抬腿 20~50 次，重复练习 2~3 组，每组间隔时间为 3~5 分钟，练习的速度越快越好。

c. 腰腹肌力量训练。

腰腹肌力量训练可以采用肋木前攻栏、扶肋木跨栏角、小步跑跨栏角及高抬腿跑跨栏角等方式练习。在进行肋木前攻栏练习时，面对站立的肋木，起跨腿蹬地并将腿快速前摆，同时，两侧不同前摆的侧壁应和摆动腿前掌同时落在横木上。要注意起跨向前蹬地时要充分，不可离地，强调攻摆的速度。10~20 的连续动作为一组，每组间歇 5 分钟，应重复练习 2~3 组；扶肋木跨栏角练习要在离肋木 10~100cm 前放设一栏架，面对肋木栏侧，手扶肋木的躯干并身体前倾。快速提拉跨越栏角。注意在做此动作时，要保证规范性，同时提拉的速度要迅速。15~20 的连续动作为一组，每组间隔 5 分钟，应重复练习 3~5 组；在进行小步跑跨栏角训练时，要在 10~12 米的范围内设置 5 个栏，摆动腿快速小跑并在栏侧做跨栏动作，上下肢配合要协调，频率越快越好，每组动作 3~4 次，每组间隔 5~7 分钟，并重复练习 3~5 组；高抬腿跨栏角的栏架和栏间距设置同小步跑跨栏角一致，在快速中进行高抬腿跑步跨栏，其动作规范和练习次数同小步跑跨栏相同。

d.踝关节的力量训练。

要想促进踝关节力量，应采用单足跳、单腿半蹲负重、弓箭步走和跨步跳等力量训练方式，从而在增加青少年运动员踝关节力量的同时，对其速度跳跃水平也有明显提高的作用。

（六）心理方面存在的问题及解决方法

青少年运动员的心理特点：青少年运动员的心理还没有完全成熟，处在这一年龄阶段的运动员，注意特点已经有较好的稳定性、目的性和选择性。尤其对独特、新颖、多样的训练方法倍感兴趣，同时，他们也容易被一些新鲜事物所吸引。青少年运动员的感情很丰富，对比赛很感性，兴奋易于冲动，他们常常因一分、一局或一场比赛的胜负而大喜大悲，我们在以往的比赛和训练中往往对心理训练不够重视，致使很多青少年运动员不能正确认识正常兴奋和过度紧张的心理，缺乏自我抑制和自我调节的能力。

训练方法：

a.认知训练法。

克服过度紧张的重要方法是通过认知训练，使运动员对比赛有正确的心理定向。即通过谈话、讨论、写比赛方案等方法，使其对面临的比赛任务有清楚理解；有积极的比赛动机和适宜的比赛目标；对自己力量充满信心，有全力以赴争取胜利和敢于拼搏不怕失败的勇气；对可能出现的问题准备好应变策略。将自己的思维、想象等认识活动集中在比赛进程所需要的技、战术准备上，而不去过多思考比赛的结果及由此所带来的个人处境。当运动员有了正确的心理定向后，他们就能对环境刺激因素及自身生理因素做出正确的认识评价，并通过认识的中介作用去有效地调控情感。

b.表情调节法。

表情调节法即有意识地改变自己面部的表情。因为情绪状态与面部表情存在着密切而有机的联系,情绪的产生会引起一系列生理过程的变化，并由此而引起面部等外部表情。所以，可以通过改变外部表情的方法相应地改变情绪状态。如感到过度紧张时,可以有意识地放松面部肌肉，

不要咬牙，用手轻搓面部，使面部肌肉有一种放松感。当心情沉重或情绪低落时，可以有意识地做出笑脸，强迫自己微笑，假使做不到，可以看看别人的笑脸，或者想一想自己过去最高兴的某件事，也可以想一想自己过去最得心应手的比赛情境。这些都可以用来调节自己的情绪状态。

c. 音乐调节法。

音乐能够影响人的身体和大脑，可使人产生兴奋、镇定、平衡三种情绪状态，并能帮助集中注意力，促使大脑的冥想状态井然有序。运动员赛前如果有异常情绪表现（如过分紧张），听一段有节奏的轻音乐或喜爱的歌曲，往往能得到良好效果。研究表明，无论是个人表演项目或直接对抗项目，通过音乐调节都可以获得良好效果。

d. 激励调节法。

这是教练员用称赞和忠告的语言对运动员的心理活动施加影响的方法。此法如果运用得当，能使运动员从过度紧张和不安中解脱出来。例如，在比赛中运动员出现情绪过分紧张时，教练员及时发现后，可以指示说"你的水平大家都知道，努力去打球吧！""如果失败了，由我承担责任。"用诸如此类的口气激励运动员，对稳定运动员情绪状态，使其从紧张不安状态中解脱出来，往往会有调节心理状态的良好效果。相反，如果教练员对运动员采用施加压力的方法，则会加剧运动员紧张和不安。

e. 模式训练法。

根据专项的需要，采用不同的训练手段，按运动员的专项水平，事先订好标准要求。此要求应尽量接近比赛要求，有利于排除运动员参加比赛时产生的不良心理状态。

f. 领先训练法。

专项运动水平基本相同的运动员在一起训练，由教练员指定某一运动员领先训练，调整其怕领先做不好的不良心理状态。例如，张某是不善掌握初学动作的运动员，他每当领先做时，心理就紧张胆怯，比赛时的水平总是低于平日的训练水平。对他一方面通过训练培养其优越感，一方面加强心理上的教育，解除他害怕的心理。

g. 自我控制训练法。

自我控制对篮球运动员是十分重要的。在训练或比赛中，因为神经系统不会总是处于适宜的兴奋状态，如果在训练或比赛之前过于兴奋，运动员的精神和体力就消耗过多，兴奋出现的就过早，就达不到训练或比赛的预期目的。应该根据运动员的专项水平，在训练时培养运动员学会控制自己的情绪并努力在技术上发挥最高水平。培养过程先是由教练员指挥控制，逐渐过渡到运动员自己控制节奏和情绪，逐步克服急躁、慌张、示弱等不良心理。

二、研究对象及方法

（一）研究对象

以初中女子篮球运动员体能训练为研究对象。

（二）研究方法

本文主要采用文献资料法，通过图书馆、中国期刊网、万方数据库，检索与本课题相关的文献与研究成果。

三、主要取得成绩

2016 年长春市中学生篮球赛初中女子组冠军
2016 年吉林省中学生篮球赛初中女子组亚军
2017 年长春市中学生篮球赛初中女子组冠军
2017 年吉林省中学生篮球赛初中女子组冠军
2017 年吉林省李宁杯篮球赛初中女子组冠军
2018 年吉林省中学生篮球赛初中女子组冠军
2018 年长春市中学生篮球赛初中女子组冠军

【参考文献】

[1]FZ01104-1000-2008-00009，中共中央国务院关于加强青少年体育增强青少年体质的意见［S］.2008/06/16.

[2] 罗陵 . 现代篮球体能训练指导［M］. 北京 : 人民体育出版社 ,2009.

[3] 王向宏.体能训练理论与方法［M］.北京：北京航空航天大学出版社,2010.

[4] 王保成等.篮球运动员体能训练的基本理论与内容［J］.篮球体能训练的研究，2001.

[5] 范克全.对篮球运动的体能特点及科学训练的探讨［J］.体育科学研究，1998.

人教版八上第十单元阅读课教学设计

王充聪

一、教材分析

本节课课型是阅读课，教材内容是人教版新目标英语八年级上册 Unit10 If you go to the party, you'll have a great time! Section B 2a-2e，文本以 worries 为话题，主要讲述了 Laura 通过自己丢钱包得到父母谅解的故事，得到的结论是要与别人分享自己的问题。同时给出了专家 Robert 的建议：青少年有问题是正常的，但一定要学会与人倾诉解决问题。通过学习本篇阅读材料，学生能体验宣泄压力及烦恼的方法，学会与人沟通，寻求帮助，解决问题。

二、学生情况

学生是来自长春市绿园区第十八中学八年十三班的 44 名学生。学生对英语学习有一定的兴趣，但个别学生存在不自信，羞于开口表达的心理。为了得到更精准的数据，在课前还通过翼课网给学生布置了课前作业，得到关于学生阅读情况的数据。

三、教学目标

本课想要实现的教学目标主要包括以下四个方面：语言能力，文化品格，思维品质，学习能力。

语言能力方面，本课在语言能力方面希望学生能够理解 Laura 的故事及专家给出的建议，并且能够掌握基本的阅读策略，比如速读精读策略等等。

文化品格方面，希望学生能体验宣泄压力及烦恼的方法，学会与人沟通，寻求帮助，解决问题。

思维品质方面，希望学生能通过速读、精读、抓关键词和思维导图等策略获取信息，在总结概括推理的过程中理解文本，通过上述活动从而提升思维能力。

学习能力方面，希望学生能够体验速读，精读，抓关键词和思维导图等阅读技巧，能发展根据需要选择使用阅读技巧的策略能力，能够基于评价标准客观进行评价，能掌握合理求助解决问题的方式。

四、教学重点

本课属于本单元的阅读课，教学重点在于学生能够掌握基本的阅读策略，比如速读、精读、抓关键词和思维导图等等。

五、教学难点

本课希望通过课文的学习，学生能体验宣泄压力及烦恼的方法，学会与人沟通，寻求帮助，解决问题。那么最终希望学生能够针对他人问题提出合理化建议并形成报告。这一部分对学生口语输出和思维能力都是一个考验。

六、教学过程

下面表格能够清晰地反映出教学环节和使用信息加持学生发展的情况。

时间	教学步骤	信息技术加持学生发展
20分	课前前测作业	学生使用翼课网练习完成课前任务，积累数据信息。
5分	读前： 出示上节课所讲到的主人公 Michael 图片 回顾 Michael 的担忧，从而引发学生对自己担忧事情的讨论。	PPT

	读中： 速读找主旨 精读细节分析 完成思维导图	通过翼课网平台提供的数据信息，及时对学生进行有效评价。
15分		
15分	读后： 小组合作：让学生说出自己目前最大的担忧，并小组合作给出问题可能的解决办法。讨论结束后，每组派出一名同学，作为 reporter，陈述自己小组的观点。最后，同学们根据老师给出的评价表，对每名 reporter 给出评价。	利用电子词典确认拼写和读音，丰富学生学习资源。 利用翼课网平台投票功能，引导学生之间进行客观自评和互评。
5分	总结与作业	基于本节课学生的阅读能力，将学生进行分组，利用智能题库，帮助学生精准练习并进行相关话题的延伸阅读。

接下来，笔者将分为课前、课中、课后三个部分细述每一个环节的主要内容及设计意图。

（一）课前

课前使用翼课网平台布置课前作业，总共布置了五道题，共计用时24分钟。这五道题型分别是读记词语、词语听写、选词填空、同主题篇章阅读、课文跟读。

前测作业中的前三个题型：读记词语、词语听写、选词填空，设置意图在于在课前让学生能够自己掌握本课的单词短语。

课文跟读部分的设置，意在使学生练习文章朗读，提前预习课文。

做同主题篇章阅读练习引导学生进行阅读的语言准备、观点准备、任务准备。

在相同话题下，看学生哪种题型错误率高，得到精准数据应用于课堂之中。根据数据可以看出，学生对于细节题的把握存在问题，细节题得分率仅有36%，那么笔者知道在课中部分要注重细节的处理。这样的前测数据，更有说服力和针对性，方便教师开展教学。

（二）课中

对于课中环节的处理，教师主要分成了三个板块：读前、读中、读后。

1. 读前部分

出示上节课所讲到的主人公 Michael 图片，回顾 Michael 的担忧，从而引发学生对自己担忧事情的讨论。

设计意图在于从上节课主人公 Michael 说起，学生不会觉得陌生，在复习之中导入新课。引发学生对自己担忧的思考，从而过渡到本篇阅读的主人公 Laura 的担忧。自然引入到读中部分，也为最后面的小组活动做铺垫。

2. 读中部分

读中部分具体分为速读和精读两个板块。

速读部分：学生快速浏览文章找出文章主旨。在学生作答完毕后，教师给出阅读策略指导。

精读部分：学生细读课文，之后利用翼课网习题进行测试评价。

学生完成之后，翼课网自动生成数据分析如下：

可见，对于文章细节的把握部分 27 人全部正确，还有 17 名同学存在问题。具体看题目分析发现，第一题有 84% 同学答案正确，二三题正确率分别是 66% 和 63%。教师采取了同学之间互帮互助的方式，找同学抢答，在文中找到问题答案，让做对的同学帮助做错的同学分析。

读中的最后部分，教师采用了思维导图的方式，给文章分为两个部

分 :Laura's opinions 和 Robert's opinions. 让学生重读两个部分，小组合作完成填空。

读中部分任务的设计主要为了培养学生的阅读策略。先速读找到主旨，之后精读找到文章细节，最后形成思维导图，这样梯度的设置加深了学生对文章的理解，同时提升学生的思维能力。

3. 读后部分

读后部分设置了小组活动。让学生说出自己目前最大的担忧，并小组合作给出问题可能的解决办法。讨论过程中，每个小组都把自己小组成员的观点记到白纸上。讨论结束后，每组派出一名同学，作为 reporter，陈述自己小组的观点。最后，同学们根据老师给出的评价表，对每名 reporter 给出评价。评价表主要包括五个方面：声音、内容、逻辑、流利性、以及准确性，并利用翼课网的投票功能在班内选出最佳 reporter。为了降低学生 report 口语输出难度，教师给出提示句子作为支架，帮助学生成文。

活动设计意图在于引导学生进行拓展性思考，使学生能够学会求助他人，并给出合理化建议，提高学生小组合作能力。同时借助小组活动，加大学生语言输出。使学生能体验宣泄压力及烦恼的方法，学会解决问题，合理沟通求助，并且通过翼课网投票选出最佳 reporter 的功能，使学生能够基于评价标准客观进行评价。课堂投票结果展示如下：

（三）课后

课后采取分层作业形式。利用翼课网在课上得到的数据为学生分组，布置分层作业。

A组同学，即课上阅读习题部分满分的同学，课后任务是跨度更大，篇幅更长的相关内容的篇章阅读。B组学生是课上阅读练习60分以上的同学，作业是同类型同难度的篇章阅读。其余为C组同学，作业为书上78页2d部分。

根据翼课网所呈现的数据分析，班里44个孩子阅读水平是有差异的。为了使作业更有针对性，采用了分层作业的方法。阅读水平较好的同学课后布置难度稍稍超过本篇课文的相关话题阅读任务。阅读水平中等的同学布置难度和本文相似，题型也类似的相关话题阅读任务。阅读水平急需加强的同学，在本课中出现的错误率较高，说明对本篇课文的理解仍然存在问题，所以作业布置为书上P78 2d，帮助这部分同学回家再次理解课文内容。

七、教学反思

本节阅读课注重知识和能力的运用，基于文本，但跳出文本，意在提升学生解决现实中生活问题的能力，锻炼学生思维的灵活性，引导学生从多个角度思考问题。

对于这一节课来说，信息技术提供了很大的帮助，精准且高效。第一，课前利用翼课网平台，学生能够自学单词预习课文，省去了课堂中处理单词的时间。第二，根据课前同类型话题篇章阅读中学生做题所得到的数据，可以得出学生细节题部分错误率高，在课上加强对细节题部分的处理。第三，课中阅读习题部分，在学生做完以后，翼课网马上分析处理了数据，笔者在课上得到了第一手资料，知道哪道题错误率高，哪道题需要重点讲解，哪些同学会，哪些同学不会，实现精准教学，不浪费多余时间，非常高效。第四，课中利用投票功能可以非常直观看出同学们的意见。第五，课上数据统计可用于课后分层作业的布置。有利于个性化学习。

但是，本节课在一些环节上仍然存在不足。比如，在学生完成阅读习题后，对于问题的回答，虽然采用了平板上的抢答功能，但是回答的方式仍然采用的是传统教学中的口头回答。教师没有真正触及每一名学生。

总体来说，利用信息技术能够有效促进教学，在以后的教学生涯中笔者也将不断挑战不断尝试。

【参考文献】

[1] 庄力，华玮，等 . 教师教学用书英语八年级上［M］. 北京：人民教育出版社，2018.

教学实践篇

如何帮助学生纠正错别字

王春光

【摘要】时代在变化，手机与电脑等电子产品在学生的学习生活中已经成了必备工具。用它们来记录语言文字，传递信息，虽方便快捷，可也成了学生手写汉字屡屡出错的因素。错别字的存在小而言之影响学生个人文章表情达意的效果；大而言之，文字的混淆或错乱运用会影响中华民族文化的传承。因此，语文教师肩负使命，不能忽视、淡漠此种现象。应授之以渔，帮助学生纠正错别字，使书写规范、准确、美观，表达通畅流利，从而提升语文基本素养。

【关键词】错别字；纠正；方法

随着信息技术的快速发展，新时代的中学生们许多时候打字成文代替了手写，这使手写汉字的准确程度大幅度降低，错别字层出不穷。如何帮助学生把汉字书写规范、准确、工整，对语言文字的运用能够得心应手，是语文教师的艰巨任务。

黄伯荣、廖序东曾在《现代汉语》中将错别字进行定义，汉字书写和运用中出现的错字和别字的合称称为错别字。一种是错字，另一种是别字。所谓错字是一种无中生有的现象，是在字的原有笔画、笔形或结构上写错，成为错字。如把"武"右半部写成"戈"出现笔画乱添现象；别字则是张冠李戴，把原本该写的字，写成了另外一个字，如把"既然"写成"即然"，偏旁部首不同则意思大有不同，这种现象是别字现象。

中学生写错别字的原因主客观都有，主观因素中不乏个人态度的不认真、不查阅字典、不求甚解来识别汉字，没有掌握字的结构与写法就写，或也有笔下误的情况；客观因素，汉字是表意性质的文字，字形多样，所以识记、书写难。又因为汉字的演变过程久远，汉字的音、形、义在使用过程中把握不准都可以造成书写错误。在分析了学生写错别字的原因以后，我做了一些尝试，探究字形成的根源，把握字的音、形、义，及时纠正错别字。

一、根据"六书"理论，探究字的形成，纠正错别字

新的教学理念倡导教师"授人以渔"，就是教会学生掌握学习方法。所以日常教学中指导学生把握纠正错别字的方法尤为重要，这便是为学生的终身学习打下良好基础。如何帮助学生解决错别字问题，需要交给学生"六书"的知识。在"六书"中有四种造字方法，即象形字，指示字、会意字、形声字。而另外的两种方法转注和假借则属于用字的方法。在日常学习中应该教会学生掌握字的形成与运用的规律，可谓知其形成之源、抓起根本而治理，这样才能把字掌握得更扎实，这样才会提高书写的准确率。

《中学语文课程标准》中规定中学生应掌握并运用常用汉字 3500 个。对于这些字不仅要学会辨别字形，而且在字的音、形、义上都要下一番功夫。如果根据汉字的构成方法来识记汉字与纠正错别字，汉字书写就会规范而准确。

（一）会意字的比较、纠正

如"即"与"既"，学生容易混淆，区分不开。那么我们首先指导学生在百度汉语字典中查到，"即"的词性为 1. 动词 (1) 会意。甲骨文作坐人形 (后讹为卩) 面对食器 (皀) 会意。本义：走近去吃东西。(2) 同本义。(3) 基本义是接近、靠近、走向，与"离"对举等几项含义。2. 连词 (1) 虽然 (2) 假若 (3) 即使 (4) 又如：即或 (5) 同"则"。3. 介词 (1) 就在某时某处；乘、趁 (2) 又如：即忙 (连忙；赶紧)；即拜 (就在所在地授予官职)；即早 (及早；趁早)(3) 当 (4) 又如：即此 (就此；只此) 等含义。"即"的甲骨文字形 。在《说文解字》中是这样记录的：【卷五】【皀部】即食也。从皀卩声。子力切〔注〕徐锴曰："即，就也。"

而"既"的字义摘录如下：会意。甲骨文字形左边是石器形状，右

边像一人吃罢而掉转身体将要离开的样子。本意是吃罢，吃过。甲骨文的字形，在《说文解字》中是这样记录的【卷五】【皀部】小食也。从皀旡声。《论语》曰："不使胜食既。"

如是以上两字为例，根据字形、字义的形成根源判断，近食就餐为"即"，餐毕离席为"既"。这样再写这两个字时，学生就能够把自己探究来的知识运用起来，恰当地判断出如何使用并准确写出这两个字了。那么，适时指导学生去探究一些易错字构字的方法，据其源头治理，既能探寻到许多知识，又能纠正书写的错误。

（二）形声字亦可根据其构成来区别比较、纠正

贬谪的"贬"和针砭的"砭"两个字的探究过程如下：汉典中"贬"的解释为，形声。从贝，乏声。本义，减少，减损。《说文解字》中在【卷六】【贝部】贬损也。从贝从乏。方敛切。字源字形小篆写法；汉典中"砭"解释为，形声。从石，乏声。本义，治病刺穴的石针《说文解字》中在【卷九】【石部】砭以石刺病也。从石乏声。方〔马乡〕切。又，方验切。字源字形记录的小篆的写法。所以这两个形声字形旁所代表的意义相去甚远，据其字义完全可以把字形区别开。

汉字的"六书"理论无论在识字与帮助纠正错别字的书写过程中，做查询字的源头的依据，以便识字准确，书写无误。

二、部分常用固有词语，指导学生探究词的内涵，纠正错别字

下列成语中的字误写成括号中的字，不负众望（孚），和颜悦色（言），汗流浃背（夹），如果引导学生，了解了这些成语故事所代表的内涵，就会解决掉一些错别字。成语"不负众望"中"负"是不辜负。在这时教师就应该指导学生查阅词典，真正悟透这个成语的内涵，自然不会再写成"不孚众望"。而其他几个也是，理解"颜"面、"夹"和"浃"的字面意思，就不容易写错，帮助学生理解字的意思，不能让学生死记硬背。

三、常见错别字，比较、纠错，订正成册

尽管用探究了字的形成或一些词语的内涵等方式，仍然避免不了提

笔写错的情况。这就需要我们教师多下功夫，帮助学生把易写错的字分类归纳，区别记忆。这已有一些成型的经验可借鉴，顺口溜、口诀、歌谣等等，可把这些传给学生。

指导学生学会积累，把常见错别字编辑成册。一册在手，把学生自己及他人的已有经验收录其中，有些翔实记录，收纳了字形成的根源，甚至包括词的含义。内容会很丰富，它不仅仅是记录错字的本子。学生收录的过程中，能够夯实文字的基本功，且丰富具体文化内含，更加收获了在苦学与乐学这一学习过程中的成就感。不仅帮助学生学会学习同时也养成良好习惯。在今后阅读与写作中有所提高，做一名当代智慧型的教师，授之以渔，给学生恰当合理的指引，是课堂教学灵动且有活力的必然方式。

【参考文献】

[1] 王珏. 勿把异体当错字 勿以今字责古人——为名胜古迹著名"错字"鸣冤叫屈［J］. 汉字文化，2016（03）：79-82.

[2] 黄彦. 民俗汉字研究［J］. 上海师范大学硕士论文，2012.

[3] 陈妹新. 认知视阈下的汉泰语形状量词对比研究［J］. 山东大学博士论文，2016.

[4] 毛沛然. 新课程标准背景下的小学语文字理教学研究［J］. 广西师范学院硕士论文，2015.

[5] 朱灵真. 浅谈农村小学生错别字成因及其对策［J］. 互联网论文库，2016.

情境创设构建初中物理高效课堂

王 丹

【摘要】鉴于初中学生年龄及心理特征，物理课堂上要优化教学设计、合理创设情境，激活学生的思维，活跃课堂气氛，调动学生的学习积极性和主动性，进而使学生产生浓厚的学习兴趣，使学生从"要我学"变为"我要学"。从而大大提高了物理课堂教学效率。就初中物理课堂教学而言，创设情境是完成物理教学过程的有效方式，是构建高效课堂的坚实保障，因为情境是物理教学的心脏，是思维发展的方向和动力。

【关键词】初中物理；情境创设；构建；高效课堂

十余年课改，新课程给教师教学方式和学生学习方式带来了可喜的变化，但构建高效课堂将是新历史时期教师追求的永恒话题。所谓高效课堂，就是在有效的时间内在特定的课堂教学活动中，教师采用各种方式和手段，用最少的时间、最小的精力投入，取得尽可能好的教学效果，实现预设的教学目标。那么如何实施高效的课堂教学？情境创设不失为一种有效的尝试。鉴于初中学生的年龄及心理特征，加上生活的空间狭小，与社会、生活实际接触少，社会经验和生活常识匮乏的原因。在我多年的物理教学中，总发觉多数学生都有学不好物理的困惑。久而久之失去了学习的兴趣和乐趣。但是如果教师在物理课堂上能优化教学设计、合理创设情境，激活学生的思维，不仅可以活跃课堂气氛，而且可以调动学生的学习积极性和主动性，进而使学生产生浓厚的学习兴趣，使学生从"要我学"变为"我要学"。从而大大提高物理课堂教学效率。就初中物理课堂教学而言，创设情境是完成物理教学过程的有效方式，是构建高效课堂的坚实保障，因为情境是物理教学的心脏，是思维发展的方向和动力。下面就如何有效地创设物理教学情境，实施高效课堂，谈一些体会。

一、巧设新奇情境，让思维飞入物理境界

德国教育家第斯多惠说："教学的艺术不在于传授的本领，而在于激励、唤醒、鼓舞。" 因为高尔基曾说："惊奇是了解的开端和引向认识的途径。"在教学过程中，如果呈现给学生的情境与学生原有的知识经验发生矛盾，就会打破学生知识体系和智能体系的平衡，引起"意外惊奇"的效果。当学生进入这种惊奇的情绪场景时，好奇心就会驱使他们去积极思考、主动探究，他们的思维也会迅速转移到物理课堂上来。如在教学"流体压强与流速的关系"时，我在一个口朝下的漏斗内放置一个乒乓球，并用手托住球的底部，问学生："如果我移开托球的手，你会观察到什么现象？"学生不假思索地回答："球会掉落下来。"我移开手，球果然掉落。当我再次把球放入漏斗后，又问学生："如果我对着漏斗嘴用力向下吹气，移开手后你猜乒乓球会怎么样？"学生回答："球会下落得更快些。"当我再次移开手后，球不仅没有掉落，反而紧紧地吸附在漏斗里。看到这一现象，学生刚开始是面露惊奇，鸦雀无声，进而开始质疑，最后议论纷纷。这一出人意料的现象立刻激发了学生探寻"真谛"的好奇心，我便趁学生好奇之势进入到新知识的教学中去。

二、巧设实验情境，激发学生的学习热情

美国教育家布鲁纳说："只要有可能，教学法的目标应该是引导学生自己去动手、去发现。"在做完漏斗吹球实验之后，我创设了硬币"跳高"比赛情境，让学生自己动手实验，并选派代表到讲台上进行比赛，一下子就调动了学生的争胜心，他们兴趣很高。比赛中获胜的同学飘飘然，不得要领的失败者不服输。正当获胜者高谈阔论吹气要用力大小时，我及时给予了否定。这时学生在情境之中产生了各种疑问和猜想，并展开热烈的讨论，于是各种答案纷至沓来。在吊足了学生的胃口之后，我问学生："你们想知道吹起硬币的秘诀吗？"在强烈的好奇心和求知欲望的促使下，学生的学习热情一下就被点燃起来了。本节课我还创设了向

上吹纸条、火焰漂移、轮船相吸等实验，极大地提高了学生的热情。学生有了学习的热情，就会乐意积极主动地汲取新知识。

三、巧设问题情境，诱导学生积极思考

"究竟是什么力使硬币跳起来了？"由于流体压强知识比较抽象，面对新问题，学生难免会感到困惑。于是在学生认为答案"千呼万唤始出来"的心境中，我做了如下引导：硬币与桌面间有一定缝隙，它的下方和上方都有空气，没有吹气时，它上下方的空气分别处于什么状态，大气压强和压力相同吗？（相同）正是硬币受力平衡，它才会保持静止状态。当在它上方沿着与桌面平行的方向吹气时，硬币跳起说明它受力不平衡，此时它上方和下方的空气又处于什么状态？是哪里的气压大呢？紧接着让学生猜想，便有了方向。通过问题情境的设置，引导、诱发学生思索一些问题：(1) 硬币向上"飞"的过程中，只有空气与它接触，是不是硬币上下的压强不一样使它向上运动？ (2) 由于吹气，上面空气的流速大，压强是不是与流速有关？ (3) 是不是由于上面空气的流速大，压强变得比下面小了，于是下面的空气把硬币托起来了？像这样把学生引入情境之中，提出问题，由学生猜想、推理、分析、判断的方法，能使学生很快地进入积极思维的状态，既能激发学生探究科学的兴趣，又能把学生从被动的地位中解放出来，使学生在形成新的认知结构的过程中更为主动、活泼，效率也更高。

四、巧设生活情境，让学生感受学习的乐趣

《新课程标准》提出的理念之一："从生活走向物理，从物理走向社会"利用多媒体课件模拟生活情境，可以拓宽学生的视野，让他们更多地了解物理知识与生活的密切联系，明白物理知识就在身边，并且在学以致用的过程中享受学习带来的乐趣。这节课，我通过视频让学生见识了龙卷风的威力，明白了火车站站台上的安全线的作用，知道了赛车后尾翼的用途，弄清了体育比赛中香蕉球的成因，还让学生了解了杜甫的茅屋易被秋风吹破的物理原因。逼真的场景极大地丰富了学生的感性

认识，使学生认识到生活中物理现象无处不在。当学生利用所学知识揭开一个又一个物理现象的神秘面纱时，他们不仅会觉得物理知识有用，同时也会享受到探秘过程中所带来的学习乐趣。

五、充分利用现代化的教学手段，创设虚拟性的相应的物理情境

在课堂教学中，充分利用现代化的教学手段，如模型、电化教学互联网和计算机多媒体辅助教学等，加之教学挂图，教学简笔画，可增大教学信息容量，创设相应的物理情境，增加学生动手、动口、动脑的机会。利用现代化教学手段，可以生动形象地展示相应的物理情境，对激发学生的学习兴趣，培养学生各种能力起重要作用。例如在学习浮沉条件的应用时，运用潜水艇或鱼的模型，围绕如何在实际问题中创造条件实现物体上浮、下沉、悬浮进行探讨。如在教学"连通器"时，用 flash 演示出三峡船闸的闸门的开闭情形，情境活灵活现地表现出来，恰当的物理情境使学生产生浓厚的兴趣，学生的学习积极性被调动起来了。这时学生的思维和情绪都处于最佳状态，如进一步引导他们去追根求源，有关连通器的特点就深刻印在学生的脑海中了。

总之，真正的高效的课堂教学是兼顾知识的传授、情感的交流、智慧的培养和个性的塑造的过程。在课堂教学过程中，物理情境的创设，具有较强的艺术性，值得我们去研究和探索。教师只有以学生为本，处处为学生着想，精心创设物理情境，激发学生的学习兴趣，让学生成为课堂的主人，他们才有不竭的学习动力，才能感受到学习的乐趣，从而使课堂教学活动成为学生主动进行的、快乐的事情。这样，我们才能不断提高课堂教学效率，真正实现物理高效课堂。

【参考文献】

[1] 王力邦 . 中学物理教学论［M］. 广西民族出版社 .

[2] 阎金铎，田世昆 . 中学物理教学概论［M］. 高等教育出版社 .

浅谈初中数学智慧课堂构建与实践

王丽娜

初中数学不但具有较强的逻辑性，同时还具有较强的思维推理性，所以对于学生来说具有很高的学习难度。智慧课堂是一种新型的课堂教学模式，能够最大限度地让学生发现自己的智慧，使学生学会利用自己的智慧解决问题，从而提高其对新知识的学习兴趣，因此被应用到各教学领域。对此，教师可以通过了解智慧课堂的内涵及特点，对初中数学智慧课堂的构建与实践进行探讨。

一、智慧课堂的简单概述

智慧课堂主要是指利用多种教学方法及教学技术，挖掘学生的智慧，然后激发学生自主学习，从而培养学生的创新能力、思维能力、独立思考能力及应用能力等，最终实现高效课堂。

智慧课堂与其他类型的课堂相比具有几个特点，能够最大限度地激发学生的创造力和想象力，具体如下：

（一）自主性和针对性

智慧课堂的宗旨在于留取课堂时间让学生自行去学习，并思考学习中遇到的问题，然后找出解决问题的办法，故具有自主性；学生在智慧课堂中的学习并不是盲目的，而是针对某一个具体的知识点进行学习，并在教师的指导下解决抽象问题和复杂问题，故具有针对性。

（二）多样性和有效性

智慧课堂中教师不仅可以应用传统的教学方法，还可以利用现代先进的多媒体教学方法、情境教学法和数形结合教学法，实现教学方法的多样化，提高了教学效果，故具有多样性及有效性。

（三）具备发散性和灵活性

教师在智慧课堂上鼓励学生从多角度看问题，给出一题多解，培养学生思维的发散性和灵活性。

（四）人文性和互动性

智慧课堂上教师已经转变了自己的教学理念和定位，意识到学生才是课堂教学的主体，所以很多教师教学时都不再高高在上，而是逐渐增加了与学生之间的课堂交流及互动，不但会给学生留取自主学习的课堂时间，还会对学生学习中的问题进行合理化指导，因此具有人文性及互动性。

二、初中数学智慧课堂的构建与实践分析

（一）引导学生发现自己的智慧

第一，教师要在上课前，布置预习任务，即让学生在课下对下节所教学的内容进行预习，让学生对教学内容有所了解；第二，上课时，教师要鼓励学生起来发言，说出自己在预习过程中所了解的知识内容；第三，在学生所了解内容的基础上进行知识补充，并让学生将学习中遇到的重难点知识标注出来，然后引导学生自行解决问题，以引导学生发现自己的智慧。

例如，在对"二次函数"进行教学时，教师可以先让学生通过预习了解"什么是二次函数？二次函数的基本要素有哪些？"等，然后在课堂上设置问题，鼓励学生踊跃回答问题，如"我们之前学习过哪些函数？二次函数的定义是什么？"等，通过回答这些问题后，很多学生都会了解"二次函数"的基本知识，最后让学生根据自己学习需要去做相应的练习题。相关练习题如下：

若抛物线 $y=x^2-2x-3$ 与 x 轴分别交于 A、B 两点，则 AB 的长是多少？

知识点：二次函数与一元二次方程关系。

解析：二次函数 $y=x^2-2x-3$ 与 x 轴交点 A、B 的横坐标为一元二次方程 $x^2-2x-3=0$ 的两个根，求得 $x_1=-1$，$x_2=3$ 则 $AB=x_2-x_1=4$

答：AB 的长为 4。

（二）构建互助合作智慧课堂

这种互助交流方式能够营造一个轻松开放的课堂氛围，在这样的教学环境中，学生的智慧和创造力极易被激发，智慧学习的课堂也能随之搭建起来。

例如，在对"概率"进行教学时，教师可以利用硬币，进行概率实验，即将硬币抛上空中掉在地上，计算正面向上和向下的概率。对于该实验，很多学生第一反应都会毫不犹豫地说出"概率为"的答案，此时教师就可以以反问的形式来调动学生的探索欲望，如"将硬币向空中抛一次，正面向上和向下的概率肯定是？但如果是向空中抛 10 次、50 次、100 次、200 次、300 次和 500 次呢？还保证是吗？"提出这些问题后很多学生肯定就会发挥自己的智慧去想是不是 。对此，学生就会相互合作，以找出问题的答案，这样不仅加深了学生对"概率"的印象和记忆，还培养学生的互助合作能力。

（三）帮助学生运用智慧

学生在学习数学的过程中会遇到许多将解未解的难题，教师应给予适当指导，帮助学生运用自身的智慧解决问题，叩开知识的大门。通过这样的方式，进行智慧课堂的搭建和实践应用。

新课程理念认为，课堂教学不是简单的认识数学的过程，它是师生共同成长的生命历程，是不可重复的激情和智慧综合成长的过程。在初中数学教学中我们要做的还有很多，超越知识教育，从知识走向智慧，从培养知识人转为培养智慧者。这是我们一生追求的目标。在今后的教学中我会继续遵循新课标的要求，努力创新，认真教学，争取让学生在新的教学目标中得到更好的发展。

浅析体育教学中合理运用多媒体技术的必要性

王淑一

【摘要】本文对多媒体技术在体育教学中如何能够合理有效地运用进行了探讨，指出了多媒体在体育教学中的优点，但是不是为了用而用，旨在加强多媒体技术在体育教学中的合理应用。

【关键词】多媒体技术；体育教学；合理有效应用

引言：作为一线的体育教师，顺应时代的发展，在教育教学中充分地利用多媒体技术，提高教育教学水平，是必须面对的。多媒体辅助教学已经推进现代教学的发展，引起教学模式及方法的革新，冲击旧的教学思想和教学理念，但是在实际应用中应积极、合理、正确地运用现代教育技术，优化课堂教学，以便提高体育教学效果，最大限度地发挥教师的主导作用和学生的主体作用。

一、充分利用多媒体教学手段，激发学生的学习兴趣

培养运动兴趣和养成运动习惯是促进学生自主学习和终身坚持锻炼的前提，在传统的体育教学中，教师往往因为教学方法简单呆板、语言枯燥乏味、自身水平的局限不能做或做不好示范，使学生感到体育课索然无味，教师无法确立在学生中的威望。多媒体教学在这方面就有着独特的功能，它能使抽象的语言文字，用形、声、色相结合的方法具体化，变枯燥为生动，富有感染力，激发学生的学习兴趣，使学生在兴趣盎然的情境中学习接受新知识。如在学习"原地双手下手垫球"的教学中，由于动作技术复杂、球类的动作术语难理解，要让学生在短时间掌握动

教学实践篇

255

作技术还是有一定难度的。如果采用多媒体教学，先让学生观看排球比赛的录象片段，欣赏精彩赛事，让学生产生浓厚兴趣，激发学习上的激情和求知欲。然后在观看的基础上回放"原地双手下手垫球"动作的慢镜头，把镜头定格在"插臂、耸肩、压腕"三个技术动作上，并用投影仪在银幕上显示出相应的文字说明，使学生建立起初步概念，通过精彩的画面和精湛的技术，让学生身临其境，进入角色，从而激发学生的学习兴趣和求知欲望，实际教学中再配上教师的现场讲解和分解示范，为学生的模仿练习打下了坚实的基础。

二、合理利用多媒体教学手段，优化体育课堂教学

多媒体在当前的教学环境下是可以发挥它特有功能的，但是在体育这种实践课的课堂看似不能很好地运用，实际却不然，体育项目的复杂和多样、技术动作的难度以及教师能否准确的做出动作的示范等等，都可以通过多媒体的辅助教学来完成，以达到教师预期的教学效果。在体育教学中，由于动作技术操作性强，结构复杂，学生不容易理解。如果把实践操作和理论知识利用多媒体技术制作成课件，通过"慢镜头"或"定格"的方式逐渐展现在学生面前，逐次讲解各个分解动作，抓住重点，讲深、讲透，让学生在屏幕上清楚地看到所要掌握动作的技术要领，创设教学环境，以动静相结合，声像合一，使学生从感性认识上升到理性认识，再从理性认识到实践活动，有效地调节教学结构，使课堂教学的综合性、实践性、趣味性、应用性得到进一步加强，学生学习获得事半功倍的效果。多媒体主要是以 PPT 和动画为基础来展现教学内容的，在传统的教学过程中，老师不可能边示范边讲解，达不到一个特别好的教学效果，而在多媒体教学中，可以实时进行讲解。对于某个具体动作可以先暂停再进行讲解，也可以对图像进行慢速播放或者是多次播放，这样，一个麻烦的动作就被分解成一个一个简单的动作而被掌握。

三、运用多媒体教学，提高教学效率

《课程标准》要求教学要以学生的发展为中心，重视学生的主体地

位，使学生学会学习、提高学生的学习能力。在体育教学中，有许多教学内容所涉及的技术动作难以掌握和完成。现在微课堂已经走进我们的课堂教学，在体育教学中我们可以充分发挥微课堂的功能，把课上的重点难点通过录制上传，利用电教手段使动作技术从抽象化过渡到直观的形象化，学生可以在课上、课下反复观看微课，有利于学生的接受和理解，并使学生掌握技术动作，然后再将理论和实践相结合，在实践课中进行模仿练习，也为开发学生的智能、培养学生能力，提高教学效果提供了有力保障。如学习"蹲踞式跳远"时，仅靠体育教师课堂上瞬间的几次示范，学生很难观察和模仿这一动作。如果通过网络搜集相关跳远运动员的视频资料，并配以文字制作成课件，把这些优秀运动员比赛练习的动作慢放出来，可以让学生利用充足的时间去观察和模仿。然后把助跑、踏跳、腾空、落地四个环节分别定格播放或回放。同时教师结合画面，恰到好处地分析讲述，突出教学中空中展腹挺胸的重点，突破了助跑踏跳的难点，存在的问题也迎刃而解。

四、运用多媒体教学，有助于学生注意力的集中

多媒体技术以其本身特有的功能而具备了音画动感性的特点，这对于集中学生的注意力，激发学生的学习兴趣有着很大的影响，多媒体把无声的教材内容变得有声有色、有静有动，从视觉上优先冲击学生，使学生对体育感到极大的兴趣，很自然地步入积极思维的状态中。在设计编排中，我始终注意运用多媒体提高学生的学习兴趣，激发学生的求知欲。如在"跨越式跳高"教学中，怎样才能吸引学生？我通过网络找了有关获得世界冠军的跳高运动员整个跨越式跳高动作的完整过程，在导入课前先给学生播放展示，学生看到优美的动作时，情绪兴奋，跃跃欲试，赞叹不已，再配上飘逸的慢动作示范，加上教师的导语配合，使学生产生好奇心，吸引学生的注意力，激发他们的学习兴趣。在一堂课中，学生不可能始终保持较高的注意力和兴奋性，把体育的律动感和音乐的节奏感融合起来，心如其境，这既提高了同学们的兴趣，又达到了教学目的。因此，在体育课教学中，适时适度地运用现代信息技术手段，是非常必

要的。

　　总之，合理利用多媒体技术是体育教学的重要部分，有利于激发学生的学习兴趣，使学生思维的深度和广度得到拓展，为学生的形象思维和抽象思维的协调发展创造条件，作为教师的我们要从实际出发，在教学中利用电教手段，优化课堂教学，对每位从事体育教学的教师来说，都要不断学习先进的科学的电教手段，从而使体育教学能有更广阔的发展前景。我们要充分利用多种媒体的特长去呈现不同的教学内容或体现不同的教学方法。因此，现代信息技术在体育教学中的应用是很值得尝试、探索和推广的。

赏识教育在课堂上的应用

王伟平

【摘要】赏识，是指充分认识到积极因素，并加以肯定与赞赏。赏识对于正在受教育的学生来说是至关重要的，赏识不仅是表扬和鼓励，还是发现学生的优点和长处，能激发学生的内在动力和潜能，让他们变得更好。

【关键字】赏识；激发；理解；激励

有一位心理学家说："人类本质最殷切的需要是渴望被赏识。"赏识，是指充分认识到积极因素，并加以肯定与赞赏。赏识对于正在受教育的学生来说是至关重要的，赏识不仅是表扬和鼓励，还是发现学生的优点和长处，能激发学生的内在动力和潜能，让他们变得更好。

对学生进行赏识教育就是尊重学生、相信学生、理解学生、鼓励学生，用放大镜看学生的优点、缺点大化小、小化无，也就是扬长避短，让学生克服自卑心理、懦弱心理，树立自信心，树立"我能行"的心理暗示。

在我的教学生涯中，深深体会到对学生在课堂上进行赏识教育的重要性，下面我从一名任课老师的角度来谈谈赏识教育在课堂上的应用。

一、赏识教育要求老师要有一颗爱心

爱心，不是以成绩的好坏来评论的，老师要综合发现一个学生的优缺点。因为老师都很重视学生的成绩，所以也形成了老师一谈论学生就愿意说这个孩子成绩好，犯点小错误就过去了，但事实不是这样的，我们恰恰要在每一个学生中找到他的弱点加以赏识，好的更好，弱的也不示弱，而且有的孩子因为成绩不好，形成了自卑心理，我们必须寻找到

这些孩子更多的闪光点，其实学习成绩只是一个学生的一方面，事实是因为其他方面导致成绩不理想，尤其学生的自卑心理等，所以我们作为一名教师要找出这些孩子可爱的地方，并加以肯定，从而带动他们投入到学习和生活中来。

我每次接新班级，上第一节课时，基本是通过学生的一些微小举动和眼神来观察他们，通过多年的经验，我基本能断定有些孩子是上课不用操心，会自我管理的孩子，有个别些孩子是行为习惯不好，自控力差的孩子，然后就要对症下药，而且他缺啥你就要在这方面给予信心。例如，我现在教的班级有一个高大帅气的大男孩坐在班级最后面，虽然第一节课，他在强努力表现得好点儿，也想坐稳，也想做好笔记，可是能看到他坐得很累，笔记也跟不上，眼神有时候是发散的，不知道盯着什么好，面对这种情况，我就会说："哦！这位小帅哥，一看就是先天条件特别好，你一定很聪明的，如果把先天的条件利用好，你一定了不得的，至少在我的课上，你应该是听啥会啥，只要跟住老师坐住板凳，我这科你就会创造奇迹！"这个大男孩一听，有点儿不好意思，但是马上正襟危坐。接着我面对全体说："人，无论大人小孩，有错误不可怕，认识到就改，你就是在成长，我也有错误，但是我直到现在还在学习和改进。"不但这个学生做得更好了，其他同学似乎也得到共鸣，大家都想表现得更好点儿，都想努力认真些听课。事实证明，我说的这个孩子，有的老师说在她们课堂上他不老实，我说在我课堂上他表现得一直很好，而且他在我这门学科的成绩基本都是将近优秀的，这不能不说和我最开始给他一个肯定有关，在发现问题时我没有训斥他，而是用满满的爱去鼓励他，每次看他我都投以满满的爱的眼神。

二、赏识在语言上要有艺术性

语言的艺术性体现在两个方面，一方面是口语语言，另一方面是肢体语言。

用口语表达赏识是指用口头的语言，用接近生活的语言，把对学生的肯定和爱毫无保留地表达出来，让孩子觉得你好接近，不陌生，而且觉得你说的就是真的，他觉得温暖。比如说，我教的一位男同学，他父母均是二婚，年龄比较大了才生一子，他和同龄孩子比，显得矮小，而且好动，可能在家里比较娇惯，自控力极差，但是头脑比较清晰，而且上课总是调皮。面对这种情况，我分析，他心智相对其他的孩子成熟得晚些，那么如果对他用些儿童语言就会收效更好。于是我就会对他讲："你一动，坐不住板凳，就让我母性大发，觉得你是那样可爱，我都想像妈妈一样，亲你一口，以后你一动，我就要亲你一下，如何？"他说："老师，真不用，我控制。"我接着说："好，我给你长大的时间，如果你再回头想动，我就走到你跟前，你马上收神，我相信，两周你就能脱胎换骨，你就变成小小男子汉了！"后来果然收效很好，每一节课下课，他都问我，老师我是不是控制力不错，我说真好，比我预期的好。

关于肢体语言，一般我都是对那些自卑心理强的孩子，每次和他们谈话，我基本是把手放在他们的肩上，要是女孩子，我会帮她缕缕刘海或者弄弄头发，这些都会让孩子们觉得你对他们很亲切，而且你说的话就更可信了，他们也愿意相信你。所以收效很好。

三、赏识要恰到好处，不用滥用和过度

赏识要正确客观地分析，要了解学生身心，我的一个学生，她原来学体育的，挺聪明的，因为学体育，所以爱动，但是我一点点地鼓励她每一次小的进步，都在同学面前表扬她，她越来越有信心，而且我的科目她由不及格到满分，简直不可思议。有了自信，其他科目的成绩也上来了，而且她还善于画画，我告诉她把这些特长都表现出来，她愿意看书，我就推荐和给她买书看，鼓励她看后讲给同学听，这样她越来越自信，甚至有点儿狂妄了，有时候甚至都有点儿自大了，有的老师说话不对她心思，她就表现出不高兴的情绪。这时候，我就觉得该打击她一下了，又一次上课的时候，我就找一个难点儿的问题来问她，她没回答上，然后我就说："其实我们每一个人在人海中，都是微小的一份子，如果你总觉得自己什么都行，就离你什么都不行不远了，谦虚是做人美德，而且哪个人都有让你值的学习的优点，人上有人，谦虚学习要谨记！"

后来，我又找时间单独和她谈了谈，其他老师反映这个孩子改变了很多，后来她还给我写了一封长长的信，语言淳朴真情，让我感动得流泪了。所以我们对孩子的赏识要适度，要合理调整。

赏识是一种理解，更是一种激励，赏识教育，是在承认差异、尊重差异的基础上产生的一种良好教育方法。是帮助孩子获得自我价值感、发展自我、自信的动力基础；是让孩子积极向上、走向成功的有效途径。只要我们能真正理解孩子、尊重孩子、赏识孩子，辩证看待赏识教育，科学地运用赏识教育，用自己的爱心和信心去浇灌希望之花，那么每个学生必将走向人生的成功！

【参考文献】

[1] 邬风华.赏识教育在课堂上的应用［J］.学校教育研究，2015.

利用互联网智能平台进行写作教学

王 妍

众所周知，核心素养是学生在接受相应学段的教育过程中，逐步形成的适应个人终生发展和社会发展需要的必备品格与关键能力。它是关于学生知识、技能、情感、态度、价值观等多方面要求的结合体。英语学科的核心素养包括语言能力、思维品质、文化意识和学习能力。聚焦核心素养让教师的教学目标更加具体化，同时还为授课内容提供了重要依据。

随着科技的发展与进步，我们已经完全进入信息时代。在新时代教学背景下，如何将互联网智能教育平台与课堂教学融为一体成为一线教师共同关注的话题。在实际教学过程中，我发现互联网智能平台的应用不但能够激发学生的学习的兴趣与动力，培养学生的思维能力与创造能力，同时也在很大程度上减轻了教师的工作量，提高了教师的工作效率。此外将核心素养与智慧课堂在实际教学中进行深度融合，对基础教育发展有着非常深远而伟大的意义。

作为一线教师，我尝试着在英语教学中利用互联网智能平台进行写作教学，并取得了很好的效果。

一、建立和营造自主探究的课堂氛围

写作课的普遍现象是学生思维较为混乱，不知道从何处着手，在哪里延伸。即使凑出来字数，结构也不是那么紧凑与合理。针对这一现象，我根据作文题目的各种主题和要求，设计一些合理化且贴近学生生活或社会现象的情境，通过师生共同参与、探究、合作等方式，梳理他们的思维与想法，帮助他们使用英语准确地表达自己的情绪、意愿与思想。

在教学中使用多媒体资源等创设真实语言情境，贯穿整个英语课堂教学，不仅可以使学生学习过程真实而有效，还能很好的锻炼学生的逻辑思维能力和表达能力。

在课堂教学中，我始终把学生放在主体地位，尊重、信任他们，充分发扬民主精神。通过网络智能评分，让学生直面自己和同伴的写作问题。在一个宽松的、愉快的、主题鲜明的课堂氛围中鼓励学生进行自主探究，勇于发表自己独特的见解，在自行修改的同时，也给同组同学进行批改。大胆使用自己所掌握的各种词汇与句型；鼓励各组之间进行点评与分析。分析并总结哪些同学的批改非常合适，哪些批改有不当之处需要大家再进行订正。就这样反复几个回合，所有人都得到了不同程度的提升。尤其是当学生看到通过自己努力修改后的文章时，会更加激发他们的自信心和学习内驱力。自测自评，互评互助往往会得到出乎意料的教学效果。

二、 鼓励学生参与并探究主题意义

英文写作涉及词汇、语法、短语的正确使用和各种修辞手法等，对学生英语综合能力的要求比较高。在此基础上，还要有合理的主体、构架和格式，甚至要求字体工整和卷面整洁。从学情来说，班级学生的知识结构层次比较分明，且呈现出多元化。在这样的学情之下进行教学，很难做到统一规范，学生自身也觉得无从下手，不知道要从哪里开始改变现状。我在教学过程中引入互联网智能平台批改来批改作文，不但能够及时反馈学生的习作成绩，同时也能给出一些修改建议与指导。在课堂教学中利用这些建议与指导，引导学生分析语言的深层意义，弄懂每句话的遣词造句，如何使用多种句式进行表达；丰富他们对写作文章的理解和认识。从简单信息入手，从单一结构句子开始，引导学生研究语言和结构，逐步使用高级词汇和修辞，从而提升学生的语言能力、思维能力和学习能力。

三、尊重学生的个体差异

每个学生的基础知识、学习能力和认知能力都有所不同，表现在英

语写作上差距也比较明显。有的习作语句不通，完全按照汉语的思维去表达；有的习作词汇量太少，不断重复使用同一个单词；有的习作短语掌握不好，经常用错搭配，张冠李戴；有的习作不管题目要求，自己随心所欲，天马行空；有的习作字迹潦草，教师批改时需要猜测。根据以上问题，我利用智能平台批改作文，可以有效地分析出学生的个体差异与层次，直观地呈现出学生的问题。教师需要做的是引导学生正确认识自身差异，并且尊重学生的个体差异。根据每个学生需要提升的方向和程度，进行分层教学和分组教学，使同等程度的孩子保持一种联系，有意识地给每个程度的组别设置合理的教学目标。实现在一节课中优等生、中等生和后进生都能够得到相应的提高，完成自身知识的巩固和进步。

四、培养学生独立思考的习惯和思辨能力

我国初中英语教学在传统应试教育上往往过分注重分数的高低，不太重视各种能力的提升。学生自主学习的能力、创新能力、独立思考的能力和思辨能力都是至关重要的，对学生成绩的提高起着非常重要的作用。可是从新课改以来，即使教师有意识地以学生为主体进行授课，但还是会有个别学生比较依赖于老师或同学，不主动进行思考。这会使英语教学进入一个死循环，不思考——只会背——光会说——不会用。针对这种状况，我利用网络智能平台和形式多样的写作活动来吸引学生的兴趣，启发他们的潜能，再进行有意识、有目的的指导和梳理，帮助学生逐渐拥有独立思考的习惯和思辨能力，对学生写作能力的提升有很大帮助。

总之，英语教师要顺应时代和社会的发展，将一些现代化科技教学手段和各种新颖的教学模式引入课堂，再辅以科学的教学方法和手段，使学生提升学习英语的兴趣。课堂教学改革就是要超越知识教育，从知识走向智慧，让智慧唤醒课堂。让互联网智能平台成为教师的助手，帮学生插上写作的翅膀，飞得更加高远。

初中语文教师核心素养课堂
教学之传统文化教育

杨 贺

【摘要】语文素养的养成是初中语文教学的重点要求，也是初中语文教学大纲的重要教学目标之一。核心素养的养成，可以为学生日后学习各门类知识，提高自主学习的能力和意识打下良好的基础。本文主要以素质教育为核心，从思维能力、学习能力、合作意识、道德修养四个方面，阐述了初中语文教师应将传统文化教育带进课堂，并且通过传统文化教育去培养学生的核心素养。

【关键词】初中语文；道德修养；核心素养

中国上下五千年的传统文化博大精深，对培养学生的文化传统，提高学生的综合文化素质具有重要作用。而语文教育的关系中核心素养是知识、能力、态度或价值观的融合，它可以深刻地影响一个人的发展。教师应以核心素质为理念，因此在进行实际教学的过程中应该从思维能力、学习能力、合作意识、道德修养四个方面来对学生进行实际的培养，促进学生的全面发展。

一、初中语文教学中传统文化的意义

在进行实际教学的过程中对传统文化进行渗透有助于提高初中语文教学的整体素质，同时，语文教学作为一种载体也是传承中国传统文化的重要途径。然而，从初中语文教学的现状来看，传统文化在应用中还存在一些问题，需要进一步完善。加强传统文化在初中语文教学中的渗透，完成初中语文教学任务，对培养学生的文学素养、提高学生的核心素养具有重要意义。

二、通过传统文化提升学生的思维能力

语文学习的过程是一个简单而复杂的思维过程。而在这个过程中思维能力的高低直接影响着语文学习的效果。传统教学方式过于刻板，没有充分发挥出学生的思维能力以及创造力，因此素质教育更加受到学生和教师的欢迎。初中语文教育对于学生的整个学习生涯有着十分关键的作用，并且其初中时期所学的语文知识将在后面漫长的时间内为其他的学科学习做基础，初中语文的教学不仅要求学生需要了解相关的理论知识，同时还需要对其理论知识的来源进行了解，通过推导公式以及相关的规律使得学生的实际的思维能力得到提升，这将在一定程度上使学生能够得到更加全面的发展。

三、通过传统文化对学生的语文学习能力进行培养

课堂教学不仅要求学生能够更加清楚地掌握基本的知识和技能，而且要求学生掌握自己学习的能力。马克思说："我的成功是经过深思熟虑的。"你必须不断地思考去寻找另一方。使学生能够培养思维能力，提高学习能力，实现学生从"教"到"学"的转变。语文的学习不仅仅是需要学生对课本上的内容进行学习，加强对课本上理论知识的相关熟练度，更多的是使学生进入社会时能够更加自然地处理所遇到的问题。语文本来就是来源于生活，因此在进行语文学习的过程中，并不是对前人所凭空想象的知识进行学习，所有的语文知识都是有一定的现实基础的。只有在真实生活中将语文知识以及方法应用得更加自然才是学习语文的真正目的。例如对《中国古代文学分析》《初中诗词》等教材进行阅读分析。通过对这些书籍的教学，以及对中国古典诗歌的理解，将会在一定程度上使得学生具有更加完善的自主学习和理解能力，同时还可以使学生自身受到来自作者的思想洗礼。

四、通过传统文化鼓励学生形成合作关系

现代社会是一个高度竞争的社会。团队精神作为成功的法宝，在全

社会得到了广泛的普及。初中的语文知识难度以及深度差别都较大，初中语文要求学生能够对简单的语文常识进行了解，因此教师在进行初中教学的过程中应该注重相关常识的讲解。初中语文教学不仅需要对相关的基础知识进行了解，同时还应该使学生通过表面的知识对其内部所蕴含的核心素养进行掌握，同时还能使学生的语文素养得到较好的提升。通过不断对学生进行合作意识的培养，将会有利于学生后期的语文学习。同时，教师还应该尽量为学生营造一个适合语文学习的良好的氛围，这在一定程度上能够使学生的语文学习积极性得到较大的提升，同时还能使学生学习的兴趣得到提升。当然，教师与学生之间的合作是有限的，要尽可能考虑每个学生的学习需求，它不仅可以拓展学生的思维，解决一些语文问题，而且可以培养学生的团队精神、良好的心理和人际交往能力。

五、通过传统文化加强学生的道德修养

教师利用自己的思想、道德、情感、习惯等因素潜移默化地培养和感染学生，让学生沉浸其中。教师在进行实际教学的过程中应该为学生的学习树立好榜样，坚持上课，准时上课不迟到，并且更加强调纪律意识。教师热爱教育，工作认真负责，在教学过程中感受教育的幸福，努力完成教学任务，体现了教师的爱心和奉献精神。教师不应以个人喜好和厌恶为基础，应该客观公正地对待每一个学生，接受学生认知模式的差异，并相信他们能够改进，这样每个学生都有机会获得成功和经验。教师应及时运用教材设计，进行开发生活用水、沙漠治理用水、退耕还林、节材设计等素质教育，培养学生的环保意识。让学生为环境保护做出应有的贡献。在教学中，教师应鼓励学生增强自信心，主动应对，形成勇敢、坚韧、勤奋的性格。在语文教学中渗透传统文化有多种途径，教师应抓住教育机会，使学生逐渐掌握健全人格。

六、结束语

传统文化在高中语文教学中的渗透影响着学生文化素养的形成。高

中生的文化素养直接关系到他们的未来发展。中学语文教师必须从语文教学的基本情况出发,以不同的方式促进传统文化在语文教学中的应用,培养学生的核心素养。 核心素养的形成是一个精神内化的过程。思维的形成有自己的特点,精神的创生只能通过精神来实践,教育需要特殊的心灵体认,对核心素养的培养需要在挖掘传统文化资源的基础上,依据精神变化的机理和传统文化思维的模式来对接。因此,要想达成初中语文教学的传统文化教育目标,既要关注传统文化内容素材的发掘,还要形成传统文化氛围,提升课堂品位,并在此基础上增加学生的核心素养,加强学生对传统文化的深刻理解。

参考文献

[1] 杜新建.在对话中发展人格——初中语文核心素养的精神需求[J].语文教学通讯:2017(34).

[2] 李家峰.核心素养引领下初中语文教与学方式的转变〔J〕.华夏教师:2017(23).

[3] 郑荣燕.核心素养对初中语文的影响〔J〕.名师在线:2018(06).

初中生数学学习情感培养的方法探讨

杨 雪

【摘要】与小学生相比，初中生在数学学习方面的个性化特点更加突出，学生数学学习的表现和效果更容易受到个人情感的影响。因此，在平时的数学学习活动开展过程中，教师要注重通过科学的方法来引导学生形成个性化的学习情感，为学习习惯的培养和学习习惯的发展奠定良好的基础。文章在明确初中生数学学习情感培养重要性的基础上，对如何有效培养学生数学学习情感提出相关的策略建议，以丰富初中数学教学的方法与成果。

【关键词】初中生；数学；学习情感；方法

前言：培养学生科学的学习情感是新课程数学标准中所明确的重要目标之一，也是影响学生数学学习积极性和效果的关键性因素。虽然近年来数学教师逐步意识到学生学习情感的培养在数学教学活动开展过程中的重要性，并尝试通过一些好的方法来丰富学生数学学习情感培养的路径和效果，但所取得的效果并不好。产生这一结果的直接原因在于教育者对初中生数学学习情感培养的理解存在片面的情况，并且无法通过科学方法的设计与使用来提升情感培养的效果。基于此，有必要围绕初中生数学学习情感培养进行实践性的方法探讨，以丰富数学教学的路径。

一、初中生数学学习情感培养的重要性

对于教师来说，只有充分认识和认同数学学习情感培养的重要性，才能够投入更多的时间和精力来进行数学学习情感培养方面的创新实践和探索，也才能够促进学生学习情感的成长。具体来说，初中生数学学

习情感培养的重要性主要体现在以下两方面。

（一）数学学习情感培养直接影响到学生数学学习的积极性

拥有良好的数学学习兴趣是初中生爱好数学的基础和关键。在调查中发现，多数学生因为对数学持有厌倦甚至抵触的态度，才不愿意去认真学习这一科目。通过一定的方式对学生数学学习情感进行培养，可以引导学生形成良好的数学学习态度，使其逐步感受到数学学习的乐趣和意义，进而积极地去学习数学知识。

（二）数学学习情感培养直接关系到数学课程教学的成败

情感培养是数学课程教学中的基础性内容，也是衡量数学教学活动开展效果的关键性指标。对于教师所设计、组织和开展的数学课程教学来说，如果无法调动学生数学学习的情感，就会导致学生的学习产生较低的效果，进而影响到学生数学知识、技能的学习和运用，使数学课程教学呈现出失败的结果。而通过相应的方式来培养学生数学学习的情感，就会使课程教学更加具有生机和活力，学生的学习压力也会相应地弱化，进而丰富数学课程教学的成果。

二、培养初中生数学学习情感的方法

通过上述分析可以看出，初中生数学学习情感的培养是一件至关重要的事情。而仅仅掌握初中生数学学习情感培养的重要性是不够的，还需要将数学学习情感培养真正融入初中数学教学中，切实提升情感培养效果。

（一）注重激励性教学语言的运用

初中生在语言理解方面逐步形成了个性化的特点，对于同一句话，不同学生所理解的内涵可能会存在明显的差异，进而导致学生个人内心情感方面出现偏差。因此，在平时的数学学习活动开展过程中，教师要注意多使用一些激励性的教学语言，让学生形成积极、开放的情感。例如在学生回答完提出的问题以后，教师除了要进行总结以外，还要对学生回答的内容进行积极的点评，肯定学生的数学学习成果，使其形成积极向上的个人情感。

（二）打造特色化的教学情境

初中阶段的数学在知识方面存在一定的难度，一旦学生产生数学学习很难这样的想法，就会逐步失去学习的兴趣，情感培养也就无从谈起。因此，教师要在平时的数学教学活动开展过程中，通过设置一些特色化的数学教学情境来弱化数学知识学习与应用的难度，使学生感受到数学学习的趣味性和意义性，从而逐步形成良好的数学学习情感。例如在讲解平行四边形的性质时，可以先引导学生搜集相应的平行四边形图形，然后让学生仔细观察这些图形的共同特征，以此来丰富学生对平行四边形性质的理解，并形成发散式的思维。

（三）尊重和发展学生的个性化学习情感

初中阶段的学生在数学学习方面逐步形成了具有自己个性的特征，对于学生这些差异化的情感，教师要注意对其进行利用，让学生在数学学习过程中不断发展自己的个性化学习情感。例如可以引导学生按照自己的兴趣爱好来选择相应的数学学习方式，使其按照自己的想法来进行知识的学习与应用。当然，学生个性化学习特点的引导并不是盲目的，而是要以数学学习情感培养和学习综合实力提升为依据。因此，教师要首先解决学生个性化的学习情感是什么，然后再结合数学教学的内容、要求来设计相应的学习方案，让学生以科学的方法来进行数学的学习。

结束语：初中生数学学习情感培养不仅直接影响到学生数学学习的积极性，还关系到数学课程教学的成败。而针对目前初中生数学学习情感培养的实际情况，要通过注重激励性教学语言的运用、打造特色化的教学情境和尊重与发展学生的个性化学习情感等措施加以提升，丰富学生数学学习情感培养的路径和效果。

【参考文献】

[1] 卢之林.初中数学教学中学生学习情感培养策略［J］.成才之路,2013(36).

[2] 董荣玉.初中生数学学习内生情感激发的策略运用［J］.文理导航（中旬），2017(03).

关于二氧化碳使蜡烛熄灭实验的思考

张宏图

【摘要】对二氧化碳性质实验中的二氧化碳能使烧杯内高低不同的蜡烛熄灭实验进行思考和改进。

【关键词】二氧化碳的性质；蜡烛；熄灭；改进

在人教版教材第六单元的第三课题中，有一个关于"二氧化碳熄灭蜡烛火焰"的实验。大家普遍认为该实验的现象是：蜡烛自下而上依次熄灭。但在教学实践过程中，经常出现了蜡烛不熄灭或者一起熄灭等非常规现象，所以很多老师改进本实验的方案，针对这些改进，本人提出了自己的想法，希望和广大同行一起研究并改进。

在各种改进实验中，有人用的实验方案确实能明显看到蜡烛自下而上依次熄灭了，但笔者认为这种实验方法把教材中倾倒二氧化碳的操作取消了，也就没有了二氧化碳自然下沉的过程，而我们认为二氧化碳能自然下沉是判断二氧化碳密度比空气大的有利证据。也就是说如果二氧化碳的密度比空气小，缓慢上升的话也会使蜡烛从下到上的熄灭。所以此改进措施不合理，也没有体现出原实验的教学意图。

那么如何做出符合教材实验设计意图的实验呢？按照课本上的方法倾倒 CO_2 灭火时，只要有蜡烛熄灭，不管哪个先灭，都能说明 CO_2 不燃烧、不支持燃烧、密度比空气大，不能认为实验失败，关键是看我们如何分析、解释。CO_2 是从高于蜡烛的位置倾倒下来的，而且烛火很快熄灭，这说明 CO_2 被倾倒后能很快大量下沉；既然 CO_2 在空气中能很快大量下沉，不就说明 CO_2 气体的密度比空气大吗？

我按照这个思路进行了相应实验，但是总感觉这个实验缺少了教材

实验的趣味性。

在课后闲暇时，我一直在思考这个实验为什么会失败？①空间不大的烧杯里燃有 2 支蜡烛，使得大量的热气流在烧杯里上升。②倾倒二氧化碳时，烧杯里上升的热气流会阻碍二氧化碳的下沉，甚至冲散二氧化碳。想通了这些我灵机一动，想到了生日蜡烛。生日蜡烛颜色鲜艳，容易引起学生兴趣，并且生日蜡烛大多比较细，这样燃烧产生的热量比较小。所以按照教材的实验方法，把蜡烛换成了生日蜡烛之后得到了完美的实验现象。在实际教学中，我又发现生日蜡烛不好固定在台阶上，还很容易掉落。所以又做了一点儿改进，就是在烧杯内放一层沙子，直接把生日蜡烛插在沙子内，如此一来，这个实验的成功率极大地提升了。

通过对这个实验的思考，给了我几点启示：在演示实验遇到异常现象时，不要急于给学生解释，应该引导学生去思考，去提出问题，每一个小的问题里，没准都有大的道理值得我们去发现。相信学生能解决好问题，不也正好体现了化学的学科素养吗？

【参考文献】

[1] 李德前. 由烛火熄灭"异常"引发的思考 [J]. 基础教育课程，2008（55）.

浅谈思维导图在初中道德与法治课中的应用

张利欣

思维导图，是表达发散性思维的一种有效图形的思维工具。我们常说的思维导图其实有两种，一种是来自美国教育改革家 David Hyerle（大卫海勒）发明的 Thinking Map（八大思维图示法），另一种是来自英国"记忆力之父" Tony Buzan（东尼博赞）发明的 Mind Map。国内把它们都统一翻译为"思维导图"，因此很多人把它们误认为一个工具。事实上，这两个差别还是挺大的。Thinking Map 主要针对中小学生，Mind Map 适用于中小学生、成年人。一般建议由浅入深地学习，也就是先学 Thinking Map，后学 Mind Map。两种工具对中小学生都具有实用性。下面我就浅谈 Thinking Map 在初中道德与法制学习中的应用。

Thinking Map 又被译作思维地图、八大思维图示等。它是美国教育学博士 David Hyerle（大卫海勒）基于认知心理学、教育学和语义学的基础，开发的一种可视化的思维工具。Thinking Map 一共有八种图示，每种图示对应一种固定的关系。八大图示遵循孩子成长的思维发展过程设计。可以培养孩子们在学习和生活中阅读、写作、数学、逻辑思考、行为习惯等方面的能力。

八大思维图示根据思维的发展过程可分成 4 组。

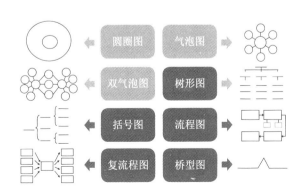

一、圆圈图、气泡图、双气泡图

名称	圆圈图	气泡图	双气泡图
图示	◎	（图示）	（图示）
用途	联想 头脑风暴	描述	对比

这三种图示旨在帮助学生打开思路并着重分析一种到两种事物，寻找一种事物的特征和两种事物间的关系。

（一）圆圈图

绘制方法：圆圈图由一个小圆和一个大圆组成，思考的中心词写在小圆圈内，关于中心词的联想写在两圆之间，联想出的关键词可以是文字，也可以是简单的图片。

作用：圆圈图可以帮助我们做很多事情。产生有创意的想法，拓展思考问题的角度，回忆学过的知识、定义概念等。

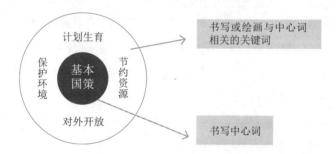

圆圈图：以九年级第四课、第五课基本国策内容为例展开联想

（二）气泡图

绘制方法：与圆圈图类似，气泡图中间的大圈内写中心词，中心词周围的小圈内写描述中心词的词汇，这些词汇一般都为形容词或形容词性短语等描绘性语言。

作用：加深对事物的了解，为解决有关事物实际问题做了准备。

气泡图：以七年级上册第一课内容为例展开联想

（三）双气泡图

绘制方法：双气泡图可以看作由两个气泡图结合而成。它有两个中心词，分别是需比较的两个事物。在两个中心词之间的气泡中，书写这两种事物的相同点，在两个中心词两侧的气泡中书写这两种事物的不同点。

作用：用于比较，进行思维发散和思维整理。

双气泡图：以九年级第七课第二站"加强道德修养"内容为例展开联想

二、树形图和括号图

名称	树形图	括号图
图示	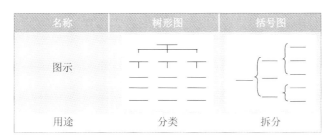	
用途	分类	拆分

这两种图可以帮助学生探寻事物的整体与部分关系和类别关系。

（一）树形图

绘制方法：树形图由主体、类别、项目构成。它像一棵树一样，主题是树根，类别是树枝，各个类别中的项目是树叶。绘制时要先写出主体，然后根据类别数量画出分支，再写类别。为了区别类别和项目，要注意在每个类别下方画竖线，而后在竖线下方书写类别中的项目。

作用：用于分类，进行思维整理。对零散事物进行归纳和分类。

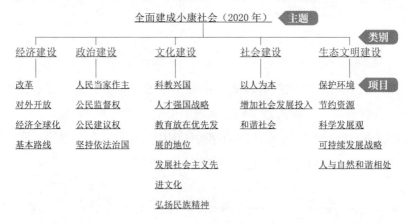

树形图：以九年级第十一课第二站"全面建成小康社会"内容为例展开联想

（二）括号图

绘制方法：由关键词和大括号组成。"整体"在左侧，它的"部分"在右侧，中间是大括号，"部分"还可作为"整体"继续拆分。括号图可以包含多个层次，层次的划分要合理恰当。

作用：帮助我们将一个事物进行结构拆分，表示事物的整体和部分的关系。

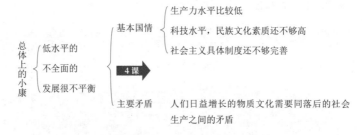

括号图：以九年级第十一课第二站"全面建成小康社会"内容为例展开联想

三、流程图和复流程图

从静态关系过渡到动态关系，关注事物的发展顺序和因果关系。

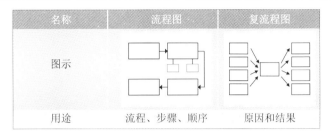

名称	流程图	复流程图
图示		
用途	流程、步骤、顺序	原因和结果

（一）流程图

绘制方法：流程图由方框和箭头组成。每个方框中书写一个步骤，箭头方向表示步骤的顺序。每一个步骤还可以有"子步骤"，也就是将步骤细化拆分后的步骤，这些子步骤要写在步骤下面，用竖线连接，如果子步骤间有明显的顺序，也可以用箭头将它们连接起来。

作用：按顺序来记录一件事或事物的发展，进行思维整理。

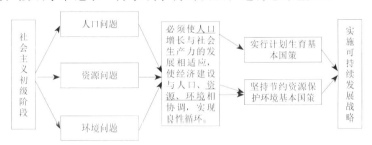

流程图：以九年级第五课第一站"正视现实的压力"内容为例展开联想

（二）复流程图

绘制方法：复流程图可以理解为流程图的组合。将流程图的步骤、顺序关系变为原因和结果描述，就形成了复流程图的一条分支，多条分支组合起来便形成了一个复流程图。绘制时，将某一现象作为中心词，在它的左侧书写出现这一现象的原因，在它的右侧书写现象所导致的结果，原因和结果不需要一一对应。

作用：分析问题的好帮手。学习中，认识事物的前因后果，帮我们更好地认识事物，找到问题的解决办法。

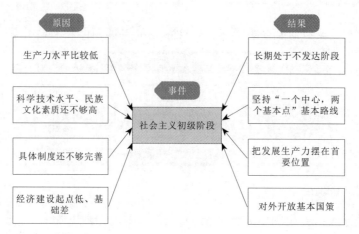

复流程图：以九年级第四课第二站"社会主义初级阶段"内容为例展开联想

四、桥型图

从过往知识中去寻找相似的知识点来帮助理解、突破现有知识难点。

绘制方法：桥型图的形状像一座桥。桥的中间书写"相当于"，横线上方和下方书写一组具有某种关系的两种事物，每组事物的关系是相同的，各组之间形成类比的关系。绘制桥型图的关键在于，明确上下两个事物之间的关系，绘制时要保证每一组上下两个事物都是满足这个关系。

作用：学习中，帮助我们理解词汇，进行知识点整理，加深记忆。

以上是八大思维图示法在初中道德与法治课学习中的应用。教学中融入八大思维图示法，其目的是通过思维导图这个工具让孩子掌握新的思考方法，并将其应用于学习、生活的方方面面。这样，孩子不仅会学习效率倍增，还会让孩子的学习生活变得生动有趣。

合作学习在中学英语
教学中的应用探析

张晓伟

【摘要】合作学习的教学方法于 20 世纪 70 年代在美国兴起，并逐步应用到各国的教学实践当中。伴随着合作学习理论在我国教育领域中的不断深入，国内教育研究者对合作学习的讨论和实验也不断增加，但在中学英语合作学习方面的研究尚不完善。本文在对合作学习概念、合作学习在中学英语教学中的应用意义进行分析的基础上，对中学英语教学合作学习的实施策略进行了探析。

【关键词】合作学习；中学英语；英语教学

一、合作学习概述

合作学习的基本教学实践方法是将学生分成不同的学习小组，鼓励他们按照明确的分工互助学习，共同完成学习任务。它把社会学和心理学中的合作理论贯彻到课堂教学当中，重视人际交往对学生认知发展的促进作用，加速转变课堂教学的传统教学模式，提高教学以及学生的学习效率。合作学习的概念可以大致概括为一种以采用小组学习为主的分组教学方式，通过以教师为主导、以学生为主体的互助合作学习形式，以合作组的整体成绩作为学习和教学标准的教学方法。

二、合作学习在中学英语教学应用中的意义

（一）与中学英语的课程改革相适应

在合作学习的理论和模式引入我国之后，国家教育等相关部门进行

了一系列的课程改革，提倡要积极培养学生的合作能力，促进合作学习的应用和发展。在有关中学英语教学的课程改革中，更是明确地提出了中小学阶段英语教学的基本任务就是要培养学生自主学习能力以及在学习中形成的合作精神，关注学生学习英语的方法和过程，着重转变学生学习英语的传统方式。

（二）培养学生的英语素质及学习能力

传统的中学英语教学过分看中了英语语法知识的传授，从而轻视了学生的英语交际能力，导致学生在英语学习中出现"高分低能"的现象。所以，必须转变传统的教学模式，为学生提供更多的英语交流机会。在课堂上以小组合作学习的方式让学生相互协作，共同解决问题，从而达到培养学生英语素质及学习能力的目的。

（三）发掘学生的英语学习潜力

面对现阶段中学英语教学的目标和挑战，英语教学开始接受新的教学理念，努力探索英语课堂教学新模式。而基于合作学习模式下的中学英语教学，能够让学生更加真实直接地体验英语的情景交流，增强学生的英语表达能力，更有利于发掘学生学习英语的潜力，培养学生的英语学习兴趣，促使学生自主学习。

三、中学英语教学合作学习的实施策略

（一）着重培养学生的合作技能

学生合作技能的发挥对整个英语课堂的合作学习来说，起着至关重要的作用。合作技能囊括的方面有很多。例如：对自己或是他人的态度、提出问题解决问题的能力、支持和辩驳意见的能力、对观点的总结概括能力等等。

首先，在开展英语合作学习的教学之前，必须让学生充分意识到合作技能的重要性。它不仅能够使学生在小组学习中处理好同学之间的人际关系，提高学习效率，促进英语合作学习的顺利开展，而且对今后的学习和生活都有一定的促进作用。其次，教会学生倾听。倾听其他学生的想法，在听的过程当中，找出自己所认同的观点，辩识总结出自己的

看法。最后，教师要在英语教学的合作学习中，指明学生需要注意改进的地方以及可以采用的方式方法，从而引导学生充分发挥其合作技能。

（二）加强教师的合理监控

在英语教学的合作学习中，教师所扮演的不仅仅只是一个指导者的角色，更是其中的参与者、促进者。教师可以通过自己的观察，在英语合作学习当中进行适时地指导、有针对性的监控和协调，以保证学生英语合作学习的正常开展。

第一，教师要及时纠正错误。在整个英语合作学习的过程当中，学生难免会犯各种各样的小错误，譬如语法词汇的使用错误、句式成分不明、表达不通顺等等。这就需要教师留心观察各个学生小组的学习情况，及时发现问题，予以纠正和指导，将学生的学习和讨论引入正轨。第二，教师要鼓励学生积极发言讨论。在合作学习的进行过程中，由于学生个性差异、小组组织结构以及学习材料准备不充分，经常会发生"冷场"的情况，这时教师就要适当地补充一些相关的英语材料，鼓励学生积极发言，大胆讨论，指导学生合作技能的发挥。第三，教师要协调好同学之间的人际关系，避免冲突的发生。在合作学习时，不管是因为分工不合理或是意见不合造成的小组内部冲突，还是因为不同小组观念差异造成的小组之间的冲突，教师都必须及时地指导和介入，采取相对应的解决措施，减少误会、化解矛盾、避免冲突，维护整个班级的团结以及整个教学的顺利开展。

综上所述，合作学习法在中学英语教学中可以发挥出重要作用，因此，在中学英语教学中，教师有必要强调学生合作技能的培养，并对学生的合作学习过程做出合理监控，从而确保合作学习法能够推动中学英语教学质量的提高。

【参考文献】

[1] 郭兰.初中英语合作学习中的问题及对策[J].潍坊教育学院学报:2011(01).

[2] 谭庆利.合作学习在中学英语教学中的应用[J].中学英语之友(下

教学实践篇

旬）：2011.

　　[3] 丁荷花.探究合作学习在中学英语教学中的应用［J］.新课程学习（中）：2011.

　　[4] 刘翠凤.合作学习教学法在英语课堂上的有效性探究［J］.成人教育：2011(01).

"精打细算我的收支"的教学案例

张　引

教学案例					
教学单元	第一单元				
主题	精打细算我的收支				
所属学科	信息技术	学时安排	1课时	年级	七年级
所选教材	长春出版社				

一、教学目标与内容

（一）教学目标

1. 知识与技能目标

（1）单元格的基本操作

（2）公式的组成，知道公式的作用

（3）学会简单表格的设计与建立

（4）表格修饰的方法

2. 过程与方法目标

（1）情境导入

（2）新知识的探究

（3）巩固练习

（4）课堂小结

（5）课程评价

3. 情感态度价值观目标

（1）结合我校的"以人的发展为本，培养有责任感的社会公民"的办学理念，培养学生的主人翁意识

（2）培养学生的竞争与合作的意识

（3）培养学生的审美能力

（二）教学重点难点

教学内容：通过收支记录的核算，学生能了解数据处理的一般过程，掌握电子表格使用的基本方法。需要完成以下3个内容：输入收支表格；计算收支表格；修饰收支表格。

教学重点：利用公式进行计算、修饰表格。

难点：公式的正确使用、修饰表格

二、学情分析

由于学生是刚升入初中的，需要进一步学习Excel电子表格，掌握基本概念和基本操作，因此这节课的重点是公式的运用和表格的修饰

三、教学环境与资源设计

（一）教学环境

1.多媒体教室	2.因特网	

（二）教学资源

1.课件	2.多媒体资源库	3.案例库

四、教学情境创设

（一）情境设计

搜集上学期自己的各项收入和支出，列出明细。

学生的基本要求：具备一定的表格使用基础，了解单元格的基本操作

（二）学习方式

1.自主学习设计

类型	相应内容	使用资源	学生活动	教师活动
按小组进行	使用Excel软件	样例	分组协作探究新知	给予口头指导

2.协作学习设计

类型	相应内容	使用资源	学生活动	教师活动
（1）竞争	以任务驱动方式，引导学生完成本活动的学习任务	使用Excel软件	提倡学生独立完成自己的任务，给同学的设计以合适的评价	给予指导

				将收交电子作业中的能共享的资源或其他信息分发给学生作使用参考
（2）协作	任务驱动	样例	在探究的基础上协作完成或其他	
（3）角色	制作电子表格	使用Excel软件	主角	巡视员

五、教学过程

教学环节	教师活动	学生活动	备注
情境导入	怎样才能把有限的零花钱管好用好呢？ 　你们把得到的压岁钱交给谁管理？ 　你们是否有过使用计算机来进行统计的？ 　今天我们就来学习如何用计算机来进行收支管理	思考回答	提出问题，激发学生的好奇与学习兴趣
新知探究	（一）输入收支数据 　1.我们有了一笔费用，我们应根据需要进行管理使用，就要设计一份收支表。那么，这个收支表应包含哪些项目呢？ 　2.在设计表格结构时，一般需要确定标题、表头、数据和落款。其中表头部分要确定各栏目名称、顺序和栏目之间的关系。首先我们来设计一份草图吧。 　3.现在把你设计好的表格制作出来，并输入相关的收支数据。 （二）计算收支结余 　1.输入完原始的收支数据后，如何把结余计算出来呢？ 　2.有的同学计算出来了，可千万不能口算啊，要在单元格中输入公式，并且要用单元格的引用来计算。怎么办？请看"知识库"，试一试，如何？ 　3."剖析室"给我们提供了很好的建议，不妨试一试。 　4.现在请把收支结余计算出来	思考 合作动手设计草图 参考课本 开启计算机 制作自己的表格 思考，动手探究 看书模仿操作 看书探究 动手操作	培养学生在活动中按计划行事的意识，计划对动手操作有着重要的指导意义。鼓励创新，制作出个性化的收支表，培养合作探究、学习的意识

巩固练习	很多同学已经把作品设计出来了，真不错！如何运用快速填充等输入技巧，不妨这时候试一试。我把一张空的课程表发给你，把它们算出来（"创新园"内容）	已完成任务的同学可以操作，巩固所学新知	学以致用，举一反三是巩固所学的最佳途径
情境导入	收支表格我们都制作出来了，大部分同学不仅完成了任务，还完成了"创新园"内容，我为你们感到骄傲。有同学问过，现在的表格还不够美观，该怎么办？ 找到你们作品的保存位置，打开你设计的班费收支表格，看看是否要进行适当的修饰和调整	聆听 动手操作	提出问题，激发学生探究热情
新知探究	（三）修饰收支表格 （发送一份已经修饰好的表格） 1.这是一份已修饰好的收支表格。对比一下如何？ 2.分析一下，我的这份报告是通过文字格式、边框和底纹、数字格式以及行高列宽的设置来进行修饰的。参考"剖析室"。 3.通过设置标题文字的格式和对齐方式，使得表格标题更加醒目。但是修饰表格有一定的基本原则，还要了解数据有哪些类型和哪些格式。先了解一下"知识库"的内容。 现在开始做一下。参考"加工坊"	思考 合作分析探究 了解基本常识 动手操作 提出疑问 合作探究 看书 动手操作	教师巡视指导。 鼓励学生多形式探究、分析，并不固定在自己的作品上，伙伴也可以是"侦探、间谍"
巩固练习	好，非常完美的收支表格完成了。可是啊，我们完全可以在修饰表格的基本原则下，自行设计方案，有兴趣把前面制作的课程表作适当的修饰	巩固所学的新知识	鼓励学生大胆尝试用自己的方案修饰，培养创新意识

课堂小结	我可以请同学把我们今天所学的内容总结一下吗？ 希望其他同学认真聆听并做好补充的准备。 学生小结之后，教师再进行总结，鼓励那些大胆发言、敢于陈述自己看法的学生	总结补充	学生小结可以强化对所学的记忆
教学评价	1. 你完成了本班班费收支表的设计吗？ 2. 你掌握了哪些 Excel 数据输入的方法和技巧？ 3. 你掌握了哪些修饰表格的方法？ 4. 你对自己的收支表格修饰的效果满意吗？ 5. 同学和老师对你的活动有何评价		根据在活动中的表现和体会回答

初中地理教学过程中
如何渗透心理健康教育

赵　辉

什么是健康？世界卫生组织给出了这样的定义：健康不仅指一个人没有疾病或虚弱现象，还是指一个人生理上、心理上和社会上的完好状态，这就是现代关于健康的较为完整的科学概念。而心理健康是指各类心理活动正常、关系协调、内容与现实一致和人格处在相对稳定状态。

中学时期是人生成长的重要阶段，是心理健康发展的关键时期。然而，面对现代社会竞争的加剧，教育的局限，家庭教育的弱化，不少的中学生不同程度地存在各种心理困扰和障碍，影响其健康发展。

"少年强则国强"，一个国家的荣辱兴衰与少年的培育有直接关系。国家教委新颁布的德育大纲第一句话就明确地提出："德育即政治、思想、道德、与心理健康教育。"明确地把心理健康教育作为德育的一个重要组成部分。联合国公布的健康的标准中，前三条就是关于心理健康的内容。可见，心理健康在教育中的重要性。中学是学生个体生长发育的关键时期，学生生理和心理上都经历着一系列的重大变化。这个阶段人的可塑性很强，是接受教育的最佳时期。良好的教育环境影响能有效促进学生心理健康发展。反之，不良的环境影响也容易使学生形成一些不良的心理品质，甚至发展成心理疾病。因此，必须认真开展心理健康教育，努力消除各种不良影响，使中学生的身心健康都得以促进。这是健康教育的根本任务之一。

现代德育理论和心育理论以及学生的心理健康状况，都要求广大教育工作者更新观念，建立起一套心理素质培养的目标体系，扎扎实实地开展心理健康教育，使学生的心理得以和谐、协调、全面地发展，完成从"个体的人"到"社会的人"的根本转变。

从中学教育的实际来看，开设专门的心理素质教育课程实在是必不可少而且是刻不容缓的事情。在各科教学中有机渗透心理教育，是培养学生优良品质的重要途径。实践证明，学科渗透心理教育可以构成全方位、立体化、多侧面的教育网络，有利于调动全体教师的积极性，营造出促进中学生心理健康的良好氛围。

一、构建良好的课堂教学模式

课堂教学模式是直接影响课堂心理氛围的教育策略，也是一种隐性的心理健康教育因素。学习是学生的主导活动，学生大量的心理困扰也都产生于学习过程中，因此我们理应在教学过程中帮助他们解决。在教学中，我们可以尝试围绕着心理素质教育培养目标来进行教学，使学科教学和学校的心理健康教育相互渗透、互相促进，真正提高学科的教学质量和效益。

（一）在教学中为学生提供表现机会

初中地理教学的重点是在掌握基础知识的基础上使学生初步学会阅读、运用地图和图表，学会实地观察、社会调查，并初步掌握分析地理资料的基本方法。这就需要教师重视教学方法的改革，探讨如何调动学生都能积极参与教学活动的方法。

我们要求每一位教师与学生建立现代师生交往观，建立真正的平等、民主、尊重和信任的新型师生关系，树立亲和、友善、慈祥的教师新权威，要求教师在课堂上一定要有师生互动的情景，一定要有生生互动的活动，要在互动中把课上"活"上"灵"，在充满活力与灵性的课堂教学过程中发展学生、教育学生。

（二）在教学中注意培养学生好奇乐学的积极兴趣

兴趣作为一种教学手段，不仅能使学生积极地、能动地、自觉地从事学习，而且能起到开发学生潜能的作用，正如德国教育学家第斯多惠所说："教学的艺术不在于传授的本领，而在于激励、唤醒、鼓舞。"通过教师的激发，引导学生的兴趣，让学生主动地参与整个教学活动的全

过程，变被动学习为主动学习，由此形成教与学的良性循环，达到学生学习意识的转化，树立正确的学习方法，从而更好地提高地理教学的效率。地理学科本身的独特性，以及它丰富的内容，为我们在教学中培养学生的学习兴趣提供了得天独厚的条件，需要我们在实践中认真去领会，去感悟，通过不懈的努力和追求，把学生带入和谐、自然、轻松、愉快的学习境界，增强地理学习的兴趣，真正做到教师要教的内容是学生想学的，促使他们主动地去学习，从而全面地提高学生的地理素养和人文素养。

二、灵活渗透的教学策略

我们常说：教无定法。同样，在地理教学中渗透心理健康教育的也没有固定方法。从教学设计取向看，渗透心理健康教育可以以学生为中心，重视学生的人格塑造，促进学生的心理发展；可以以问题为中心，理论联系实际，帮助学生解决心理问题；也可以以活动为中心，加强心理训练，塑造学生良好的心理品质。在不同取向指导下，各种不同渗透形式和渗透方法的灵活运用便构成了不同的渗透策略。值得一提的是，目前在地理学科渗透心理健康教育的教学中，许多教师普遍存在"渗透死板"的问题。如我们在各种"公开课"中最常见到的一幕，往往是教师在该节课结束前集中渗透几分钟，或者让学生在稿纸上写心得给听课者看。显然，这样的渗透方式"痕迹"太重，过于呆板，也不可能取得预期的效果。

几年来，由于在学科教学活动中注重了心理健康在学科教学中的渗透，改进了教学方法，增强了激励手段，突出了学生的主动性、主体地位，使学生的学习兴趣、学习动机得到了激发，心理素质得到了培养，学生在心理耐压力、社会适应力、情绪反应力、心理控制力等方面得到了加强，形成了团结协助、勤奋好学、乐于助人、积极进取的班风、学风，总之，在学科教学中融入心理健康教育是非常必要的，也是课堂提质增效的要求。

让案例教学成为初中道德与法治课堂中亮丽的风景

赵玲海

【摘要】初中道德与法治教学过程中，案例教学就是一种通过引用案例来开展课堂教学的教学方式，拥有亲切、有趣、共鸣性等特点，能极大调动学生的学习积极性，能在很大程度上提高学生的学习效率。因此我们教师不妨让案例教学成为初中道德与法治课堂亮丽的风景线，全面提升课堂教学质量，并提升学生的道德与法治素养。

【关键词】初中道德与法治；案例教学；效率

所谓的案例教学法，主要是指道德与法治教学中，教师有意识地将贴近学生生活的与教学内容有关的事件或现象引入课堂中，引导学生在客观的事件中感知理论知识，引导学生加深对知识的理解，并为其在生活中运用所学知识打下坚实的基础，更好地提升学生学以致用的能力。那么我们教师要如何将案例教学法运用到初中道德与法治教学中呢？

一、引导学生结合相关案例展开课前预习

预习是一种非常好的学习习惯，有效的预习能够使得学生在课前解决简单问题，并将自己解决不了的问题记录下来，然后在课堂上展开针对性的学习活动。新课标背景下，为了有效提升学生预习的有效性，我们教师可以设计导学案，将学生的学习目标罗列出来，并出示与学习内容相关的案例，让学生结合自身的预习情况，有效地展开案例分析，从而全面地提升学生的预习效果。

例如"我对谁负责，谁对我负责"，这节课旨在引导学生懂得人因

不同的社会身份而负有不同的责任，旨在增强学生的责任感。在设计这节课的导学案时，我们教师可以呈现这样的新闻案例：23岁的扎西同志因公殉职，在倒下前说的最后一句话是："兄弟，接一下班。我可能不行了"。在失去意识的最后一刻，扎西想到的仍然是自己的使命，仍然不忘嘱托战友做好交接班工作，除了责任，没有更多……教师可以结合这个新闻案例，引导学生思考责任与角色有什么样的关系？负责人的表现有哪些？承担责任有什么重要意义？等等。学生们在分析这则案例时，会认真地研读教材，结合教材内容展开相关作答。然后课堂上，教师鼓励学生站起来分享他们的案例作答情况，教师再根据学生的预习情况，进行针对性的指导和帮助，课堂教学的有效性会得到实质性提升。

二、引导学生在课堂上结合相关案例展开重难点知识的突破

备课阶段，我们教师会结合班级学生的特点，并结合具体的教学内容，确定重难点，然后围绕重难点展开教学活动。所谓的重难点就是学生理解起来比较困难的知识点，就是学生需要花费较多的时间和精力的知识点。初中道德与法治教学中，我们教师要结合重难点呈现相关的案例，引导学生将重难点的突破建立在案例分析的过程中，从而全面提升学生的学习效率。

例如"国家好 大家才会好"，这节课的重难点是引导学生理解国家利益与人民利益的关系。课堂教学过程中，我们教师可以呈现如下历史材料："一二·九"运动又称为"一二·九"抗日救亡运动，1935年12月9日，北平大中学生数千人举行了抗日救国示威游行。爱国学生悲愤地发出"华北之大，已经安放不得一张平静的书桌了"。教师可以引导学生思考，当时的人们为什么会发出"华北之大，已经安放不得一张平静的书桌了"这样的口号？这句话说明了什么？案例分析过程中，学生们会结合当时的历史背景，分析出当时的中华民族，正处于水深火热之中，整个国家几乎都要沦陷了，人民的日常生活当然也不会得到保障，这说明国家的生死存亡和人民的安居乐业是紧密联系在一起的，这说明国家利益与人民利益是息息相关的。案例分析过程中，学生们的理解能力、

分析能力、学以致用能力均能得到实质性提升，所谓的重难点也就不攻自破了。

三、引导学生在课后结合相关案例展开巩固练习

任何一个科目的学习都是需要一定的课后练习的，初中道德与法治当然也不例外。有效的课后练习不仅可以帮助学生更好地巩固所学知识点，还能够促使学生将知识点有效地贯通起来，使之形成系统。我们教师不妨引导学生结合相关案例展开巩固练习，引导学生在案例分析中加深对知识点的理解。

例如"合理利用网络"，这节课旨在引导学生知道网络的利与弊，学会利用网络优势正确上网。课后习题的设计中，我们教师可以呈现这样的案例分析题：张某毕业后，来到新疆某小学支教，当他看到学生们大冬天的还在接自来水的凉水喝，冬装只是把四件夏装穿在身上时，就想通过募捐的形式得到社会爱心人士的帮助。短短三天时间，爱心人士就送来了70公斤的物资。然后张某还通过网络募捐的形式，为学校购买了篮球架、单双杠、球类等体育器材。教师可以引导学生思考张某的网络募捐事迹带给我们哪些启示？案例分析过程中，学生会结合传播网络正能量的相关知识点展开分析，张某正确地运用网络，传递了网络正能量。

总而言之，初中道德与法治教学过程中，我们教师可以将案例教学法有效地运用到学生的课前预习，课中重难点突破和课后巩固练习等环节，让学生们乘着案例教学法这一叶扁舟，遨游于道德与法治的知识海洋中。

【参考文献】

[1] 潘军安. 思维导图在初中道德与法治教学中的运用［J］. 当代教研论丛：2018(05).

[2] 郑莹真. 辩论教学法在道德与法治课程中的运用——以"敬畏生命"一课为例［J］. 新课程研究（上旬刊）：2017(04).

初中数学有效教学模式和方法的研究

赵　妍

【摘要】传统的初中数学课堂教学模式已经无法满足时代的需求，甚至会在很大程度上对学生的综合素质和身心健康造成影响，用最适合的、最有效的教学方法才能充分调动孩子们学习的兴趣，让孩子创新、钻研、事半功倍、学以致用，对他们后续的学习乃至一生都有深远的影响。

【关键词】有效教学；初中数学

当今智能社会，信息浪潮席卷当下，给我们提供了前所未有的发展机会，改变无处不在，我们的生活、学习都彻底被颠覆，在这高速前行的时代，创新、变革随之而来，古往今来，创新都是这个民族最深沉的禀赋。教学工作亦是如此，作为教师的我们每天面对的是几十双渴求知识的眼睛以及个别厌学的孩子。我们的教学对象—— 初中生，从小学生升入初中，科目、知识增多，作业量增大，有的小学基础好、习惯好的孩子会很快适应新的学习节奏，有一些孩子或许会手忙脚乱，需要一段时间才能适应。教学的方法多种多样，不同的孩子也要采取不同的学习方法才能行之有效，作为一名教学工作者，我需不断创新自己的教学方法，积极地学习和掌握先进的教学理念和思想，全面适应新时代发展的要求，最终提升中学生的综合素质和数学能力。

一、一切事情的源泉均来自于好奇与兴趣，把兴趣放在首位，是因为兴趣是十分重要的

兴趣能够调动人在某一方面的更多精力，如果你把兴趣调整到学习上，那在学习方面你就比别人多了许多精力，胜算也就大一些。兴趣，使你比别人多了一份求知欲。这种求知欲，使你不会放过每一个从你身边划过的知识。这也使你有了别人都难以做到的对于学习的一种韧性，所以你能够做出许多别人做不出的难题，也使你可以把自己的基本功培养得十分扎实。这足以体现兴趣的力量之大了。如果一个人总是疲劳时候读书学习，一学习就想睡觉，长此以往，学习和睡觉建立了条件反射，学习的时候就总是无精打采的，这就是有些人上课总爱睡觉的缘故了。你可以在学习前做一些使自己身心愉悦的事情，学习的时候保持这种愉悦的心情。以后，愉快与学习就形成了条件反射，一学习就高兴，一高兴就学习。这样就做到了培养学习的兴趣。

兴趣需要别人的赞扬和鼓励。当你需要某一方面的兴趣时，你先硬着头皮做这种并不愿意做的事情，并投以很大的热情，争取做得好一点儿。一旦得到别人的夸奖和鼓励，自然就更愿意做了，这样也可以培养兴趣。利用教材中可操作性强的一些动手实践内容，指导学生用木条、铁丝、硬纸等材料，制作几何模型，培养学生的空间思维能力和想象力。也可以在课堂上适当地讲些数学趣闻、数学史料和数学家的故事等，不但增加了知识的生动性，而且易于使学生把数学生活化，引导学生在自身知识经验的基础上主动进行数学知识构建，将数学和生活融为一体，更好地感受生活的情趣，使学生的知识、能力、心理和谐健康地发展。由于不同的学生知识背景以及智力水平存在一定差异，所以在教学中还是要试着使用因材施教的教育方法进行广泛教学，避免对学生的自尊心以及自信心造成伤害。

二、课堂教学时应注重增强学生学习的主动性和对知识探究的欲望

教学过程中，教师要相信学生，信任学生。不能总以为学生能力不足，解决不了这样的问题，从而把知识或问题嚼得细细的喂给学生，担心哪一细节学生理解不了，这种传统的知识讲授方式不利于学生学习兴趣的提高和学习自主性的增强。应把适当的问题交给学生，让学生带着问题去学习，这些问题不能太难，要让大多数学生经过自己努力，解决得了，以便学生体验到成功的喜悦，这样也提高了学生们的学习兴趣。教师要把

课堂交给学生，把方法传给学生，真正体现学生的主体地位和教师的主导作用。

比如，教师应引导学生进行自学或小组合作探究学习。在进行分组学习时，教师应该对学生的特点以及基础水平进行充分的考虑，同时还要合理地对学生进行分配。在学习时，应该让每个学生都清楚学习的目标和任务，只有这样才能更好地发挥小组协作学习的作用，使每个学生都能够参与到课堂教学过程中来。在初中数学课堂教学中，教师要善于启发引导学生参与探究知识形成的过程，对探究的结论进行归纳总结，从而使问题得到解决。在此过程中，要给学生创设思维的空间，促进学生思维的发展，解决"善于学习"的问题。在此环节中，教师要引导学生落实重点，突破难点，起到画龙点睛的作用。教师在启发引导时，要善于在知识生长点上设疑，特别是当学生不能凭借原有知识和方法解决新的问题，陷入迷惑不解的困境时，这里既是新旧知识发生矛盾的焦点，又是教师进行启发引导的最佳情境，更是学生思维发展的良好契机。教师在设计课堂教学时，一要注意暴露学生学习过程的困难、障碍、错误和疑问，并且启发引导学生自己尝试、发现和解决；二要注意寻找学生思维的闪光点，及时画龙点睛，鼓励学生提出创造性见解，增强学生的自我意识和自信心，进一步激发学生的创造性；三要注意加强操作、思维、语言的有机结合，先从操作中获得大量的感性材料，形成表象，在此基础上让学生进行认真的对比、分析、判断和综合等思维活动，再启发引导学生把思维过程或总结概括的结论用简练的语言有层次准确表述出来。这样，既加强了学生的动手操作，又发展了思维和语言，有利于培养学生的思维能力。

三、培养学生自主学习的能力

作为初中的学生，由于孩子天性好动，再加上青春期具备一定的反叛心理，所以很多老师都会感觉学生很难管理，这就给管理工作带来了很多麻烦，也影响了正常的教学进度。首先我们要明确一点，就是学生的学习应该是为了自己，而不是老师。在传统的教学理念当中，大多数学生甚至老师自己都会认为自己才是教学的主体，是课堂的组织者。实际上，通过新课程改革的具体细节精神来看，我们应该坚持以人为本的教学观念，主动将学生作为班级教学过程中的主体，确立其主人意识。这也是提高学生自主学习能力的第一步。第二步就是老师要做好引导工作，引导学生培养自己的学习意识以及学习能力，对于数学学习而言，数学学习意识主要是课堂上认真听讲，课后认真做习题，并且要积极思考，主动求知，不会的问题可以与老师和同学相互讨论，必须要有打破砂锅问到底的精神。对于数学学习能力而言，主要就是指学生的举一反三的能力以及创新思维能力，在数学学习中我们往往会感觉有些学生很调皮捣蛋作业也从来不好好完成，但是数学成绩一直不错，一方面就是他们的逻辑思维能力强，另一方面主要还是由于他们建立了一套科学的数学学习体系以及解题方法，所以不需要太多的额外学习就可以达到指定的学习目标，这也是我们数学教学工作者应该追求的状态。提高学生的课堂参与程度，方法其实有很多，上述提到的有关进行小比赛、小活动以及数学猜想等活动外，还可以与其他班级之间形成竞争，搞一些班级竞赛，不但对于提升学生的基础知识具有帮助，更是能够提高课堂的凝聚力，促进学生的合作意识，提高学生的综合能力。

四、掌握数学思想对学生理解、掌握和运用数学知识是非常重要的

渗透数学教学思想，提高数学教学效率。初中数学通过数形结合的教学思想，向学生传达的不仅仅是数学原理知识，更多的是一种数学思维。经过长期的数学思想的训练后就会形成较强的逻辑思维能力和数学思维，进而在解题的过程中可以节约时间。教师采用这样的方式进行教学，就会教会学生解题的方法和思路，进而实现预期的教学目标并且建立高效课堂。从数学习题的设置上我们不难看出，尽管表面上看数学题目都是考查数学的计算常识以及理论知识的运用情况，实际上结合课本内容我们就不难看出，在新课标的影响下，更多的数学题目考查的不仅是学生的基础知识，更是考查了学生的数学思维能力。

五、通过解题和反思活动，从具体数学问题和范例，总结归纳解题方法，并提炼和抽象成数学思想

在解题过程，充分发挥数学思想方法对发现解题途径的定向、联想和转化功能，举一反三，触类旁通，以数学思想观点为指导，灵活运用数学知识和方法分析问题、解决问题。范例教学通过选择具有典型性、启发性、创造性的例题和练习题进行。要注意设计具有探索性的范例和能具有抽象一般和特殊规律的范例，在对其分析和思考的过程中，展现数学思想和具有代表性的数学方法，提高学生的思维能力。例如，对某些问题，要引导学生尽可能运用多种方法，从各种途径寻求答案，找出最优方法，培养学生的变通性；对某些问题可以进行由简到繁、由特殊到一般的推论，让学生大胆联系和猜想，培养其思维的广阔性；对某些问题可以分析其特殊性，克服惯性思维束缚，培养学生思维的灵活性。

六、联系生活实际展开教学，改变传统的以教师讲解为主的数学教学模式，营造活跃的教学氛围，提高学生自主学习的积极性

在课堂教学的过程中提出一些难易适中的问题，让学生进行自主思考与探究，教师要进行适当的引导，使学生在课堂中占主导地位，老师只起到引导者的作用。在进行教学的过程中让学生通过思考、交流与探究，寻找解决问题的答案，这样既可以提高学生自主学习的能力，又锻炼了他们实践探究的能力，同时还可以提高初中数学教学的效果。此外，教师还可以让学生先对新课的知识进行预习，然后让学生扮演教师的角色，对新课的知识进行讲解，这样可以有效地构建初中数学高效课堂。通过规律性的知识和幽默的教育语言吸引学生的注意力。课堂中如果老师一味地讲解，有一些学生难免会走神、溜号，通过授课过程中幽默的语言，活跃课堂气氛，老师能高度吸引学生，重新听讲，体会学习乐趣，提高教学效果。规律性的知识会使学生避免学习时的枯燥和死记硬背，实现知识的简单的记忆和应用。

七、有效进行课堂提问

对于教师来说，提问是一门需要长期探索的课堂艺术，有效的提问不仅可以调动学生听课的热情，还可以为授课起到承上启下的作用，进而提升课堂的效率，因此教师可以凝练有目的性的提问来推进课程。在备课过程中规划好课堂中问题的设置，如提问的时段、提问的形式等。比如"等可能事件的概率"主要内容是使学生明确计算事件发生可能性的方式，让其初步感知概率的内涵。在带领学生们学习这一课时，我展示了摸球的游戏：纸箱里有 5 个大小相同的球，分别标有 1-5 这五个号码，每次随机摸一个球。我先以趣味性的问题导入新的知识如"谁来说一说随机摸到的球会有哪些结果？"；然后在将课程推进、将可能性转化为概率计算时，我以启发式的提问方法引导学生计算每一个号码的球被摸到的概率是多少；之后我又出了一道例题，让学生试着练习概率的计算，通过从提问例题每一个小问题的计算过程、到提问学生推导等可能事件概率的计算公式这样层次式的提问方式，引领学生跟进思路并自主思考；最后，我以"总结这节课学到了哪些内容""这节课你受到了哪些启发"这样鼓励式的问题来对课程进行收尾，这些发散性的、答案不唯一的问题每个学生都能够回答上来，因此可以起到鼓励的作用，同时增进学生的成就感。一节课下来，大部分同学都得到了回答问题的机会，许多个问题贯穿着整个课堂，在提问中新课循序渐进地展开，提问抓紧学生的思路保持不掉队，让学生更加活跃地投入到听讲中。

八、教师应合理运用多媒体技术，为高效课堂奠定坚实的基础

很多孩子认为数学是枯燥无味的，一提起数学课，仿佛就是无休止的做题、计算。电教媒体可以提供形象、直观、生动的视觉画面和听觉刺激，对培养学生的学习兴趣有独特的效果，它能让学生充分感知事物，激发学生的学习兴趣，引发学生的积极思维。利用多媒体教学，有着其他教学方法无法替代特殊作用，多媒体的动感让学生直观形象地学习数学知识。如在进行函数图像以及几何的教学时，可以利用多媒体建立一

些直观的模型，让学生进行思考，进而加深印象。同时还可以让学生在课堂上进行讨论与交流，进而提高学生学习的积极性。同时还要让学生明白数学来源于生活，与生活中的实际是紧密联系的。如在进行资金的统计能力的教学时，可以将学生每周零花钱的支配作为例子，让学生进行合理支配。此外还可以采用发散式的教学方式充分挖掘学生的潜能，使学生理解和掌握新知识。

教师在开展初中数学课堂教学的过程中，可以通过运用各种多媒体技术来辅助课堂教学。一方面，多媒体技术可以用直观的方式将数学教学中抽象的知识展示给学生，从而使学生更容易地了解和掌握数学知识。例如，当教师在讲解用坐标表示轴对称这部分知识的时候，首先可以通过多媒体软件复习旧的知识内容，以图形展示的方式引导学生尽快调整学习状态，然后运用启发式教学要求学生将两个对称点 A、B 画到平面坐标系中，同时要求学生考虑关于 Y 轴对称的点坐标的关系。这样学生可以通过多媒体动态演示清楚掌握相关知识点。由此可见，在初中课堂教学中运用多媒体技术可以帮助学生在很短的时间里掌握相关知识点。另外一方面，教师还可以通过多媒体技术来加强数学课堂的教学深度，在开展初中数学课堂教学的过程中，教师可以运用多媒体技术吸引学生更快的投入到数学知识学习中，学生也可以通过多媒体更全面的了解知识内容。在学生掌握基础理论知识之后，教师还可以运用多媒体技术引导学生对数学知识进行深层次的探究，从而有效提高数学课堂的效率。

九、注重随堂测验，及时反馈成效

初中数学课程的查漏补缺环节是在教师批改家庭作业之后才开始进行，而这时候往往下一节的新课已经开始讲授了，查漏补缺不能及时进行，还会影响后续的新课学习，因此，教师可以通过随堂测验的方式在课堂及时反馈授课成效。比如"矩形的性质与判定"这一课的重点内容是理解矩形的概念、特质，掌握判断四边形是否为矩形的条件。在授课结束后，我利用课堂最后的一点儿时间组织学生进行随堂测验，内容是一道习题，它涵盖了对矩形特质的理解，如求某一点是其所在线段的中点；还涉了矩形的判定，如通过给出条件判断四边形的形状并证明。待学生们完成小测后，我让同桌间交换试卷，然后进行讲评，学生根据讲评内容将同桌的试卷打分，之后我会把学生们小测卷子收上来分析这一课的授课效率。随堂测验及时地反馈了学生的学习效果，同时也让教师及时帮助学生查漏补缺，一举两得。初中数学教师可以主动发挥主观能动作用，通过辅助学生预习、制定卓有成效的提问方式展开新课以及利用随堂测验来反馈授课的成效这三种方式来增进课堂授课的效果。

每一种力量都无比珍贵，每一次创新都意义非凡，当我们开启梦想之旅，总会期待那激动人心的成功瞬间，在这之前是无数的细节和漫长的岁月以及无处不在的失败和风险。中国正迎来前所未有的机遇，人们应以足够的自信去应对前方未知的挑战。没有一次伟大的发现不经历坎坷和等待，也没有一次伟大的进步不依靠创新和积累。这个梦想值得我们付出全部的智慧和努力，每一个人，每一个团队，都在用自己的方式描绘着未来。

教学实践篇

拿什么塑造你，我的学生

保 沣

班主任工作是一项复杂的艺术性工作，是一种塑造人的心灵、雕琢人的感情与性格的伟大事业。它是一个动态的结构系统。在 8 年的班主任工作中，我咀嚼过失败的苦涩，也品尝过成功的甘甜。我认为做班主任老师能让自己更充实、完美，因为它使自己的综合能力得到了提高。我深知工作的繁杂与艰辛，但我更清楚肩负的责任，心中充满快乐。经历多了，感受也很多，今天主要从以下六个方面谈谈。

一、做好每一个第一次

俗话说"万事开头难"。第一节课是教学的关键，而第一节班会课、第一次集体活动是新的班集体迅速形成凝聚力的关键。因此就要充分利用好第一节班会课，利用好第一次集体活动给班级定位，用争取第一名的目标来鼓舞学生的士气，增强集体责任感。随着校园生活的深入开展，提出活动争第一，学习也要争第一的目标，激励学生努力学习，促进学生的全面成长。

二、树立有个性的班主任形象

首先，班主任的形象不能一成不变，而应随情况改变而改变。上课时风趣幽默，但又对纪律要求严格；搞活动时富有激情和感染力，能参与其中使学生情绪高涨；做思想教育时动之以情。

其次，要勇于表达观点，要在各方面给学生做榜样。有时要求学生做的事情，他们并不落实，因为总觉得老师与他们有代沟，说的根本没人能做到。班主任可以现身说法，这样会让学生有亲近感、真实感，更容易去模仿。如我在教室内外随时捡果皮纸屑，结合自己的表现教育学生讲究卫生、爱护环境；每次劳动和大扫除时，不但做好指挥，还要做好示范，因此学生很少有偷懒或耍滑的。每一次的劳动，我们班总是最快最出色地完成学校交给的任务。记得在初一的时候我们要接受全国的卫生城市评选，这次的劳动任务是打扫学校的室外厕所，这个厕所已经有 30 几年的历史了，已经废弃不用了一段时间，但是在这次迎接检查中是必检项目，厕所年久失修，外面爬满了爬墙虎，里面挂满了蜘蛛网和杨絮毛，既危险又肮脏，这样的活儿如今的 90 后怎么肯去伸手做？作为老师的我其实内心也很不愿意接受这样的劳动任务，但是我马上调整好心态，这样的工作总要有人做的，学校能把这么重要的任务交给我，说明是领导对咱信任不是吗？于是马上组织学生开会做好思想动员工作，刚开始孩子们还极不情愿地被动接受任务，当看到我第一个冲进厕所里面，亲自拿起扫帚，细心地扫墙上已经黏住的蜘蛛网和杨絮毛，孩子们被我的行动打动了，也都个个撸胳膊挽袖子的"杀进战场"，看着孩子们个个灰头土脸的样子，心口揪着，男厕所里除了要打扫蜘蛛网、灰尘和杨絮毛毛，更为艰巨的是将整个校园里的多余的石头瓦块分别填进粪坑里面，还要做到在外观上不影响整个大局。两节课的时间过去了，孩子们个个汗水和着灰尘，一个个像脏猴子一样，但是依然坚持着。当我心疼的抚摸孩子的脸颊时，孩子们还调侃我说着我刚才激励他们的话语呢，"老师，我们是社会主义的一块砖，哪里需要哪里搬，盖在高楼上我不骄傲，搭在厕所里我不自卑。"听着孩子们安慰我的话语，我的眼泪不争气地流出了我的眼眶。在这次全国的文明城市评选中，由于我们班出色地完成任务，在接受国家检查时我们学校得到了市、区的一致好评。

三、做一个有爱心的班主任

班主任工作比较琐碎、繁杂。在处理问题时，如果没有一颗真正关爱他们的心，就很容易流于简单化；或者是千篇一律，表面上唬住了他们，但他们心里并不服气。我觉得要使一个班级有良好的班风，有强大的凝

聚力，一直不断前进，班主任除了做好一些常规工作外，还应有一颗爱心，把自己真正融入孩子们中间，多理解他们，使他们信服班主任，愿意把班主任当作他们的好朋友，愿意与我们多方面地交流思想。"一双眼睛看不住几十个学生，一颗爱心却可以拴住几十颗心。"但是爱并不是一味纵容，要严出于爱，爱寓于严，严而不凶，宽而不松，严在当严处，宽在当宽处。记得初二刚开学的时候，新换了英语老师，孩子们心里还没有接受新的老师，新老师惩罚了几个犯错误的孩子，初二的孩子的叛逆心理马上就跑出来了，三个孩子选择了集体逃学的方式作为对抗，我这个班主任怎么还能坐得住，带着我的小密探，找遍了孩子们可能出现的地方，那一天偏巧我穿了一双高跟鞋，走了一个上午，脚磨出了几个血泡，可是孩子们似乎在跟我捉迷藏一般，怎么找也找不到，直到晚上放学的时候在学校附近的居民楼群里发现了孩子的身影，我扔掉了高跟鞋光着脚追寻孩子们，孩子们惊恐地边跑边看着，脚步放慢了，然后是一个个狂奔到我身边，抱着我痛哭着喊着"老师我们错了。"看着孩子们能够认识到错了，并且保证以后好好学习，不再用不正当的手段对抗了，我的心终于放下了，脚也不疼了。

对于我班的学生，他们每个人在我的心里都是平等的。不论他们是成绩好的，还是不好的；也无论他们是懂事一点儿的，还是调皮的。因为这份爱，虽然班主任工作有一点儿累，但我全然没有了这种感觉，乐在其中！感受着为人师的快乐！

四、懂得赏识和激励每一位学生

一个班级，几十名学生，性格不同，脾气不同，内在需求不同，因此，赏识激励要有不同的针对性。力求在平凡、普通中捕捉搜寻闪光点，把握学生的常态内力，使其发扬长处，避其短处，在成功中品味、赞扬其优点、优势，以促进个性特色形成；在失误挫折之中寻找正确和有利的因素，增强自信，开发潜力。

学习好、听话的学生，哪个老师都喜欢，溢美之词不绝于耳；学习差、调皮捣蛋的并且还好给老师出个难题的学生，总是招人讨厌。期末评语，冥思苦想找不出一条优点，而恰恰就是这些学生更需要多一点儿赏识，多一点儿激励，甚至还应对他们的缺点乃至错误给予包容。也许有人会说，这不是放纵吗？为什么还要对学生的缺点和错误予以包容呢？一般来说，人，谁也不会喜欢或保留自己的缺点和错误，只要对自己的缺点和错误有所察觉，都愿意克服和纠正，就人之常情说，谁也不愿意让老师、让家长或上级领导当众揭老底，即使有失误与错误，大都希望能得到相关人的谅解。本应该受到责罚，反倒没有责罚，本不应该谅解的，反倒得到了原谅，此人定会心存感激，会更加自责、内疚，这样心理情感人们都可以理解。尤其近些年，我在处理一些学生违纪问题上，是有着深刻切身的体会的。

五、做好联系班级和任课老师的纽带

作为班主任必须有意地向学生介绍任课老师的一些优点。如性格、爱好、特长、教育教学方面的成绩等，以博得学生对任课老师的尊重和信任，使他们因尊其师而重其教。同时自己要与任课老师密切配合，要经常与任课老师取得联系，以了解学生的特长、爱好，课堂纪律如何，学习态度如何，是否能按时按量完成作业等。对于这些班主任心底都要有数，因为这样有利于更好的、恰当的抓好班级工作。有利于了解学生特长、爱好，以便在学中练、练中学、以练促学。作为一个地理老师担任班主任工作，刚开始孩子和家长还是很不信任的，经过了一段时间的工作，孩子家长个个认可我这个小科老师班主任，而且很佩服我这个地理老师在数学、英语、物理等所有学科中给予孩子的指导，只要是我和孩子一起支配的时间我就把时间安排得很充实，或者跟孩子们一起背单词或者跟孩子们一起做数学题，或者是一起讨论物理题，或者是一起讨论其他科目的内容，甚至于体育课我也会跟着孩子们一起慢跑、打球等等。这一届的孩子在学校的秋季运动会中连续两年蝉联冠军。当孩子捧着奖杯奔向我的时候，大喊着老师我们这次又是冠军的时候感觉比自己得到任何殊荣都开心。

六、做学生和家长的朋友

班主任是联系学校、家庭、社会的纽带。所以应该也必须成为家长的朋友。在多年的班主任工作中，我与学生家长打交道，从来都是以理服人，无论他们的孩子给学校带来多大的麻烦，肚子里的气有多少，只要见到家长总是笑脸相迎，从不把气撒在家长身上，总是用商量的语气向他们解释，与他们交流，商量教育孩子的最佳办法。不仅得到家长的信任，也取得了很好的效果。家长们个个拿我当作心理医生，孩子稍有处理不好的问题都会给我打来电话寻求帮助，每次孩子家长在挂电话的时候都会一遍遍的说孩子跟你比跟我们当家长的还亲呢，我们当家长的真是羡慕啊，你能把孩子都当成自己的亲孩子一样对待，我们做家长的真不知道该怎么感谢你啊，保老师！

自认为上述几点是我做得比较成功的地方，说出来与大家切磋共勉。当然自己工作中也存在不足之处，在以后的工作中，我会再接再厉，争取把班主任工作做得更好！将学生塑造得更完美，带领学生走上康庄大道！

浅谈中考形势下信息技术与初中地理教学的融合

陈　雪

【摘　要】本文从当前初中地理中考形势下出发，在信息技术迅速发展的今天，信息技术在地理教学中的应用成为必然。实现信息技术与初中地理教学的有机结合，结合自己的教学实践，初步探讨信息技术在初中地理教学中的应用。

【关 键 词】中考改革；新课程改革；信息技术；读图识图

初中地理现状是：整个初中阶段，地理的教材主要包括四本地理教学用书（人教版），大体可以分成三部分，分别分布于初一和初二年级。从 2020 年开始，吉林省地区地理成绩计入中考成绩，即各校在初二第二学期按有关规定统一时间举行地理考试。闭卷形式，卷面 25 分计入毕业生的中考成绩。另外，现在初中已全面推行新课程改革，教育部要求构建新型的开放式地理课程。面对中考新形势和新课程改革，我们必须思考地理究竟处于怎样的地位呢？

多年以来，初中地理教育教学在社会上急功近利思潮和应试教育思想的双重冲击下，学生地理学习水平处在低谷状态。特别是地理教学质量不令人满意，经过地理课堂教学，仍然有相当多的学生没有学会判读经纬度、计算实地距离、判断方位和气候类型、年平均温差等实用技能，没有具备基本的中国地理和世界地理知识。初中学生往往刚接触地理学科时积极性还比较高，但越往后，特别是进到八年级时，地理学科在学生的心目中，更充分地突出表现了地理课的"庐山真面目"，使学生学习地理的目的性越来越强："还是升学学科'语数外'

重要"。对初中生来说，地理学科在初中不是"主科"而是增加"负担"的"副科"，因此，绝大多数学生对地理学科不重视。但是，如今中考改革新形势下，地理分数纳入中考成绩，学生需要参加地理中考，那么如何在这种不利情况下提高学生中考成绩成了广大地理教师需要思考的问题。

如何提高课堂效率，使学生在中考考出优异成绩，是每一位地理教师都在深思的问题。中考的新形势是，初二学生进行地理中考，成绩计入将来初三毕业中考的总分。闭卷形式，卷面25分，题型分为选择题和非选择题两部分。非选择题以读图题、材料分析题、综合题等组成。考试时间为45分钟。考试内容主要以基础知识为主，体现新课标的精神，体现"学习对生活有用的地理"这一新理念，还体现地理学科综合性强的特点。

时间紧任务重是初二地理教学中遇到的普遍问题，在新形势下，地理教师要转变观念，要以先进的教育理念、爱的氛围为地理教育教学提供理想的育人环境，坚定不移地提高学生地理综合素质，把地理学科摆在应有的地位，在教学上要运用计算机辅助教学和网络环境等信息技术，才能不断地提高学生对地理学科的学习兴趣和提高地理学科的教育教学质量。

一、运用信息技术，将生活融于地理课堂

地理是一门实用性很强的科学，日常生活中的地理事物及现象数不胜数。既涉及文科的内容，也涉及理科的内容，是一门生活性的学科。但是学生不愿意主动学习地理知识，学生总问学习地理知识有什么用，我又不出国旅游，在国内旅游有导游指引，在本市内活动用不着那么多地理知识，我为什么要学习那么多的地理知识啊？所以，为了引导学生学好地理知识，地理教师要挖掘地理知识的实用性，引导学生在日常生活中学习地理知识。以学习"地图"这一节课为例，教师课前布置作业，让学生自己录制一段视频，可以利用信息技术引入同学一天的生活视频，让学生观察生活视频，感知这些地理知识，当学生在教师的引导下，学

习了与生活相关的地理知识以后，便不会再认为地理是没有用处的"副科"知识，而是能优化生活的重要知识。于是他们会认为地理知识具有生活性。教师应有效地运用生活化教学提高学生学习地理的兴趣与热情。

二、运用信息技术，将娱乐融于地理课堂

进入初中阶段后，地理成为一门独立的学科，需要进行全面系统的学习，若是单纯地讲授地理课本的知识，学生很快就会对地理产生厌烦情绪。学生不愿意学习地理知识，认为地理知识太抽象，比如学生觉得记地理经纬度很麻烦，不愿意学习相关的知识。地理教师可以应用信息技术解决这一问题。例如，初中地理教师在教学"海陆的变迁"一课时，教师可运用多媒体辅助播放珠穆朗玛峰的形成视频，一边演示一边讲解，让学生犹如身临其境，加深学生对海陆变迁过程的认识，随后针对大陆漂移、板块运动知识点让学生提出自己的疑问并进一步探讨海陆轮廓的形成以及大地是如何运动等问题。这样可以有效地培养学生科学兴趣、探究精神。也可以与学生交流，向学生介绍一款非常著名的地理游戏软件叫"大航海时代"，在这款游戏中，学生要扮演一个角色，驾着小船应用经商、冒险、海战等方式环游世界，学生可以模拟环游四海、了解世界各地的风土人情。在闯关的过程中，学生感觉不到记忆经纬度是痛苦的事情，反而会牢记经纬度，以使能迅速发掘出海图上的新领域，由此牢牢地记住了各种地理知识。地理教师结合信息技术，引导学生用游戏的方式学习地理知识，这种教学方法能够让学生放下地理知识很抽象的偏见，自主学习地理知识。

三、运用信息技术，构建"知识树"

初中地理知识中有一些是较难记忆的。因此，很多学生会抱怨说地理学科很难学习，从而影响到他们的地理成绩。鉴于此，初中地理教师就应该科学设计教学内容，运用多媒体技术向学生更为直观的展示地理知识，比如说可以把一些地理知识转变为图片或视频，学生就可以获得较为强烈的感官刺激，从而有助于加快学生的记忆。在地理教学中，教

师要不断利用信息技术培养学生学会构建地理学科的"知识树"，改变当前初中生机械的记忆地理基础知识的学习方法。从而培养学生的观察、记忆、想象、演绎、分析、比较、判断等综合能力，直观的感觉观察比口头讲解与描述更加可取。传统初中地理课堂教学，教师通常会采用挂图、地图册以及课文中插图进行教学，即使将这些内容放大投影在大屏幕上，还是静态的，不利于学生观察，无法帮助学生产生更加直观形象的感受。而信息技术融入初中地理课堂教学中，能够为学生营造一个立体真实的学习环境，能够突破教材内容的限制，帮助学生建立属于自己的知识树，从而提高课堂教学效率。例如，在讲授气候这部分知识时，地理教材知识只是简单介绍了不同气候之间的差异，对于初中学生来说比较抽象，不利于理解。利用多媒体技术信息技术能够将不同国家的气候特征进行动态演示，让学生直观欣赏到气候之间存在的差异，加深学生对知识的理解。在学生观察完视频之后，教师还可以让学生以小组为单位进行交流，将自己的观点表达给其他同学，从而提高课堂教学效率。因此，利用信息技术能够调动学生的学习积极性，从而帮助学生构建知识体系，提高学习效果。

四、运用信息技术，提高识图读图能力

地理学科的内容多、范围广，很多地理事物的运动和变化是大家看不到、无法想象的，学生难以理解。使用多媒体课件就可以把一些地理事物化虚为实、由静到动，使学生感知大量无法观察的地理事物或现象，从而突破教学难点。而地图正是地理信息的浓缩和直观表达，是学习地理的重要工具。它的作用，是语言、文字无法替代表达的。地理学科研究的对象，在空间上具有广泛性，需要用地图来表示地物和现象的分布特点，以培养学生的空间概念和空间想象力。因此，学习地理必须掌握读地图的方法。但是，读图能力低恰恰是学生学习地理的"拦路虎"。在日常的教学和考试中，我发现学生最大问题：不会读图。在我参加的多次地理会考信息会上，李老师多次重申：地图仍然是考试中丢分最高的地方。许多知识都是依附地图而存在。呼吁各校将读图作为讲课的重点，

一定要想办法提高学生的读图能力。地图对培养学生的注意力、观察力、思考力，判断力、记忆力等都起着非常重要的作用。图文结合，以图导学，引导学生学会读图，学会对地图信息加以分析运用，提高学生地图能力，引发学生的地理知识联想，开拓思路，启发思维，发展智力，是初中地理教学中培养学生创新能力的重要环节。会看地图，是生活的必备的能力，是对学生终身发展有用的知识。

总之，在中考新形势下，教师要改变传统的地理教学方式，按照新课程的要求，运用信息技术，推进与开展一个新的地理教学探索征程，这是一个循序渐进的过程。地理教学工作者应认清并勇挑自己肩上的重任，在这个过程中不断地去学习和探索，不断提高自身的综合素质，采取切实有效的措施、方法，培养发展学生的自主学习意识和能力，大幅度提高课堂教学效率，发挥自己的才智和力量。

【参考文献】

[1] 赵振雄.运用信息技术创新初中地理教学的方法探微［J］.亚太教育,2016,(34):35.

[2] 翟晓斌.简析信息技术与初中地理学科的整合应用［J］.求知导刊,2016,(11):114.

[3] 徐建芳.初探初中地理学科与信息技术的融合教学「J」.新教师,2016（02）.

[4] 高开峰.信息技术与初中地理学科的整合应用［J］.考试周刊,2016（12）.

[5] 李德青.说说多媒体信息技术与初中地理学科的有效整合［J］.广西教育，2017（09）.

[6] 李颖.信息技术与初中地理整合教学例谈[J].学周刊,2016,(08):89.

信息技术和 "道德与法治"
课堂教学整合的探索

柯　明

【摘要】现今，随着科学技术的快速发展，信息技术逐渐被应用于教育领域，并实施在初中教学的每个环节之中，成为一项重要的教学手段。由于网络技术具有高效、普及、方便、范围广等优势，它可以提高道德与法治教学的效率，使各项教学资源的利用更加方便，可以让学生与老师的交流更加顺畅和谐。本文将主要对信息技术手段与初中道德与法治教学的结合作用为主线进行探讨，使读者充分了解二者的关系，以及对信息技术手段对于教学的帮助究竟体现在什么地方进行分析，希望为读者提供帮助。

【关键词】信息技术手段；初中教学；道德与法治；整合

何为信息技术手段与课程整合呢？它主要是指在教学过程中要把信息技术、资源材料、方法与课程设置、课程基本内容、课堂教学的要素结合在一起，从本质上改变旧有的教学方法与手段和与其对应的课程要求，学习内容、方式、预期成果等等，达成一种新的学习目标的教学手段。

道德与法治教学是国家设置德育课堂的一个重要体现和主要方式，道德与法治教学水平的优劣，与教师的工作水平有直接的关系。初中生各项价值理念正在逐渐完善，这一时期的道德与法治教学是尤为重要的。过去初中生学习道德与法治课程只是一味地依赖课本，所获得的信息是非常少的，通常是只知其一，而不明缘由，这对于学生接受和理解这门课程的含义有很大的局限，不利于学生理解和体味相关的知识概念，而随着信息技术手段在课堂上的充分使用，便利了学生获取知识的方法，使学生更易于获得丰富的教学信息，可以提高道德与法治教学的效果。

一、信息技术手段促进了新的教学方式的出现

（一）改变了教学内容的表现方式

在原来的课堂教学中，教学内容的表现方式主要是教师主讲，而教师也主要通过书本、纸张进行知识的传授。信息技术手段作为表现教学内容的一种重要媒介，可以使多种媒体技术应用更加方便、迅速地整合，实现对于教育资源的全面表达。信息技术可以使各种媒介发挥最大的作用，有利于促进学生对于道德与法治的深入了解，促进课堂效率的提高。

（二）改变了学生的学习方法

随着新课改的深入，要求现阶段的课程应该改变学生的学习方法。教师通过创设真实的情景，让学生完成一种实际任务，通过使用网络去寻找丰富的资料，运用于现实之中，提出解决问题的方法。网络技术可以通过多种多样的方式展现信息，并不只有文字，还有许多的图片、视频等。可以扩充学生的知识面，让学生享受更多的学习资源，让学生可以更加自由地选择知识、自主学习。

（三）改变了教师的教学方法

在改变学生的学习方法时，教师的教学方法也相应地发生了改变。从过去单纯的讲授者，变成了知识的引导者，对于学生更多地起到一种辅助的作用，激发学生学习的独立性，让学生更好接受知识，而信息技术手段催生了这一现象的发生。

二、将信息技术融入初中道德与法治教学之中

（一）激发学生的学习兴趣

如果将信息技术完美地融入道德与法治的课堂教学之中，那么可以大大提升课程内容的丰富性和生动性。具体来说，教师可以利用网上的一些资源或者信息来进行教学，使得课程与实际生活联系起来，从而扩大了学生的知识面，也有利于激发学生学习积极性，最终达到提高课堂

教学效果的目的。在我看来，信息技术为实际教学活动带来了方便，教师可以轻易地将一些图片、音乐、文件等在课堂上展示出来，改善了学生的课堂体验。

（二）增加学生的知识来源和渠道

在过去就有教师将信息技术引入了道德与法治课堂之中，但过去的那种整合方式已经不适应现在课堂教学的快速发展了，在传统方式中，教师的授课内容受到限制，大多由与课文内容也就是教材相关的信息组成。但是，相较于从前，现今的信息技术得到了更大的进展，大量的教学信息与资源存在与网络之中。因此，教师对教学资源的可选择性也极大地提高了，教师能够根据授课内容和自己的要求在大量的资源中选择最为合适的。而且从抓住学生眼球这点来看，也是极为有利的，能够让学生将注意力集中在老师的授课内容上。

(三) 培养学生的学科核心素养

《道德与法治》这门课有着其特殊的价值和意义，它具有较强的思想性，旨在为学生树立正确的道德价值观念。因此，在教授这门课时，教师要注意培养学生的学科核心素养，也就是为学生的自身发展和社会发展打下基石，使学生具备必要的品德与素质。不过，这一过程是较为漫长的，需要教师对学生进行长期熏陶，从而让学生不由自主地养成良好的品行。在这个过程中，教师可以通过多种手段和方法来实现这一目的，而深度与信息技术进行融合就是极为重要和极有成效的一种方法。

三、信息技术与初中道德与法治学科教学的融合的策略研究

（一）使用多媒体教学方式

学生是否对一门课感到有兴趣，在很大程度上是由教师的授课方式决定的。如果一名教师在第一次上课时，可以使用不同的方式让学生将注意力放在课堂上，那么学生将会对这门课和授课教师留下良好的印象，并逐渐喜欢上这门课。在这方面，多媒体教学为教师提供了新的方法与思路。教师可以利用该技术为学生展示一些与学习内容吻合并且是学生感兴趣的事物来进行教学。

（二）通过电子白板来为学生分析教材

为了让学生更好地理解课文内容，教师可以选择一些具体的事例，分享给学生，然后师生一起讨论，分析事例，总结出缘由和其中所蕴含的道理。这样不仅细化了知识点，还加深了学生对老师所授的知识的理解程度。同时，在分析过程中，教师还可以有意识地培养学生的思维能力。

（三）利用微课来培养学生的学习习惯

信息技术除了多媒体技术外，还有微课这一重要方面。因此，教师也将微课和道德与法治课程结合起来。这样既能帮助学生形成良好的习惯，又能提高教师对学生的关注程度。故而为了有效发挥微课的优势，教师在实际教学过程中，可以灵活运用微课教学。

总体看来，在道德与法治课程中，教师可以合理地融入信息技术，将信息技术的优势和传统课堂教学的优势结合起来，既可以扩充学生的眼界，刺激其主动学习，还可以培养学生的学科核心素质，便于学生未来的发展。故而教师可以通过以上多种方式进行教学，不断加深两者的融合度。

【参考文献】

[1] 姜蕾.发挥信息技术优势提高《道德与法治》教学实效性［J］.读书文摘，2016（24）.

[2] 高天珍.道德与法治课堂教学与信息技术深度融合策略［J］.中学政治教学参考，2018（12）.

浅谈初中英语词汇教学

刘聪敏

一、初中英语词汇教学中存在的问题

新课标指出："在英语课程实施中，帮助学生有效地使用学习策略，有助于形成自主学习能力，为终身可持续性学习奠定基础。"

首先，英语不是我们的母语，所以大多数学生除了在学校里的英语课堂上能够学习到英语之外，其他时间很少能够直接接触到英语。学生在英语课堂上的学习时间毕竟是有限的，能够接触的就是课文中出现的词汇、语法和练习等。学生学习英语基本就是靠死记硬背，没有语言运用环境，学生感受不到英语学习的乐趣，自然对英语学习就失去了兴趣。

其次，大部分英语教师在讲解英语单词的过程中只重视单词的表面意思。通常教师会讲解词汇的读音、拼写规则、词性和相关的固定搭配，而对于这些单词的相关文化却提及得很少，因为受到课堂时间限制，这些文化知识都被忽略掉了。实际上，这些单词所反映出的英语文化知识对于学生理解和把握单词有着重要的帮助作用，这些知识能够使学生更好地了解西方文化，开拓学生的视野，让学生了解他们日常生活之外的世界，从而激发学生的学习兴趣。

最后，词汇教学没有重难点，没有主次之分。教师讲授单词的主要目的是为了完成课堂教学任务，所以大部分教师只会讲授教材中出现的单词，而没有丝毫的拓展，这不利于学生的发展。而且教师把每个单词都平等对待，没有侧重点，导致学生在学习和记忆这些单词的时候不明白哪些单词需要重点记忆、哪些单词只需听懂即可，这在无形中增加了学生记忆单词的负担。

二、初中英语词汇教学策略

要提高学生的词汇记忆能力,教师首先要了解初中学生的心理特点。与小学生相比,初中阶段的学生的理解能力和学习自制力都有了一定程度的提高,而其对于新奇事物的好奇心有增无减。针对初中学生的这些心理特点,教师可以采取下列教学方法来指导学生学习英语词汇,激发他们对于英语的学习兴趣。

(一)单词形象化具体化可以提高掌握词汇的效率

2012 版的初中英语学生课本设计,图文并茂,配图颜色鲜艳,话题贴近学生生活。每个单元关于主要话题的单词都配有形象的图片,使抽象的内容具体化。拉近了学生与新知识的距离,得到了他们的关注。七年级英语上册关于水果的学习,课本用颜色鲜艳的水果吸引学生的注意力,提高了学生学会关于这些水果单词的效率。八年级下册 Unit1 用形象的交通工具的图片学习关于交通工具的知识,大大增加了学会有关单词的有效性。八年级下册 Unit6 是关于 People who need help 的学习,课本展示了各类需要帮助的人的图片,使抽象的内容生活化,激发学生的同情心,因此相关的单词也能更容易被学会。在学习七年级上册 Unit7 clothes and colours 时,可直接用学生的衣服学习。

T:What clothes does she/he wear?

S:She/He wears a coat/a shirt/a T-shirt/a blouse/a sweater/a pair of jeans/a pair of trousers/a pair of shoes...T: What colour is his/her...? S:It's red/yellow/blue/green/white/black/grey/brown...

通过以上教学,学生学习的积极性很容易被调动起来,身边的同学,彼此的穿着,通过对话,拉近了与英语的疏离感,既学习了表示衣服的单词,又学习了关于颜色的单词。具体的实物和形象的图片使学生词汇学习变得近而乐学。

(二)"复现式"词汇学习法达到掌握词汇的目的

在 2008 年一次外教送课中,一位外教老师介绍美国的学生一周最多

学习 10~15 个单词。当她听说我们一天要学习 10 个时，她很惊讶。她说："单词只有在反复使用中才能被掌握。"这就是复现。俗话说："一回生，二回熟，三回四回是朋友。"据说一个单词学生只有在阅读或听英语中出现七次以上，才能被真正认识。这就是复现式词汇学习法。课堂上老师要经常使用所学单词进行说话造句，让学生听到。重要的写下来，让学生看到。刺激大脑记忆。在上一要点中提到的关于 clothes and colours 的学习，在以后每节课都可让学生描述他们中一员的衣服。最后还可让他们为自己设计一套时装秀的衣服。根据广告学，一个广告只要在人们的眼前生动地出现 13 次就会被永远记住。因此英语词汇的学习必须让学生在篇章或句子中反复领会其意义，以达到完全掌握的目的。

（三）"持久性"词汇学习是掌握词汇的必备条件

恒心是成功的必备条件，英语学习更是如此。古希腊哲学家苏格拉底曾说："许多赛跑的失败，都是失败在最后几步，'应跑的路'已经不容易，'跑到尽头'当然更困难。"因此坚持更重要。有人说："英语词汇的学习不是看学生能否坚持学下去，而是看老师能否坚持检查下去。"老师的检查是促使学生养成良好习惯的动力。要坚持检查关于词汇的各种作业：1）每天都要批改课外作业，查看学生是否养成每天记单词的习惯。2）每天默写 10 个单词，并要求学生从中任选 3 个单词写一句话。3）每周周末都要复习这一周所学单词，并要求学生默写进行自测。老师的坚持推动学生的坚持，坚持到底就是胜利。

（四）重视语音教学是夯实词汇教学的基础

语音是词汇拼写的基础，语音的准确与否直接影响着单词的拼写。所以在初一开学前两周，我会花大量时间进行音标教学。利用卡片记忆 48 个音标、进行小组抽查、编顺口溜等方式来加强对音标的教学。由简单到复杂，并教授基本拼读规则，如 t 发 /θ/：three,thick,mouth，发 /e/：that,whether,altogether 等尤其是重读音的发音，教会划分音节，并根据音节拼写单词。如 in-tro-duc-tion,dic-tion-na-ry 等，无须一个一个字母地死记硬背，便自觉地学习读音规则，并运用到教学实践中，使单词记忆不那么枯燥无味。

（五）创设教学情境可以加强对词汇的理解能力

新课标主张在语境中讲解新单词及句型，尽量用英文解释，培养学生用英语思考的习惯。所以尽可能创设教学情境，增强对词汇的理解能力。如初一年 Unit3 Topic2 关于学习"职业"单词 doctor、teacher、nurse、cook 等时，可以让学生穿好这些职业装或做有关职业动作进行直观教学。又如初一年 Unit7 Topic3 Which is the way to...？可以把桌椅摆放几个十字路口，通过学生模拟来教学新词汇及句型，这样兴趣盎然，效果凸显。在近年中考中，要求学生根据文章判断词义的题目不断增多，这就要求在词汇教学时，注意"词不离句，句不离文"，把词汇教学归于情境中。

三、总结

总之，英语词汇性教学是初中英语教学的重点，也是难点。需要教学双方都对英语有浓厚的兴趣，教师在推进教学进度的同时，也要观察学生的反应，对学困生更要予以关注，促进整体水平的提高。对于学生来说，要完成词汇学习这一艰巨任务，还要发挥集体的力量，必须挖掘学生自身的作用。充分利用他们的优点进行结对学习，扬长避短，取长补短，互相帮助，共同进步。为他们以后的英语学习夯实基础。

教学实践篇

初中数学翻转课堂教学模式研究

刘　婷

【摘要】信息技术和网络技术的广泛应用，促进了教学模式的变革，为课堂教学开创了新的思路，本文在分析了当前初中数学教学现状的基础上，阐述了翻转课堂教学模式的内涵及意义，并针对翻转课堂教学模式在初中数学教学中的实践进行简要的分析，旨在提升翻转课堂教学模式的教学效果，促进翻转课堂教学模式的完善。

【关键词】初中数学；翻转课堂；教学模式

随着翻转课堂教学模式的日益普及，这种新型的教学模式已成为国内外教育改革的新浪潮，它颠覆了传统的课堂教学模式，使处于课程教学改革焦虑状态的人们看到了课堂教学模式改革的新希望。

一、研究背景

（一）新课程标准对初中数学教学提出的新要求

2011年教育部制定的《初中数学课程标准》对初中数学教学的基本理念提出了新的要求。提出了数学教学是教师和学生积极参与、交往互动、共同发展的过程。教师的角色定位也由传统的知识的传授者转变为学生学习中的组织者、引导者与合作者，要根据学生的能力教学，满足不同学生的数学学习需求。因此，翻转课堂教学模式的出现为初中数学教学模式的创新提供了新的思路。

（二）当前初中数学教学现状

当前，部分数学教师的教学方法仍存在着教师讲解过多、全班实施统一教学的情况，使得学生主体地位难以得到体现，无法满足学生的不同需求，因此课堂上出现了"优等生吃不饱，学困生吃不了"的现象。

二、研究意义

（一）解决当前初中数学教学中存在的突出问题

当前的数学课堂教学，最集中的问题是学习者之间的巨大差距，以及教师为满足每个学习者的需要而组织的教学活动的难度。而翻转课堂这种新型的教学模式则较好地解决了这一矛盾，它以教学视频的形式安排学生的课下学习。学生可以根据自己的接受程度来安排学习并完成对应的作业，解决了传统教学中因材施教难的矛盾。

（二）增加了师生间及生生间的互动机会

许多实施翻转课堂的教师反馈，它增加了学习过程中的互动机会。翻转后，教师可以与学生进行一对一的交流，或者将有相同疑惑的学生聚集在一起进行讲解或演示。同时，学生之间的互动也比以往任何时候都多，学生可以发展自己的学习合作小组、相互学习，至此教师不再是唯一的知识传播者。

（三）提高了学习的有效性

翻转课堂，将知识的传递放在了课堂之外，并将知识的内化放在了课堂上。无论课堂内外，都实现了学生的自主学习。这种"先学后教"的教学模式是一种有准备的互动与合作，学生提出的问题更有针对性，更深刻、更广泛。

三、翻转课堂教学模式的起源及内涵

（一）翻转课堂教学模式的起源

翻转课堂教学模式最早起源于美国的林地公园高中。2007 年，该校两名化学教师乔纳森·伯尔曼和亚伦·萨姆斯为了帮助因缺课而跟不上学习进度的学生开始录制课堂教学内容，并且通过 You tube 把录制好的视频上传到网上，不仅缺席的学生有机会学习错过的课程，其他学生亦可以通过视频学习并进行知识的强化和复习。乔纳森和亚伦观察到，只有当学生做功课遇到问题卡住时，才会真正需要教师的帮助，而知识的学习是可以通过学生的自主学习来完成的。因此，两位教师借助现代信

息技术手段，构建了将知识传授与知识内化过程颠倒过来的一种新型教学模式——翻转课堂教学模式。

（二）翻转课堂教学模式的内涵

1. 鼓励学生主动学习

翻转课堂的成功，得益于所采用的探究性学习和基于项目的学习方式，促进了学生的主动学习。

2. 建立起"以学生为中心"的教学模式

翻转课堂的结构和模式的翻转皆源于"以学生为中心"的基本思考。长期的教学实践表明，通过翻转传统的教学结构和教学方式，建立起来的这种新型教学模式，较好地实现了"以学生为中心"的教学理念，同时，教师的角色也逐渐转变为学生学习的组织者、引导者和合作者。

3. 撼动了"以教师为中心"的传统教学方式的根基

在关注教育公平的时代，翻转课堂为方兴未艾的教育公共服务平台建设提供了可以借鉴的范式。在翻转课堂的实践中，教育公共服务平台可以充分发挥其"云服务"功能，支持自主学习、教育均衡和个性化发展，让传统的电教手段在"云服务"时代换发新的活力。

四、翻转课堂教学模式在初中数学教学中的实践

（一）明确教学目标

教师应当根据初中学生的学情以及不同课型的具体要求，确定学生课下自主学习目标和教师课上的教学目标。这就要求教师在备课时，多考虑哪些可以不教，让学生在课下利用互联网等自学；哪些非教不可，课上如何进行引导和指导。

（二）引导学生自主学习

为了让学生的课下自主学习发挥实效，我找到了一个有效抓手——自主学习活动单，活动单上设置了自学目标，指导学生学什么，怎么学，需掌握到什么程度或完成什么可测性任务，这使得学生的自学更具有可操作性，从而在实践中不断提高自学的能力。

（三）知识的内化

根据学生课下的学习情况和课下练习的完成情况，课上则集中讲学生学习过程中的易混、易错、遗漏点，讲学生想不到、想不深、想不透，讲学生解决不了的问题。此外，具有探究性的数学问题的解决也是课堂教学的一部分，学生可以根据自己的学习效果和进程自行选择探究性题目，以达到驱动学生深度思考，加深数学感悟的目的。在完成以上教学活动之后，我还会要求学生对学习过程进行回顾反思，让学生整理思路、查缺补漏，体会数学学习的过程和方式。

（四）合理的教学评价

教师根据学生的自主学习情况，小组合作探究情况，以及作业完成情况来对学生的学习成果进行综合性的评价，在翻转课堂教学模式下，教学评价要由老师及小组同伴共同完成，评价时，不仅仅要关注到学生学习的结果，更要关注对整个学习过程的评价。

五、结束语

翻转课堂教学模式弥补了传统课堂教学模式的不足，将其广泛应用于初中数学教学中，不仅有利于增加师生间的互动交流、教师自身能力的提升，更有利于实现学生的自主学习。虽然翻转课堂教学具有众多优势，但由于其还处于不断探索的阶段，因此在应用中会不可避免出现一些问题，进而还需要教师在教学中不断探索和实践，大胆进行改革和创新，从而推进教育事业的发展。

【参考文献】

[1] 钱国贤.翻转课堂教学模式研究［J］.考试周刊：2013.81：176.177.

[2] 陈加敏，朱承慧.翻转课堂教学模式的变式实践与反思［J］.课程、教材、教法，2014.11.

[3] 宁成龙.浅谈初中数学教学中翻转课堂模式的应用［J］.读与写：2015.08.

[4] 王芳.翻转课堂，未来课堂教学模式［J］.中小学电教：2013.3.

[5] 关中客.颠倒教师究竟颠倒了什么［J］.中国信息技术教育：2012.5：19.

影视资源在初中英语教学中的应用

孙晓辉

【摘要】在初中英语课堂中利用影视资源来辅助教学，在有效提升学生的英语学习兴趣的同时，对学生的听说能力有积极的促进作用。因此，精心选择英语影视资源，创设轻松教学氛围，利用原版英文电影辅助英语教学，能够使学生在一种真实的语言环境中学习语言，感受中西方文化差异，从而提高英语运用能力。其具体做法是根据教学内容，选择适宜电影片段，设计适宜的教学活动等。

【关键词】初中英语；影视资源；辅助教学

学习英语的目的是为了能够使用英语进行交流。由此看出口语教学的重要性，传统的初中英语课堂教学受到应试教育的影响，教师在课堂教学中只是重视那些和考试相关的内容，对于和考试无关的内容，教师在课堂上不会做过多的讲解，对于口语内容，教师基本上只是让学生读一下课本上的句子对话部分，然后照本宣科地讲述一下意思，整个流程就结束了，使得口语教学根本就收不到任何效果。很显然，这种教学方式不符合新课改要求。随着近年来信息技术的不断发展和网络科技的日益发达，各种影视设备开始走进了初中英语的课堂，正在发挥着越来越重要的作用。教师应该从初中生的认知特点出发，在英语课堂教学中，采用影视辅助的方式，帮助学生提高对于英语的学习兴趣和口语能力

一、运用电影片段导入课堂教学，提高学生学习兴趣

在英语教学中很重视情境的创设，而电影恰好提供了许多感人的情景，一个又一个扣人心弦的情景，学生的情感随着电影的主人公此

起彼伏。整个人的身心都融入到了情境中，此时学生的情感也随之调动起来，正因为有了情结的萌芽，学生学习语言来就比较容易，尤其对于英语基础较差的学生来说，使他们更易学更乐学，这虽然只是一种微不足道的变化，但对他们来说，已大大增强了学习的自信心，提高了学习的兴趣。

由于英语课堂中真实语言环境的缺失，中国的口语教学相对较弱。大多数学生难以提高自己的口语能力，因为他们很少获得在真实交际语境中操练口语的机会。带着将生活化场景及其相应话题带入课堂的观点，笔者引入电影片段去促进英语课上的口语练习，以期提高英语口语练习的有效性。电影资源作为视听说教学的重要资源，在视听说课教学中具有很大优势：运用电影资源进行教学有理论上的可行性和实践中的适用性，它能够集中学生的注意力，能调动学生的多种感官，真正做到了"有声有色、图文并茂、动静有序"，极大地激发学生的学习兴趣，并以其直观性和形象性，使抽象的、难以观察到的内容变得易于理解，从而有效地缓解学生英语习得中的焦虑情绪。同时，电影能够创造一种与实际生活贴近的语言环境，使学生能接触到大量形象生动、社会交际语言和标准地道的生活用语，能够迅速培养英语语感，提高英语水平。此外，还有利于学生的思维能力和创新能力的培养和提高。因此，电影资源在英语教学中承担着重要的作用，积极开发和合理运用这些资源是保证英语视听说教学效果的基础。电影教学资源弥补了许多传统教学手段的不足，为外语教学的直观性、示范性、生动形象性提供优越的条件。

二、利用电影创设英语情景，激发学生的表达欲望

学生具有强烈的自我表现欲，英语教学就可以利用学生这一心理特点，组织学生根据视频内容进行角色扮演，教师先播放截取的视频片段，在为学生分配角色，要求学生综合视频人物原话或者教师提供的对话内容进行模仿，并根据自己对角色的理解来表演，然后和电影片段进行比较，教师可以只提供画面，让学生猜测影片人物对话的内容，然后再表演角色。扮演的目的是让学生在愉快轻松的环境中进行训练。

三、运用电影纠正学生的发音习惯，提高他们的听力及口语表达能力

大部分学生的听力训练都基于课堂听力练习和课下的教辅材料。虽然读这些听力材料的人都是以英语为母语的，发音清晰标准，表达地道，但这些语言表达过于简单或者很书面化，语速也比较慢，与美国人和英国人平时生活化的语言有较大差距。这就造成许多学生会做听力题，但在实际交流中无法听懂外国人说话。英语原声电影中的对话非常生活化，而且运用了不少俚语和幽默的表达，这可以让学生感受到原汁原味的英语。另外，对于一些听不懂的词汇或是新词汇，他们可以通过电影中的字幕提示得知意思，而且在视觉和听觉的共同运用下，学生更容易理解和记忆这些词汇。口语表达不仅要求学生有一定的词汇量，还要求语音语调和流利度，有些同学学英语或者读英语，就如同机器人一般不注重语调，有的同学却因为受到方言影响，英语发音不标准。这都是困扰很多同学的问题，在观看英文原声电影时，学生一边观看一边模仿其中的对话，长此以往，在不知不觉中能改善语音和语调，逐渐向地道的英语音调靠近，通过模仿，还可以学会英语中的略读连读，吞音，弱读，失去爆破等，这也会进一步刺激自己的听力，提高听力理解能力。学生在欣赏英语原声电影有趣情节的同时，能吸收一些英语的日常生活用语.学会地道的英语表达方式，摒弃中式英语，此外，学生通过对电影精彩片段的模仿练习，能掌握一些委婉语、双关语和诙谐语等，使语言表达有多样性和生动性。

四、创设轻松教学氛围，拓展学生的文化视野

在英语学习过程当中，跨文化交际能力的培养是一项极为重要的目的，将英文原版电影与英语教学有效结合在一起，既能丰富英语学习方式，又能拓展英语语言文化学习渠道，不仅有利于学生文化素质培养，还能更好地培养学生的世界意识。语言是文化的载体，二者的关系密不可分，各民族独特的文化背景知识都蕴含在自己的语言之中。英文经典电影是英语国家和民族文化的展现，它体现西方文化的价值观。通过电影赏析，

不仅可以学习英语语言知识，而且可以了解英语国家的文化，提高学生的整体人文素质。

综上所述，影视辅助教学给英语教学提供了有利的教学资源，创新了英语教学模式，极大地推动了初中英语教学工作的顺利开展。教师在具体教学中要注重对影视资源的挑选，给学生提供正确有意义的作品，创设轻松的语言学习环境，要利用多种英语影视资源和教育教学方式，打开学生进行英语学习的大门，从而提高他们的英语掌握与应用的能力。

教学实践篇

初中数学智慧课堂的情境创设

孙　逊

【摘要】随着课堂情境创设的广泛应用，它的作用日益显现。本文主要依据初中数学课堂情境创设的原则，总结出初中数学课堂情境创设的方法，并针对在智慧课堂中进行情境创设提供一些可行性的建议，希望可以为初中数学一线教师提供一些思考。

【关键词】初中数学；课堂情境；智慧课堂

数学这门学科在学习的各个阶段都是非常重要的，但对于很多学生来说，数学除了难，相对来说又是比较枯燥的，很多时候并没有数学学习的兴趣。为了解决这一现状，作为一名数学老师，就应该想方设法地激起学生学习数学的兴趣，增强他们的自信心，而这样的方法有很多种，现在我想研究的就是一种直接在课堂上就能够起到相应作用的方法——创设课堂情境。我们所说的创设课堂情境就是教师用合适的方法去创设上课时的环境，从而使学生在这个环境中能够更好地学习课堂内容。情境是载体，通过它，能进行数学信息的传递。

一、初中数学课堂情境创设的原则

（一）趣味性——课堂的调色剂

动机是能让一个人行动、维持一个人行动、让一个人向某个方向行动的想法。一个人如果对一件事有兴趣，那么，他就有了做这件事的动机，当他做这件事的时候，就会有很大的激情，能够真正全身心的投入，所以，兴趣往往是一个人最好的老师。而教师在课堂上创设一个有趣的小情境，无疑就能使学生产生对这节课学习的兴趣，愿意去主动地探索，这远远比教师逼着学生去背、去学、去理解要好得多。

（二）明确性——课堂的指针

课堂情境要来自于生活，又要比真正的生活高。课堂的情境不能毫无根据地随意创造，必须要紧紧围绕课堂的教学目标、以课堂的教学内容为依据来进行创设。如果脱离了教材本身，那么这个情境就会变得毫无意义。

（三）真实性——课堂的支柱

无论采取什么样的情境，都必须做到"真实"二字。生活中的小例子要真实，历史上的小故事要真实，如果情境涉及了数学知识，那就更要保证真实性了，因为数学知识如果不真实，那教师也就太不称职了，数学教师引了错误的数学知识是大错特错。

（四）灵活性——课堂的润滑剂

如果数学课堂能够富有张力，那么，它也会富有活力。要想成为一名优秀的数学一线教师，就要在课堂上能够灵活处理变数，无论课堂出现了什么样的情况都能够做到应变自如，只有这样，才能达到预期效果，这不但考验教师的专业素养，而且也考验教师的随机应变能力。

（五）探索性——课堂的领路灯

课堂情境的意义到底在哪里呢？在于为这节课开个好头，情境过后才进入我们课堂的主体部分。所以，一个好的课堂情境必须能够引领学生去进一步探索，去挖掘，让学生产生一定的疑惑，想去进一步寻找答案。

（六）互动性——课堂的激活器

课堂是由教师与学生两个元素一起组合而成的，课堂离不开教师与学生的交流，缺一不可。课堂情境作为整个数学课堂的一部分，自然也要有教师与学生的互动，教师加以引导，学生发现问题。

二、 初中数学课堂情境创设的方法

基于以上对创设课堂情境六大原则的分析，可将情境创设的方法分为以下七类：

（一）故事情境

故事情境，顾名思义，一定要有"故事"，而这个故事的取材可以是来自历史上的小故事，也可以是发生在生活中的小故事，还可以是童话故事、神话故事，总之，不管是什么样的故事，只要与所学内容息息相关，都可以使用。

（二）生活情境

学生获得新的数学知识的过程就是个归纳、抽象的过程，在这一过程中，学生的经验从原有的生活经验向书本上的数学知识过渡。所以，以学生所熟悉的生活为依托，数学从生活中来，再被应用到生活中去，让学生体会到数学的效用，知道数学是能够解决生活中的问题的，自然而然就会觉得数学有用，有目的地去学，比漫无目的地去学效果要好得多。

（三）欣赏情境

爱美之心，人皆有之，更何况是正处于青春期的初中生，他们在这一人生的特殊时期，对美的感知与向往都有所提高，所以，他们对美的东西是没有抵抗力的，就抓住他们这一心理特点，让他们看到数学中所蕴含的美，这样，数学对于他们就有新的吸引力了。

（四）动手实践情境

让学生能够练习更多，提问更多，演示更多，这能使学生更好地参与到课堂中来。学生往往更相信自己用手做到的，用眼看到的，让学生自己做一些小实验，这能使学生从直觉上、从感官上体会到相应的数学性质，直接体会到的比教师去传授的印象要深刻得多，学生会把相应的知识点记得更加牢固。

（五）问题情境

教学过程中的问题情境并不是学生自己发现的，而是教师有意为之。初中生正处于好奇的阶段，对于自己没见过的不懂的问题，总是想去一探究竟，可他们又不是很擅长发现问题，更别说去发现有价值的数学问题，这时，就需要教师去引导他们。教师可通过设置问题的方式层层递进地引导学生去接近所要学的数学知识，通过由易到难的问题设定，让学生用他们已知的知识无法解决问题，勾起他们的好奇心，这样，他们就会为了解决他们解决不了的问题而认真听讲，直到解决问题为止。

（六）竞争情境

数学课堂不仅需要教师的详细讲解以及学生的认真听讲，还需要学生之间的互动合作。不同的学生思想行为都会不同，这种差异性普遍存在，这也为学生互助学习奠定了基础。而竞争其实是学生合作互动学习的一种方式。学生通过竞争，比着学，赛着学，从而形成一种良好的学习氛围，大家就都能在这种比赛的气氛中学到好多东西。

（七）多媒体情境

当今社会，多媒体技术飞速发展，教师如果想跟上时代的步伐，就要掌握多媒体技术。所以，教师创设课堂情境的时候，也完全可以利用多媒体技术，以此体现作为一名现代教师应该有的素质。多媒体情境就像"搬运工"，能将生活中抽象的东西搬到课堂中来。

三、初中数学课堂情境创设在智慧课堂中的应用

以上创设情境的方法都能用到智慧课堂中来，通过 ppt 制作，视频制作，ipad 互动等多种方式实现多种情境的综合应用。

举个实例：比如在进行轴对称的再认识的教学过程中，先是通过用 ipad 抢答问题的方式回顾上节课的内容，这就创设了竞争情境和问题情境；接下来让学生通过折纸的方式找到图形的对称轴，这又体现了动手实践情境；通过视频制作，让学生找到寻找图形对称轴的方法，这又是欣赏情境的体现；在整个过程中，ppt 制作，视频制作，ipad 互动也都体现了多媒体情境。

智慧课堂教学过程中，以多媒体为依托，传统与现代教学方式相结合，综合运用多种情境，这足以使课堂更加高效。但教师在教学过程中的情境应用应该灵活多变，不应该对于任何课、任何学生都采用相同的方法，而应因教学目标而变，因教学内容而变，因班级而变，因学生而变，这就需要教师在平时多积累情境案例，多观察生活，多思考，并也要多揣摩学生的心理，"对症下药"，以求达到最好的教学效果。

【参考文献】

[1] 孟仕洪 . 浅谈初中数学课堂教学情境的创设［J］. 理科爱好者 (教育教学版), 2011, (1): 77.

[2]Robert Slavin. Educational psychology theory and practice (seventh edition)［M］. 北京 : 人民邮电出版社 , 2007, 240-242.

[3] 王松旺 . 初中数学课堂教学问题情境创设的探究［J］. 中国科教创新导刊 : 2011, (33): 55.

[4] 沈卢 . 张力课堂需要给力 "创设" ——例谈初中数学课堂中的有效创设［J］. 中学教学参考 : 2014, (20): 8.

[5] 李东旭 . 初中数学教学情境创设的策略［J］. 成功 (教育版): 2012, (7): 176.

[6] 徐黎明 . 浅谈初中数学课堂情境教学的创设［J］. 内蒙古民族大学学报 : 2010, (5):194.

[7] 汤小新 . 初中数学课堂情境创设的策略探究［J］. 沙棘 (教育纵横): 2010, (11): 124.

[8] 李勤波 . 初中数学教学中的情境教学法[J]. 中外交流 : 2016, (6): 170.

[9] 梁小兰 . 创设生活情境 , 提升初中数学课堂教学质量［J］. 科普童话 : 新课堂 (下), 2014, (1): 53.

中学教师如何以德育为己任

王宇彤

【摘要】先做人，后成事。众所周知，要先学会做人，再去做学问。初中阶段正是人的一生中最懵懂的时期，在这个时期，唯有让学生知道如何立德成人，才能让学生对这个世界有一个清晰的认识，明白孰对孰错、善恶是非。这对他们今后的学习和工作都有着十分重要的影响。现如今，很多学校重视学生的成绩，而忽视德育教育。2017年召开的党的十九大，把立德树人作为教育事业的重心提到日程上来。本文分为五个方面论述教师如何从自身做起，如何培养学生的优秀品德。

【关键词】德育教育；热爱本职工作；克己慎独；更新知识；耐心

学校，一个学习的圣地，但近年来屡屡发生校园暴力事件。最近网上流传的一段初中生殴打同龄人的视频，14岁的初一男生被迫扇自己耳光，随后被连踹了几脚，又被施暴者用香烟烫伤。诸如此类的校园暴力屡见不鲜。当然也存在着教师殴打学生的事件。我们不禁要发问，学校这是怎么了？本应该是神圣的地方，却变成学生们的噩梦。这些触目惊心的案例摆在眼前，必然和教师对学生的德育教育分不开。

一、热爱本职工作、热爱学生

（一）校园悲剧引发的思考

在今年发生的校园事件中，相当一部分是由于教师玩忽职守，没有及时出现并制止，导致悲剧发生。在实际工作中，教师应当坚守岗位，勤勤恳恳，尽职尽责，关爱学生。师爱是教师必须具备的美德，我们要关心爱护全体学生。

教学实践篇

335

（二）一日为师，终身为父

学生每日的时间绝大部分都是和教师一起度过的，所谓"一日为师，终身为父"，更何况每日陪伴学生最多的便是教师。教师对于学生而言，很有可能胜似亲人。高尔基也曾经说过："谁不爱孩子，孩子就不爱他，只有爱孩子的人，才能教育孩子。"而事实也确如高尔基所言。只有给予学生爱，才能得到学生的尊重与信任，进而对其进行教育。试想一个学生如果不信任老师，又何谈对老师敞开心扉？老师又如何关心学生成长，引导学生走向成功之路呢？

二、为人师表、克己奉公

（一）我的自身经历

我的老师曾经说过："作为一名教师，当以热烈和真诚去追求知识与上进，发自内心关爱学生的健康和未来，不欺不伪，在塑造学生思想的同时，时时不忘审视自己的灵魂。"

（二）克己

子曰："克己复礼为仁，一日克己复礼，天下归仁焉。"只要克制自己，让言行符合礼就是仁德了。身为一名教师，首先要学会克制自己，谨言慎行，庄重自持。那么如何追求仁德呢？子曰："博学于文，约之以礼，亦可以弗畔矣夫！"即教师应当广泛地学习文化典籍，用礼约束自己的行为，这样就可以以更高的标准要求自己，同时也要重视向仁德的人学习，比如可以向模范教师学习。仁德的人应该使自己站得住也使别人站得住，身为教师的我们在学习仁德的同时，也不要忘记将这些一一传授给学生。

记得我在小学时，有一位非常有才华并且品德端正的语文老师曾经提到过"慎独"思想，一直到今天都对我影响颇深。意思是说，不靠别人监督，自觉控制自己的欲望。如果一个人能做到独处时也严格要求自己，那么这个人一定能够使人信服。

（三）三省

曾子曰："吾日三省吾身：为人谋而不忠乎？与朋友交而不信乎？

传不习乎？"意思是，我每天都要再三反省自己：帮助别人办事是否尽心竭力了呢？与朋友交往是否讲信用了？老师传授的学业是否温习了呢？强调从自身出发修养品德的重要性。身为教师，只有时时审视自己的言行，反思自身的错误，才是真正地对自己严格要求。

三、源源不断地学习新知识、充实自己

（一）学无止境

众所周知，学无止境。教师不应该因为身处教书的行列中，就忘记自己同时也应该是一名学生。所谓"活到老，学到老"。圣人孔子博览群书，但其知晓的事也仅是九牛一毛。宇宙不停运转，人也应该应效法天地，永远不断地前进。

（二）三观

学习，不仅仅是对书本上知识的学习，同时还要把辩证唯物主义和历史唯物主义理论的基本观点讲清楚，使学生打牢正确的世界观、人生观、价值观的科学认识论基础和知识基础，树立马克思主义立场、观点和方法。

教师应当不断给自己充电，平常应多看专业书籍和其他书籍，并且利用课余时间参加一些业务进修培训，积极关注当代科学技术的发展变化，吸收精华并运用到实际教学过程中。正所谓，开卷有益，学到的知识总会有发挥其用处的地方。教师勇于探索和拼搏，学生才会追随。

四、宽广的胸怀

"人非圣贤，孰能无过"，当面对学生所犯的错误时，我们应当常怀一颗宽容之心，耐心教导学生改正错误，"知错能改，善莫大焉"。

唯宽可以容人，唯厚可以载物。对待学生的错误，教师不要动怒，而要分析造成学生出现错误的原因，进而引导学生改正错误。犯错误并不可怕，只不过是在更好地认识自己。人们常说：一个人宽宏大量，身边的人都会被他感动，被他这个德行所感染。所谓"近朱者赤，近墨者黑"。对待学生也是一样的道理，试想，陪伴在学生身边的是一位宽容的老师，学生想学不会宽容都难。

五、廉洁从教，无私奉献

（一）忠于职守

身为一名教师，要做到"春蚕到死丝方尽，蜡炬成灰泪始干"。即应当做到忠于职守，先立己，后立人。近年来，课外补课班层出不穷，原因是一些学生在学校得不到相应的学习成果。学生纷纷抱怨钱花了，成绩没提高。这背后的原因便是一些教师单纯想收取昂贵的补课费用，而忘记了本职工作。

（二）为祖国输入人才

身为教师，应该本着一颗不求薪资有多高，但求桃李满天下的心理。以学生的成绩、身心发展为目标，奉献自己的一生，只为每一位学生都能有一个光明的未来，让教育事业的火苗一代一代传承下去，为我们的祖国输入更多英才。"捧着一颗心来，不带半根草去。"陶行知老先生曾用这句话高度概括了教师无私奉献的精神。我们当代教师，应当以此为鉴，不停地鞭策自己！

【参考文献】

[1] 邓纯东.立德树人教育要从六个"讲清楚"精准发力［N］.人民政协报,2019-03-11.

[2] 李慧,高小平.立德树人理念下的高校"三位一体"育人模式研究［J］.卫生职业教育,2019,(05):1-3.

与学生交流，要讲求艺术

尹继春

【摘要】健康的心理是初中生成长的基石，也是一个人拥有健全人格的关键。我们教师要掌握帮助孩子们养成健康的心理状态的艺术：及时发现出现偏差的现象，及时就事论事地解决问题，掌握及时解决初中生心理问题的技巧。

【关键词】心理健康；及时疏导；谈话的技巧

教师的日常工作是繁忙且琐碎的，核心内容就是教书育人。教书要以学生的成长为根本，育人也是以学生的心理健康为出发点。初中生心理健康的标准有如下九点：1.有正确的自我观念，能了解自我，悦纳自我，能体验自我存在的价值。2.乐于学习、工作和生活，保持乐观积极的心理状态。3.善于与同学、老师和亲友保持良好的人际关系，乐于交往，尊重友谊。4.情绪稳定、乐观，能适度地表达和控制情绪，保持良好的心境状态。5.保持健全的人格。6.面对挫折和失败具有较高的承受力，具有正常的自我防御机制。7.热爱生活、热爱集体。8.心理特点、行为方式符合年龄特征。9.能与现实的环境保持良好的接触与适应。

基于上述分析，再结合当今初中生的心理成长现状可知，初二下学期通常为分水岭，之前偏于童真稚气，之后则偏于青春叛逆。鉴于这种情形，教师要在授业解惑的同时，及时帮助孩子们养成健康的心理，为此，教师需掌握与学生交流的艺术。下面举两个具体的事例：

吴太岩是一位初一的同学，他身强体壮、嗓门大，在班里经常嘲笑、欺负身体弱小的同学。一天中午抬营养餐的时候，他又鄙视同组的同学，等下午自习课的时候，我单独把他叫到了办公室。让他坐在我对面，我说：

"老师想给你讲个故事，想听吗？"他诧异地点了点头，我就对着他讲："羊和骆驼相约去一片林地吃草，骆驼总能吃到高处鲜嫩的叶芽，羊却只能四处寻找低处的嫩叶芽，骆驼边吃边嘲笑羊的无能。但是当它俩转过一处山坡时发现一块围在栅栏里的鲜草地，羊顺着空隙一下子就钻了进去，尽情地吃了起来，骆驼却无论怎么使劲也钻不进去，羊吃饱了之后，开始想办法帮助骆驼……"讲到这，我看着吴太岩的眼睛说："你想接着把这个故事听完吗？"他突然把头低了下去，小声说："老师，我错了，我以后不笑话别人了。"一听他说出了这话，我笑着拍了拍他的肩膀，说："你是个聪明的孩子，老师相信你会越来越优秀的。"这次谈话后，吴太岩同学的表现真的好了起来。

刘博同学是初二一班的一位大个子男生，却偏偏爱抱怨。一次，在我的课堂上，他们那排看黑板反光，我就让靠窗户的同学拉好窗帘，这时刘博大声说："历史要求整理的知识点也太多了，能不能帮我们精简精简？！"他说的话立刻在班里有发酵的趋势。我就当机立断地说："刘博现在提到了历史知识点多的问题，我感觉大家也有同感，那咱们这堂课先暂停一下，我想先给大家讲个小故事，之后再继续上课。有个小男孩叫艾克，一次他跟妈妈玩牌的时候总在抱怨自己抓的牌不好，妈妈郑重地对他说：'艾克，你要记住！发牌的是上帝，而你能做到的只能是把自己手里的牌玩到最好！！'小艾克记住了妈妈的话，而且在今后的生活工作中始终保持这种处事的态度。这个小男孩就是后来二战期间的美英盟军司令：美国的艾森豪威尔将军，而且艾森豪威尔还是美国历史上第34、35这两届的总统！"讲完这个小故事之后，我感觉班里的抱怨气氛消散了，然后，我又语重心长地说："咱们历史学科的特点就是知识点庞杂，老师领着你们穿线整理，为的就是给大家减轻负担、提高分数。学海无涯，学习就是个苦差事，咱们师生现在需要同舟共济，共攀高峰！"说到这，班里响起了一阵掌声。一个小故事及时保证了课堂教学的有序进行，更保证了全班同学积极学习的健康心理状态。关键是这个课堂突发事件后，刘博同学爱抱怨的习惯渐渐改好了！

我教的初三三班有几位体育特长生，其中一位是练篮球的高个美女—— 谷鑫宇。她每天起早来学校训练，下午也早走参加训练，参加体育技能训练时她肯吃苦，表现也好。但是一回到课堂就认为自己训练太辛苦了，应该休息。她还练就了一个低头养神的绝招，不管上什么课，都在刘海儿的"掩护"下眯觉。我上课的时候提醒过她几次，她只是勉强抬几分钟的头，但只要我不紧盯住她，她就又眯上了。我分析了一下这孩子的心理，就是她也知道上课眯觉不对，但是自己又不想控制睡意，这样我也就抓到了与她交流的切入点。一天午休时间，我把她叫到我办公室，先问她"想不想上高中"，她说"想"；再问她"想上哪所高中"，她说"二中就行"，我又问"你练习篮球是不是很辛苦"，她回答"那当然了"。我就赞赏地对她说："我也发现你们体育特长生的各项训练和比赛都很累，但是你们总能坚持下来，真让人佩服。"她听我说这些的时候满脸的自豪，于是我又接着问："你看你打篮球这么吃苦，证明你是个有目标的孩子，你想上二中也一定是为了考上一所理想的体育院校，对吧？！"她莞尔一笑。我接着说："那你一定知道在咱们长春市体育特长生想考入高中的最低录取线是300分，你凭自己的实力，估计一下怎么能拿来。"她就开始掐指估算了"语文90多分，外语能得30多分，数学10分左右，理化15分左右，政史60分左右"，我就接着她的思路："那咱们就都取最高分语文99，外语39，数学19，理化19，政史69分，咱俩算算你能得的最高分。"我俩一起加了一遍，"是245分"。我接着说："那咱俩现在都清楚了，如果按照你现在学习文化课的劲头，你体育训练再怎么吃苦，你都上不了高中，更别说二中了。"这时候这孩子表情严肃了起来，我拍拍她的肩膀说："你看，你数学、英语、理化这四科落下的东西不好追，但是你语文有比较好的基础，应该巩固加强，历史、政治你也被落下，但是你抓紧在校时间把这两科的书画齐了，之后把落下的政史习题做一做，弄不明白的主动问问老师，政史争取拿到105分左右。学腻了的时候，练练字，以后你成了体育明星，球迷们从你要签名，你一笔清秀的字体马上就提高了自己的品位，现阶段也能帮你多得些卷面分。你觉得我给你的建议是不是比较切合实际呢？"她似乎是赞同的样子，看了我一眼，我又接着说："你看你本来是高个大

美女，上课总低头眯觉，都快把自己变成罗锅了，你要是觉得老师给你的建议比较合理，你就试着做一做。"这时候她看着我，郑重地点了点头。这次谈话后，谷鑫宇的课堂表现有了明显改观。

"亲其师，信其道"，这是个古老的教育信条，流传至今热度不减。要想使学生信任自己，首先，老师要有让学生欣赏、佩服、敬重的正直的人品和过硬的素质。其次，我们一直提倡老师跟学生建立"亦师亦友"的师生关系，这不是随便几次"谈心"和"聊天"就能实现的。很多老师的确经常会找学生谈话，但是，这种谈话是等级分明的，就是一个老师对学生的说教。但是，老师苦口婆心说了半天，学生却充耳不闻，这种谈话毫无成效。于是我从与学生的谈话中悟道：教师跟学生交流要富有贴心、亲切、平易的艺术！

如何利用信息技术激发中学生学习生物的兴趣

张 坤

【摘要】生物学是一门自然学科，所包含的内容非常多而广泛，并且微观、宏观的内容不易讲述。那么，将信息技术应用到生物教学中，与课堂教学有效融合，改变教师的教学方法，激发学生学习生物的兴趣，提升学生生物学科素养和综合能力就显得尤为重要。

【关键词】信息技术；兴趣

教学实践篇

2016 年借着学校提出"信息技术实践与课堂教学时效研究"这个课题，我想借助信息技术手段能否激发学生学习的兴趣这个问题展开研究。

由于现在初中生物这门学科处于不参加中考这个地位，有的学校不重视，家长、学生不重视，甚至老师产生消极工作态度，结果导致学生上课不认真听讲，没有学习的兴趣，甚至做其他科作业。再加上生物学是一门十分广博而复杂的学科，具有许多其他学科没有的特点。生物学主要是研究生命现象、生命活动规律及其本质的科学，是以观察、实验为基础的科学，是研究生物（包括植物、动物和微生物）的结构、功能、发生和发展规律的科学。其特点如时空性、微观性、宏观性、运动性等。这些特点使得许多生物学的真实情景不能直观地展现在学生面前。学生不易理解，导致厌学。由此恶性循环，导致初中生物基础知识不牢固，以至于上高中学生生物知识衔接不上，导致学习比较困难。我想利用信息技术使抽象的生物学问题具体化，枯燥的生物学知识趣味化，复杂的生命过程简单化，从而有效激发学生学习兴趣，提高课堂教学效率。这样有利于培养学生的创新意识、探究能力和合作精神，从而培养了学生

的生物学科素养和综合素质，以适应社会对人才需求的培养。

兴趣是求知的内在动力。捷克教育家夸美纽斯指出："兴趣是一条创造欢乐和光明的教学环境的主要途径之一。" 孔子也提出过"知之者不如好之者，好之者不如乐之者"。

如何利用信息技术激发学生的学习兴趣？首先就要了解什么是信息技术，将信息技术如何应用到教学中，能否激发学生的学习兴趣？信息技术能将大量信息整理、收集，将图、文、声音融于一体，让学生通过视觉和听觉来感受生物世界的神奇性。我认真备好每一节内容，努力将信息技术有效融合在教学上。在一些教学环节中，我将信息技术应用到教学中，取得一些效果，激发了学生学习的兴趣，课堂参与度和活跃程度有很大提高。

一、在教学中利用多媒体技术，创设情境，导入新课

好的导入能够激起学生的学习兴趣和学习动机。信息技术的应用能引起学生的兴趣，有效激励学生学习，促进学生发展从而使课堂教学效益有明显提高。特别以具有悬念性的导言最佳，如七下第四章第四节"输血与血型"我是这样设计的：播放热播电视剧《甄嬛传》中"滴血验亲"的片段，引导学生思考古代人们用"滴血验亲" 的方法来判断亲子关系这种做法是否科学。这段视频的故事情节惊心动魄，学生们在看的过程中也引发了思考和质疑，对输血和血型的知识产生浓厚的兴趣，学生的注意力被迅速吸引到教学内容上来，激发了学生的学习兴趣。

二、利用信息技术制作课件，与教学内容有效融合

课件在教学中可以将传统教学中教师演示实验这个盲区更好的改进，将"微观"变为"宏观"，将"静态"变为"动态"，将"抽象"变为"具体"，使学生更多地获得一些感性知识，并且有效解决生物教学中的重点、难点。

（一）提问环节设计

提问环节设计的好能激发学生的求知欲望和学习兴趣。如七上第三

单元第一节"藻类、苔藓和蕨类植物"可利用信息技术手段进行制作提问三类植物的主要特点，采用填图式或抽签式以游戏的方式来进行提问，可提高学习兴趣，使学生快速进入学习状态。

（二）变静态为动态设计

利用信息技术手段将教学内容中某些静态、抽象的知识转换为动态、形象的、易理解的知识。如七上"开花和结果"中传粉受精这个知识点可以做成动画形式，形象地展示出传粉受精的过程。

（三）课堂结尾设计

好的课堂结尾可以让学生回顾这节课内容，也可以在情感态度价值观这个目标上得到体现和升华。如七下"输血与血型"这节结尾：我以一曲《爱的奉献》来结束本课，让学生的心灵在感动中得到洗礼和升华，激发学生乐于助人、甘于奉献的精神。

（四）巩固环节设计

在"人体内废物的排出"知识点复习中，利用信息技术手段通过思维导图非常清晰、有效地引导学生进行归纳总结。同时让学生对本节的内容有一个清晰的思路，并且掌握复习方法，对今后的学习有一定的帮助。

三、利用信息技术制作微课，培养学生自主学习的能力

"藻类、苔藓和蕨类植物"一节内容利用平板电脑中提供学习的资料，学生自学有关植物的结构、功能和其在生物圈中的作用，同时利用自己录的微课视频，使学生从感官上进一步加深印象。巩固环节上利用一个拼图游戏完成知识点的巩固，学生在玩儿中完成本节内容。"呼吸作用"利用微课视频让学生自主学习，从中发现问题，通过和教师、同学交流解决问题。通过这些形式让学生喜欢、热爱生物这门学科，从而能提升生物学科的素养和综合素质。

在历时一年的研究过程中，学生在课堂的表现上有很大的变化，对生物有了兴趣，喜欢这门学科，并且能主动学习，而且在课外能认真观察大自然，对不明白的生物现象能自己找答案，并且与老师进行探讨，而且能将在课堂上所学的知识应用到生活中去，这些体现了生物学科的

目标和素养。

【参考文献】

[1] 马宁，余胜泉．信息技术与课程整合的层次［J］．中国电化教育，2002，1．

[2] 向志家．课堂教学问题诊断与解决［M］．天津：天津教育出版社，2009．

[3] 王红霞．新课程下的生物教学［G］．中学数理化：学研版，2011，(7) :71．

浅谈初中英语教学的有效课堂途径

张丽娟

随着新课程理念的不断深化，有效课堂成为课堂教学的主流。而目前初中英语课堂教学存在着这样的现象：教师教得辛苦，学生学得很累，而实际效果并不理想，学生的潜力没有得到很好的挖掘。我们应该从自身出发，对英语课堂的教学进行调整和思考，利用多种教学策略和手段有效地组织教学。这就要求教师思考一些教学问题，形成有效的教学策略，通过师生的双向交流，进而提高英语课堂的有效性。结合教学实际，下面谈谈个人对如何打造有效课堂的体会。

一、创设生动的教学情境，激发学生的学习兴趣

兴趣是学生最好的老师，学生的学习活动是在教师的影响下，通过自身内部矛盾运动而进行的。因此在教学过程中，教师要适当地加强课堂的趣味性，开展适当的教学活动，如，围绕学习目标，将语言点设计到情境中，激发学生的求知欲望和学习兴趣。教师要注重对学生的感情投入。通过日常教学中许多细微之处对学生热情帮助，使学生切实感受到老师的爱心和关怀，使之"亲其师，信其道"，这样师生之间就会产生情感共鸣，学生对英语课就会产生强烈的兴趣。

二、关注学生的个性差异，营造和谐互动的课堂氛围

因材施教是学生身心发展规律的反映。学生的身心发展具有个别差异性。所以，在课堂教学中针对不同水平的学生要有难易程度不同的教学设计，并且要形成规律，尽量保证每个群体能够得到最大限度的发挥和收获。如，对于"学优生"，可以适当增加学习内容，满足他们的求

知欲，多进行一些引导，提高他们独立学习和探索的能力；对于中等生，调动其学习的积极性，给予点拨，加强其对知识的消化和理解；对于"学困生"，要多发现其闪光点，帮助其建立自信心，并及时肯定他们的进步与提高。

三、借助导学案设计与应用，实施有效自主课堂

在课堂中，相应的辅助材料能够让学生更明确本节课的学习目标与方向。教师在课前设计出相应的导学案，以引导学生更好地学习。导学案的内容可包括预习新知、重难点、语法点、重要单词，词组及句型、情境应用环节及习题巩固。导学案能让学生对整堂课的授课环节清晰明了，更加积极地配合教师。尤其是对英语基础不是很好的学生，完全可以作为一本参考笔记，更加直观。也可以更快地熟悉课堂环境，有助于他们形成良好的英语学习习惯。

四、运用多媒体教学技术，提高课堂的教学效果

运用多媒体，精心设计好每一堂课，把抽象的语言、单调的词汇、语段具体化、生动化、形象化，就会深刻地吸引学生的注意力，激发起学生对英语的学习兴趣。中学英语教学中多媒体手段应用的关键在于充分体现并充分调动学生的学习积极性，从而使学生的听、说、读、写、译的综合能力得到进一步提高。多媒体教学能将文本、图像、动画、音频等各种媒体的教学信息建立逻辑连接，它还能用直观形象的画面展示教材抽象的道理，引发学生联想，促进学生思维的发散与拓展。在利用多媒体技术创设良好的英语交际环境时，通过语言、图像和声音同时作用于学生的多种感官，让他们左右脑并用，产生一种身临其境的感觉。在教师的引导下，学生得以进行大容量的仿真交际。学生英语思维能力得到锻炼，有效地提高其运用英语进行交际的能力。如电影海报、英语歌曲、京剧脸谱、电影剪辑配音等活动，集文字、图像、影像、声音及动画于一体，能够有效地渲染气氛，创设情境，再加上课件中的听力，跟读、模仿、问答练习、角色扮演等交互式训练，有利于学生的认知发展和思维训练。

多媒体教学技术的应用，有效提高了课堂的教学效果。

　　著名教育家斯卡纳金曾说过，"如果孩子没有学习愿望的话，我们的一切想法、方案、设想都将化为灰烬，变成木乃伊"。课堂对于学生的意义，就像田地对于农民，车间对于工人。为了学生的全面发展，我们教师应当以学生为中心，以提高课堂教学的有效性为目的，不断地更新教学观念，应用有效的教学方法和活动，从而提高学生的英语素养，提升英语教学的有效性。

教学实践篇

心中有爱，春暖花开

张秀杰

如果生命可以重来，我不会刻意追求什么，我会随遇而安。我甚至也会去犯几个错误。如果生命可以重来，我会多旅游几次，多和儿童做几次游戏，我会赤足走在马路上，多晒晒阳光……

——题记

这是昨天下午，东北师大田立君教授报告中的高潮部分，一个八十五岁的老人临终前对人生的感悟。这些一闪而过还有些模糊的话，让我——一个教师给学生上了一节诗歌欣赏课，体会了一次教师的苦与乐。

很巧，为了完成本次作业，我正在网上苦苦寻觅时，竟搜出了林清玄先生的一首诗。

[原文]

1. 好的围棋要慢慢地下

2. 好的生活历程要细细品味

3. 不要着急把棋下满

4. 也不要匆忙地走人生之路

能感受山之美的人不一定住在山中

能体会水之媚的人不一定住在水旁

能欣赏象牙球的人不一定手握象牙球

只要心中有山有水有象牙球也就够了

因为最美的事物永远在心中

不是在眼里

很巧，这种思想刚好和我的人生感悟产生摩擦

很巧，我把这首诗打印贴在班上，供学生欣赏，于是我无法不从这首诗引申开来，完成本次人生感悟。

这首诗，极富哲理，而且浓缩的太多，我不知是不是老先生的原创，我个人斗胆理解，全文可分两层，确切说，第二句与第三句应交换一下，这样就变成头两句描写围棋第三四句引申为人生历程。

为了便于学生能够理解一、三句和二、四句。我又分别写了两首诗《围棋》《人生历程》

[围棋]

好的围棋要慢慢地下
一招不慎全盘皆输
每一粒恰到好处的棋子
刚好织汇成最完美的画面
不要着急把棋下满
棋道的乐趣在于棋如人生

[人生历程]

好的围棋要慢慢地下
好的生活历程要细细品味
不要匆忙地走完人生之路
因为人生是个圆
生的终点是死
死的起点是生
生死的真谛就是
人生这个苦与乐的过程

《围棋》中第二句直白的解释了第一句，即内涵，而三、四句对第一句来说可称得上外延了，因为一盘围棋结束。每一粒棋子可以说恰到好处，如稍微变动，图案可能更美，但胜负结局可就刚好不是最完美精彩的。

《人生历程》中由围棋引申到人生历程，人生是个圆，是个曲折式前进、螺旋式上升的过程。我们身边有的老师，对每天重复性很高的工作感到无味厌烦，甚至比喻成每天早晨到学校就是挖个大坑，晚上埋上。第二天还是如此重复，但转过来想想就是这种表面重复的过程，恰恰就完成了人生的重大使命。教师在这种重复中送走一批批栋梁，使学生在这阶段重复中完成由量变到质变的过程。另外人之由生到死，过程有可能单调，但不能生下来直接去死。生死的真谛就是人生这个平平淡淡才是真的这个过程。我们就是要这个过程，因此说人生像围棋一样要慢慢地下，慢慢地品这其中的苦与乐，甚至犯几个错误，用以对比人生的质量。

略过第二段第三首诗不表，不知不觉间，下课铃响了，我让学生完成了一节诗歌欣赏课。看着他们好奇、兴奋的表情，我感觉我完成了一件惊天动地的伟业，他们之中的某一位是不是也会像我当初一样，从此喜欢上诗歌了，进而理解感悟人生。

我为我的苦感到乐。每片树叶都有它存活的理由，每个人生都有他纷繁的过程，教师的苦与乐就是他从教过程全部的内涵，心旺才能兴旺。

我忽然想起了诗人海子对人生的感悟，他用生命去诠释的人生最高境界：

从明天起，做一个幸福的人

喂马，劈柴，周游世界

从明天起，关心粮食和蔬菜

我有一所房子，面朝大海，春暖花开

······

数学课堂中运用多媒体
引入有效情境的研究

张也平

【摘要】为了将传统教学与基于现代信息技术环境下的教学优势相互补，协调好传统教学与现代信息技术辅助教学手段的关系，本文主要探究在数学课堂中运用多媒体技术引入有效情境，从而提高数学课堂教学效率。在数学教学中，引入游戏情境，寓教于乐，发挥学生的学习积极性；引入问题情境，引导学生思考；引入动态情境，使教学变得形象直观。

【关键词】数学教学； 情境教学； 多媒体

一、相关概念界定

（一）多媒体技术

多媒体技术指通过计算机对文字、数据、图形、图像、动画、声音等多种媒体信息进行综合处理和管理，使学生可以通过多种感官与计算机进行实时信息交互的技术，又称为计算机多媒体技术。

（二）有效情境

有效情境是指在教学过程中为了达到既定的教学目标，从教学需要出发，引入、创造或创设与教学内容相适应的具体场景或氛围，引起学生的情感体验，使学生在情境中动情，在情境中共鸣，潜意识地进入学习状态，帮助学生迅速而准确地理解教学内容。它对培养学生的创新意识、创新思维及创新人格有着独特的作用。

二、数学课堂中情境教学存在的问题

（一）多媒体手段在日常教学中使用率较低

数学情境的创设须借助于现代信息技术，因此对教学环境的设备具有较高的要求。在日常课堂教学中，仅使用常规教室中信息化设备的部分价值，播放课件或者视频，运用功能单一，而且这些设备基本只能由教师操作，学生还是坐在下面听课，亲自动手的机会很少。硬件设备上的短缺成了教师利用多媒体技术创设教学情境，给学生提供动手操作、体验学习机会的最大阻碍。

（二）教师对数学情境教学的认识不足

在教学实践中，很多教师对数学情境教学的认识不足，过于追求教学情境化，脱离教学主要目标，脱离实际生活经验，缺乏趣味性，只是为了创设情境而创设情境，没有真正实现为教学目标和教学内容服务。同时由于缺乏理论学习和实践经验，在教学中没有结合学科特点和学生个性特点，对别人的情境教学经验进行生搬硬套，无法真正达到情境教学的目的。

（三）教学内容和教学时间存在限制

在教学内容上，实施情境教学要针对教学内容，并不是每一节课都实施数学情境，适宜实施情境教学的内容主要是一些概念、命题、定理的发现、验证教学图像的动态研究有关数形结合、思维发散的习题训练等方面的内容。在教学时间上，很多教师担心在繁重的教学任务下创设教学情境开展探索学习活动，会影响其数学教学的进度与质量。

三、数学课堂中引入有效情境的策略

（一）实施数学课堂中引入有效情境策略的原则

情境教学是通过设置情境将学生引入认知矛盾，勾起探究欲望，教师通过合理的引导，帮助学生找出解决问题的最佳方法。在这一系列的情境活动中，学生的思维能力不断提升，智慧能力与审美情趣也得到提高。要想学生得到全面的、健康的发展，情境教学的开展需遵循以下原则：

1. 科学性原则

教师在创设数学教学情境时要保证数学教学情境创设内容在表述上、结构上和知识体系上的科学性。创设的数学教学情境中所呈现的概念、

问题要与教材一致，体现教材的教学目的，忠于教材而又高于教材，符合科学原理和客观实际，要确保教学情境内容的准确、科学。

2. 情感性原则

数学教师在创设情境时，所创设的情境要注意立足于激发学生的认知与情感，能激发学生的情感，达到利用情感促进认知的目的。充分尊重学生的人格，关心学生的发展。

3. 教学性原则

创设的数学教学情境是否符合教学实际，能否取得最佳的教学效果成为考评教学情境有效性的重要因素。引入有效情境是为了教学活动的有效开展，应当在课程的进一步开展中自始至终发挥重要的导向作用，成为相关学习活动的认知基础。

（二）实施数学课堂中运用多媒体引入有效情境的策略

教师教学中要充分发挥多媒体技术的作用进行辅助教学，课堂情境的创设更是可以利用这些多媒体技术，利用图像、声音、文字等，可以创设出丰富的教学情境。

1. 引入游戏情境，寓教于乐

教师既可以结合教学内容创设游戏活动情境，也可以利用信息技术创设模拟游戏活动情境，让学生在模拟的游戏活动中学习和运用新知识，同样能激发学生的学习兴趣，发挥学生的学习积极性，做到了寓教于乐、寓乐于教。

2. 引入问题情境，引导学生思考

数学课堂教学的问题情境，就是通过具体数学问题引起的悬念或探索活动激起学生的求知欲望，进而形成的一种教学情境。运用多媒体进行初中数学概念教学问题情境的创设，可以促进教师对课程的理解，使概念教学变成了师生互动的情境教学，学生在问题情境的教学中经历了从实际问题抽象出数学概念的过程，真正体现了数学化。

3. 引入动态情境，变抽象为具体

初中生的思维以形象化为主，而数学概念却具有高度的抽象性，利用多媒体进行实际操作，发挥多媒体技术强大的图形图像动画功能，可

以把抽象的概念具体化，静止的内容活动化，从而使教学变得形象直观。这有利于学生学习情境的创设，有助于学生思维能力的发展和创新能力的培养，有着传统的教学无法比拟的优势。

四、结论与展望

本文从数学课堂中情境教学存在的问题出发，深入探索在数学教学中运用多媒体技术引入有效情境的原则及策略，探究在数学课堂中运用多媒体技术引入有效情境的情况并得出结论，在数学教学中应引入有效情境原则和策略。

【参考文献】

[1] 钟启泉.基于核心素养的课程发展：挑战与课题［J］.全球教育展望，2016，45(01):3-25.

[2] 郭晓霞.核心素养转化为学生素质的思考［J］.内蒙古教育，2018，(14):1.

[3] 凌玲.高中数学情境创设策略的研究与实践［D］.广西师范大学，2011.

[4] 施文光，朱维宗，吕传汉.数学"情境—问题"教学与抛锚式教学之比较研究［J］.数学教育学报，2007，(01):82-84.

生物实验对中学生核心素养的影响

朱翠秀

【摘要】参与生物实验，能够培养学生的学科素养，让学生对知识有良好的认知。教师在生物实验教学中有意识地渗透生物学核心素养教育，有利于提高学生的生物学核心素养。

【关键词】生物实验；生物学核心素养；中学生

生物学是以实验为基础的学科，在新课程设计中，生物学科有意识地加强了实验教育，课本中除演示实验、学生分组实验，还加强了小实验的设置。实验不仅可以开发学生智力，激发学习兴趣，还可以培养学生的观察能力和动手能力，能真正地寓教于乐，活跃学生思维，培养学生能力。

2014年教育部发布了《关于全面深化课程改革，落实立德树人根本任务的意见》，首次提出了核心素养这一教育顶层设计，核心素养也成了课程改革的标准和依据。学生的核心素养是指可在具体的教学过程中发展和在一定的教育过程中逐步形成的、适应终身发展和社会发展所需要的必备品格和关键能力，它包括责任担当、实践创新、人文底蕴、科学精神、学会学习和健康生活六个方面。生物学核心素养是学生后天习得的终身受益成果，是公民基本素养的重要组成之一，是学生在解决真实情境中的生物学问题时所表现出来的必备品格和关键能力。生物学核心素养主要包括生命观念、理性思维、科学探究和社会责任等。生物是一门以实验为基础的学科，生物实验在教学中有非常重要的作用，学生在参与实验操作的过程中，在亲历提出问题、获取信息、寻找证据、检验假设、发现规律等过程中习得生物学知识，养成理性思维的习惯，形成积极的科学态度，发展终身学习的能力，形成正确的生命观念，提升自身社会的责任

感。因此，生物实验对培养学生的生物学核心素养有着非常重要的作用。

一、激发学生学习生物的兴趣，加强生命观念教育

在生物教学中，进行实验教学，比如生物七年级上册调查校园、公园或农田的生物种类，激发学生学习生物的兴趣。学生亲自调查，充分发挥其观察和分析能力，充分发挥学生学习生物的积极性和主观能动性，学生的学习方式也由"被动"转化成了"主动"。在生物实验教学中，要想激发学生的学习兴趣，教师必须解放思想，更新观念，积极引导，让学生去模仿去创新，从实验中品尝到成功的喜悦。观察不同环境中的生物，形成生物与环境相适应的生命观念。

二、创设真实的问题情境，锻炼学生的理性思维

科学是严肃的、认真的，来不得半点虚假，任何一点疏忽都会导致失败。培养学生严谨的科学态度，对他们以后进行独立的科学研究是十分重要的。在实验过程中不但要提倡开放、创造性的探究，更重要的是指导学生进行规范化操作，使学生形成积极、科学、严谨的学习态度。养成尊重事实，一切从实际出发分析问题、解决问题的能力，即使最后的实验结果和预期有出入，也不能随意地臆造，而对实验现象和实验结果作出科学的分析和解释。例如非生物因素对某种动物影响的探究，课前让学生自己寻找鼠妇，同时让学生观察一下，鼠妇是在哪里找到的，从而思考环境对动物的影响，作出合理的假设，然后各组自行设计实验，对提出的假设进行探究，是温度、湿度、光照等等。在设计实验时，应设计对照实验，对照实验应有一个变量，其他条件都相同才能说明问题。实验结束，各个小组讨论交流，总结出都有哪些因素对鼠妇生活有影响。

三、利用实验培养学生的综合能力

做实验不仅可以培养学生的动手能力，还可以培养学生的观察能力、思维能力、分析问题和解决问题的能力。在生物实验的整个过程中，学生都需自己动手，亲自操作实验的整个过程，手、眼、脑并用，准确、

灵活地掌握实验的各个步骤，仔细观察实验现象。在观察中抓住事物的特点，化抽象为形象，再通过思考和分析将感性认识转化为理性认识，从而得出正确的结论。生物实验教学是一种特殊的学习实践活动，通过这种实践可以使学生的动手能力、思维能力得到有效的锻炼，对其以后的生活和学习起着重要的作用。在生物实验教学过程中，加强对学生综合能力的培养定会事半功倍，全面提高教学质量。

四、生物实验有利于培养学生的社会责任感

教育规划纲要把"服务国家服务人民的社会责任感"作为素质教育的重要内容，社会责任感的培养是教学的重要任务。生物学核心素养中的社会责任指的是在生物学认识的基础上，对一些社会事务参与讨论并作出理性的解释与判断，解决生产生活问题的能力和担当，以此来鉴别真伪、为人类谋福，同时可以主动向他人宣传健康生活、关爱生命和保护生态环境的意识，结合本地资源开展科学实践，尝试解决现实生活问题。例如探究"酸雨"的危害，通过探究酸雨对玉米种子萌发的影响，认识酸雨的危害，酸雨的形成主要原因是由于人为排放的二氧化硫进入大气以后，造成局部地区二氧化硫富集，在水的凝结过程中形成硫酸等酸性物质，随雨水降落到地面。同学们课后继续观察记录，实事求是地完成本次探究活动。这次探究结果，使学生亲身体验酸雨的危害，培养了学生爱护环境的理念，意识到人类活动与环境和谐发展的重要意义。教师在实验教学中要注重培养学生理论联系实际，用理性的思维来考虑社会事件的习惯，提升社会责任感。八年级下册"选择健康的生活方式""探究酒精或烟草浸出液对水蚤心率的影响"，学生通过亲自探究知道不同浓度的酒精对水蚤心率的影响。另外，学生通过交流查找到的资料，知道了酗酒的危害。酒精会损害人的心脏和血管，酗酒会使大脑处于过度兴奋和麻痹状态，引起神经衰弱和智力减退，对学习和工作有较大影响，长期饮酒会造成酒精中毒，如果一次饮酒过多，还会致人死亡。酒后驾车带来安全隐患，让学生向家长宣传酒后不开车，开车不喝酒。教师要将关爱生命、健康生活、保护环境等理念落到每个生物实验中，鼓励学

生对现实生活中的生物学问题做出理性思考和学习,从而培养学生的社会责任意识,健康饮食,不吸烟酗酒,养成健康的生活方式。提倡学生主动将健康的生活观念传播给其他人,培养学生的社会责任感。责行天下,行者致远,也是我校长春市七十八中学的校训。

总之,生物实验对培养学生的生物学核心素养具有非常重要的作用。生物教师需要在日常教学中始终将核心素养放在首要位置,有意识地开展核心素养教育,最大限度地发挥生物实验的教育价值。

【参考文献】

[1] 杨新,张君.谈高中生物核心素养的培养〔J〕.西部素质教育2017:15.

[2] 郭琪琦.基于核心素养的中学生物实验创新趋势〔J〕.中学生物教学,2017,(7):11-13.

多媒体展现历史学科核心素养中时空观的实效性研究

林　艳

【摘要】多媒体展现历史学科核心素养中时空观的实效性主要指，运用多媒体辅助教学，彻底改变过去那种传统的教学模式，将枯燥乏味的课堂变为学生的乐园，把抽象的知识变得具体形象，让学生如身临其境，在感性上受到强烈刺激，让学生在视听刺激下接近历史，从而加强时间和空间的教学，形成鲜明直观立体的历史时空观。

【关键词】历史核心素养；时空观；多媒体；实效性研究

历史学科核心素养是指 21 世纪学生应具备的、能够适应终身发展和社会发展需要的必备品格和关键能力，包括时空观念、史料实证、历史理解、历史解释、历史价值观，历史"时空观"是历史时间观念和空间观念的融合，是历史教学中重要的观念之一，在构建知识体系、促进知识类比、促进大历史观形成等方面有重要作用。多媒体展现历史学科核心素养中时空观的实效性主要指，运用多媒体辅助教学，彻底改变过去那种传统的教学模式，将枯燥乏味的课堂变为可视、可玩、可唱的学生乐园，从而加强时间和空间的教学，培养学生的时空观。

历史是随着时间演进和流逝的，历史过程总是发生在特定的时间、空间中。历史是不能进行试验、重演的。而多媒体是以其直观性强、信息量大而又灵活便利等特点，在再造历史景象、突破时空限制、把千百年前以至上万年前的中外历史现象"重现"在学生面前、拉近历史与现实之间的时间距离的有效手段。通过多媒体把课本上抽象的知识变得具体形象，让学生如身临其境，在感性上受到强烈刺激，在视听刺激下接

近历史，理解历史，探索历史，促使学生进行积极的思维活动，将丰富而零乱的历史知识综合起来，形成鲜明、直观、立体的历史时空观。因此，在初中历史教学中培养学生具备良好的时空观尤为重要。如何运用信息手段让历史学科核心素养中的时空观从理论框架落地到具体的教学实践中去，以期能有助于促进历史教学质量的有效提升呢？

一、利用信息化学习环境和资源创设情境，培养学生各种能力

借助信息化内容丰富、多媒体呈现、扩展链接等特点，培养学生自主发现与探索的学习能力和培养学生的观察及思维能力；利用信息化学习环境和资源，借助人机交互技术（学生用平板、手机），建立虚拟学习环境，培养学生积极参与、不断探索的精神和科学的研究方法；利用信息化学习环境和资源组织协商活动，培养合作学习的精神；利用信息化学习环境和资源，借助信息工具平台，尝试创造性实践，培养学生信息加工处理和表达交流的能力；利用信息技术化静为动的特点，将知识的表达多媒体化，突破教学难点、重点。利用多媒体图文并茂、丰富多彩的知识表现形式，将抽象的知识形象化，有效地激发学生的兴趣，产生浓厚的学习动机，促使学生多种感官的综合刺激，增加获取信息的数量，延长知识的保持时间，优化课堂教学形式，提高课堂教学效率。

例如在讲述"新航路的开辟"时，用 powerpoint 制作了动态路线显示状况后，使学生感到直观、形象、生动，如身临其境。用动态的《丝绸之路路线图》，可直观帮助学生准确找出"丝绸之路"的路线，通过途经地区的古今地名对比建立明晰的空间观念，通过途经地区的地形地貌感受商旅的艰辛。这样学生在感性上受到强烈刺激，形成较为深刻的历史空间构建，能促使学生进行积极的思维活动，将丰富而零乱的历史知识综合起来，形成鲜明的历史观念，从而牢固地掌握历史知识，寻求历史规律。

二、将信息技术作为学生进行学科实验的工具，自主开发课件

对于一些受时间、空间等条件限制而无法直接展现的知识，运用信

息技术直观、动态地表现出来、放大出来，让学生能够充分感知、理解，从而拓展课堂空间，激发学生探究的兴趣，体验探索的喜悦，最终达到培养学生创新能力和实践能力的目的。

比如在讲解放战争时，教师语言干巴巴的"看图旁白"，在静止的画面上学生很难想象战争场面、战役场景。利用多媒体课件中的三维动画能清晰地模拟出动态过程，这样就化难为易，一堂课很快就轻松完成，既减轻了教师"教"的负担，也减轻了学生"学"的负担，更好地展现了历史学科核心素养中的时空观，发挥了信息技术教学的优势，提高了教学效率。特别是像秦统一的过程，用动态演示《秦灭六国示意图》，学生可以直观感受秦灭六国的时间顺序和空间方位。多媒体演示的动态地图通过行政区划、军事路线、物产分布、山川河流等多种地图帮助学生形成空间观念。地图则将课本中复杂的文字叙述直观化，促进学生理解课本知识，同时补充课本知识的局限，拓展了学生的思维，使同类知识形成清晰的对比，有助于历史脉络的形成，还可帮助学生构建明晰的空间观念，使学生主导历史课程的学习，对培养学生综合分析问题的能力等方面有着重要的作用。

三、多媒体构建历史框架，把握历史内容之间的过渡、衔接和联系，展现历史时空观

历史知识是丰富的相互联系的，任何复杂的历史过程总是发生在特定的时间、空间中。知识体系是历史内容按照一定主线的高度浓缩，体现历史发展的趋势。因而，学习历史不仅要孤立地学习事件、人物、制度、现象等，更重要的是把握历史主流，梳理知识脉络，积极构建知识体系。历史时空观就是要我们重视历史知识本身自有的纵横联系，学习中有重点地进行纵向的、横向的知识类比，从而达到深入理解、防止混淆，最终有效提高历史学习效率的目的。避免前学后忘，相近知识混淆，时间颠倒，空间混乱的现象。以往教学中不重视学生时空观的培养，导致历史课程学习产生诸多局限。如忽略章节联系，导致知识孤立，甚至断层，知识容易混淆，前后时段颠倒，空间意识模糊，中外历史无法联系。最

终导致课堂教学效果甚好，但学生未形成对全部知识的整体认识，条理不清，识记模糊，考试成绩不佳。要培养学生具备良好的时空观，需要教师在课堂教学中引导学生不断梳理知识脉络，帮助学生构建知识体系，让时间主线在学生头脑中更为清晰，对学生良好的时空观的形成有重要作用。

学习历史，如果没有时间观念，则无从分析各个历史事件之间的因果关系，也无从掌握历史发展的规律性。而学习历史，如果没有空间观念，则无从理解历史事件的发生和发展的确定的地点，也不可能对历史事件和历史人物有正确的认识。要培养学生具备良好的时空观，需要教师在课堂教学中引导学生不断梳理知识脉络，帮助学生构建知识体系。信息技术与历史课堂教学的有效结合不仅能为教师提供更多样、更先进的教学手段，提高教学效率，更主要的是，它能进一步激发学生的学习兴趣，能为学生提供更多高质量的科学信息，在学习中培养学生的自我教育能力，让学生自主选择感兴趣或不明白的知识点，进行自主探索，自主上网，查找信息，了解知识的构建，为其终身教育打好基础。

历史的时空观是历史核心素养的重要方面，可以从时间轴、地图、视频等资源载体，运用信息化等多样的手段，细致、具体地进行。这种素养的培养不是一朝一夕的，需要长期渗透。

【参考文献】

[1] 张玉生.历史学科核心素养"时空观念"的理解与设计［J］.2016，（21）：50-54.

[2] 陈超.历史学科核心素养的构成与培养［J］.福建教育学院学报，2016，（17）：111-115.

[3] 王巧琴.历史学科核心素养的内涵与构成［J］.亚太教育，2016，（22）：264-265.

情感因素在历史教学中的应用

杨振宇

人是社会型的生物,团体中一些成员的喜怒哀乐会很容易对其他成员造成冲击,进而形成群体效应。而初中生的人生观世界观尚未形成,社会阅历缺乏,荷尔蒙激素较高,易冲动,因而更容易被其他人的情感所左右,盲目或者说冲动地参与到社会活动中。如何针对学生的这一特点,更好地促进历史学科的教育教学工作,我个人结合多年的教学经验,总结如下:

一、有效地提高学生成功和愉悦的积极情感,避免消极、抑郁、挫折等负面情感

成功的体验会萌发兴趣,增强信心,激发学生学习的内在动力,充分调动大脑的兴奋点,大大增强初中生的认知效果。相反,焦虑、忧伤、挫折感、失败感等消极情感会使学生失去信心。处于心理压抑状态下的学生,会厌恶学习,积极一点的会寻求其他展示自我优点的方式,比如唱歌、跳舞、体育等特长;消极一点的会采取逃课、打游戏等方式逃避学习;而偏激一点的可能会采取捣乱课堂、辱骂老师、自残等方式对抗学习,以至达到不可收拾的地步。

学习兴趣是学习需要的表现形式,在此基础上表现出来的求知欲、好奇心、爱好其实都是兴趣的体现。学生在学习历史的过程中,无论是历史知识的掌握和积累,还是学科学习能力的发展,以及在情感、态度和价值观上的养成,都是伴随着学生的心理活动的。但是学生在学习历史过程中的心理活动,与成人在研究历史和学习历史时的心理活动不同,并与学生学习其他科的心理活动也不同。也就是说,学生学习历史有特定的规律及特点,因此,在历史教学中,教师需要了解和把握学生学习历

史心理活动的特点和过程。

在历史教学中，教师要把情绪信息和情绪反馈，积极情绪的产生和消极情绪的抑制都纳入精心设计的教学之中。

要使学生始终保持浓厚的兴趣：①创设情境引导学生积极思维。情境是指交际活动中的社会环境。运用多媒体视频、图片、简笔画、历史事件描述、动作表演等方式，创设和渲染情境气氛，使学生自然转向置身于教材的情境之中，在自觉不自觉中去看、分析讨论，接受各种英雄人物的情感熏陶。②在原有课本的基础上主动增加知识性、故事性、趣味性。中国历史课本缺乏趣味性和可读性，味同嚼蜡。不论是历史名人或历史事件，均一笔带过，因此很少有学生愿意主动看历史课本。教师提升课堂的故事性和趣味性，尤其是关于历史人物和事件的讨论，可以充分调动学生学习历史的主动性，产生积极愉悦的学习情感。③处理教材要以旧带新，化难为易。让学生去总结归纳，找出区别和规则，运用归纳法，让学生积极参与，并很快接受这样的规则。

二、历史和政治学科是教学中培养和塑造学生心灵和情感的主阵地，传播和弘扬中华文明，提升社会正能量是历史课堂的使命

历史学科应对学生进行情感教育，确立情感教育的目标包括以下内容：

道德目标：帮助学生养成良好的道德品质，使学生具有正义感和责任感，关心他人，是非分明，树立正确的人生观、价值观、世界观。

理智目标：赞颂历史人物的崇高精神，通过学习使学生具有这些崇高的精神，如坚强的意志品质、乐观向上的人生态度等。

审美目标：在历史文化的熏陶下，培养学生热爱中华文化的深厚感情，抒发学生内心对历史文化和祖国壮丽河山的无限情怀。

情感目标：主要以培养学生的爱国主义、民族主义情感为教学目标。通过历史学习，使学生建立起强烈的民族精神，使学生具有天下兴亡、匹夫有责的责任感。

(一) 利用情境教学，培养学生的历史情感

中学历史是一门综合性极强的学科，很多内容都比较枯燥，缺少生

动形象的描述。这导致学生对教学内容不感兴趣，进而降低了教学效率。其实，历史教学内容具有很强的情境感，很多历史内容都可以还原为历史情境。因此，可以采用情境教学的方法创设历史情境，使学生能够身临其境，感受历史的瞬间，激发出学生的历史情感。

情感教学的优势在于能够使学生触景生情。教师要充分利用这一优势，灵活地使用辅助教学的工具，展开情感教育。在教学实践中，可以使用多媒体设备营造历史情境，播放历史影像，展示教学挂图、文人画等。如，通过放大《步辇图》，教师可以让学生观察到历史人物的细微表情，让学生感受到真实的历史。

例如，在讲授新中国成立的历史知识时，教师可以在课前准备好毛泽东宣布新中国成立的录像，在课堂开始时播放出来。学生看到毛主席站在天安门城楼上向世界宣告新中国的成立，就会产生强烈的民族自豪感。看到在场的人们兴奋的表情，学生也仿佛感受到了共庆民族团结的氛围，产生了热爱祖国、拥护中国共产党的情感。

（二）增加课堂教学中的互动交流

在长期的教学实践中，教师发现中学生容易出现心理波动和情感动荡，情绪两极化严重。在教学中，教师必须重视学生心理的变化，并通过情感教育，帮助学生全身心地投入到学习中。

在传统教学中，教师多根据自己的意愿和教材内容设计教学过程，这样显然不符合学生的实际要求。

在教学实践中，教师要注意观察学生的心理变化，并发现心理变化的规律，将这一规律绘制成情感流程曲线，辅助课堂教学。

在课堂教学中，教师要结合学生的心理变化规律设计一些互动交流的活动，将情感教育渗透到活动中。通过互动活动，将教师的情感传递给学生，学生的感情也传达给教师。教师要从讲台上下来，融入学生之中，与学生一起参与教学活动，营造良好的互动氛围，在活动中充分地进行交流。教师只有摆脱了传统教学的束缚，从权威中解放出来，学生才能由被动学习变为主动学习，从而充分调动起学生参与教学的热情。例如，在学习鸦片战争的相关知识时，教师可以与学生一起观看《鸦片战争》

这部影片，看完电影后，与学生在一起谈谈观后感，同时有意识地引导学生树立民族荣誉感等德育观念。

(三) 构建和谐师生关系

现代教学中，师生间融洽的关系，对提高教学效果发挥着重要的作用。所谓亲其师，信其道，这也从侧面说明了构建和谐师生关系的重要性。教师要从感情上爱护学生，将学生放在教学的主体地位，在尊重学生人格的基础上开展情感教育。师生间和谐融洽的关系，不但可以推进情感教学，而且能提高历史教学效果。

在运用情感教学时，要从培养学生的良好思想品德出发，将历史知识教学和情感教育贯穿于整个教学过程，以知激情、以情启智，让教师和学生在愉快的氛围中完成教学。

【参考文献】

[1] 于右西.中学历史教学法［M］.北京：高等教育出版社，2009：233-236.

[2] 贺成奎.影响中学生历史学习的心理因素探析［D］.武汉：华中师范大学，2006.

[3] 吴越.中学历史教学中培养学生学习兴趣的策略与实践［D］.西安：陕西师范大学，2012.

有效提升初中计算机课程教学质量的探索

齐丹丹

在实际教学中，学生们最初接触计算机课程时都有很大的兴趣，但是随着教学内容的逐渐升级，学生最初的新鲜感和好奇心渐渐减退，而学习内容却日益增加难度，而且许多内容需要机械记忆，显得枯燥、艰深，想要让学生继续积极投入学习就有了难度，这时候教师的引导就起到了很大的作用。所以任课教师要根据计算机这一学科的特点，设计出适合学生的行之有效的教学方法。笔者根据多年的教学经验，探索出了以下几种方法。

一、善用"趣味"

"兴趣"是一切成功的源头，也是让学生爱上计算机学习的有效手段。教师在教学过程中，如果能适时抓住时机，激发学生的兴趣点，点燃学生的学习热情，那么必将取得良好的教学效果。教师可以在教学起始处精心设计，或创设情境，或给予学生新鲜的刺激，或对学生的疑问耐心引导，然后在教学过程中适度设疑，有效解疑，肯定学生的点滴进步，并给学生自由发挥的空间，从而全方位调动起学生学习的积极性。比如在学习计算机的系统操作时，因为 Windows 系统的实际应用性较强，学生在实践过程中能够有效发挥自己的想象力和创造力，在初步对课堂内容有所了解时，有的同学就喜欢在上机时有一些自己的发挥，比如把操作界面的图标按自己的喜好移动和排列，更换自己喜欢的桌面背景……这时，如果老师请这样的同学"现身说法"，讲解自己的操作过程，不仅避免了老师一个人讲的枯燥、乏味，还能够让讲的学生在讲解中得到知

识的巩固和能力的锻炼，并让听的同学因为同龄人的讲解产生更浓的学习兴趣。

二、体现"层次"

随着经济的繁荣与发展，目前电脑对于很多家庭来说已经是司空见惯的家电了，孩子们对于电脑也都不陌生，但是由于家庭教育方式不同，他们对于电脑的熟悉程度还是有很大差异的。对于一些粗放型教育的家长，他们的孩子有可能在小学阶段就比较频繁地接触到了电脑，有了一定的计算机知识和实际操作能力；而对于一些严谨型的家长，出于对孩子健康和其他教育方面的考虑，他们的孩子接触电脑的机会就比较少，所以到了初中阶段学习计算机课程时，学生们对于计算机的认识程度和实际操作水平呈现出参差不齐的趋势。这时候教师开展教学就必须了解这个"层次"，根据学生的不同水平因材施教，"分层"教学，千万不能"一竿子扫一片""大帮哄"，忽略学生的不同基础和个性特点。在实际进行教学时，教师可以在接手班级后，就对学生的计算机基础知识做一下调查，然后根据了解到的情况，依据学生的层次安排座位和分组。在讲授一些比较常见的知识点时，对基础比较好的学生可安排小测试、小竞赛等，并鼓励他们大胆进行更复杂的操作，从而保持他们对课程的兴趣。而对基础比较差的学生，则要反复耐心地指导，对一点进步都给予鼓励，增强他们在操作时的自信心，从而最终顺利达到基本教学目标的要求，完成操作训练任务。

三、注重"实践"

计算机课程的特点是实践性较强，其重点是对学生实际操作能力的培养。所以，计算机教学是绝对不应该"纸上谈兵"的，因为那样会让"计算机知识"变成脱离实际的"空中楼阁"，失去实际意义。所以，在进行计算机教学时，我们要特别重视"讲解"和"实践操作"相结合，每当学习一个全新的操作内容时，备课时就要将这一操作过程分解成各个不同的部分，每个部分仅用 10 分钟以内的时间讲解、示范，之后就对相应的部分让学生模仿、操练、等他们基本掌握要领后再进行下一部分的内容。这样，每堂课的知识点学生们都能够有足够的实践时间，因而掌握得更牢固，也更容易熟练起来。此外，还可以根据所讲内容的难度灵活把控训练、操作的时间，力争让学生在实践中理解，在理解后应用于实践。

四、设定"目标"

在教学过程中要有意为学生设定"目标任务"，把教学内容划分成一个或几个具体的、明确的任务，让学生进行有目的的学习和实践，同时让"目标任务"激起学生的学习斗志，让学生为之努力、为之奔跑，从而增强学生的学习效率和主动探索能力。比如，在讲授 Word 文档中文本框、自选图形和图片的使用时，我就先将一个制作好的图片展示给全体学生，然后再将图片分解为具体的几个部分，哪个是文本框，哪个是自选图形，哪些地方是可以互换和替代的。然后分步骤为学生讲解各个部分，如何插入、如何美化的具体过程。接着让学生以一个部分为目标，优先选择自己最拿手的集中训练，完成一个部分的训练，即算任务合格，然后在此基础上选择下一个较易完成的部分……这样让学生有了努力的目标以及完成的信心，学生学习、训练的目的明确，也更容易掌握要领，所以能够比较高效地完成教学目标和任务。

总而言之，计算机是初中课程体系中一门十分具有实际意义的课程，值得我们每个任课教师花费心思深入钻研，我们应该在教学中努力创新、开拓进取，寻觅出更多的、更好的、能够让学生更加有效地学习的教学方法，让学生们学好计算机课程、掌握计算机技术，并利用所学知识开创出更美好的生活。